Direito e poder

FUNDAÇÃO EDITORA DA UNESP

Presidente do Conselho Curador
Mário Sérgio Vasconcelos

Diretor-Presidente
Jézio Hernani Bomfim Gutierre

Superintendente Administrativo e Financeiro
William de Souza Agostinho

Conselho Editorial Acadêmico
Danilo Rothberg
João Luís Cardoso Tápias Ceccantini
Luiz Fernando Ayerbe
Marcelo Takeshi Yamashita
Maria Cristina Pereira Lima
Milton Terumitsu Sogabe
Newton La Scala Júnior
Pedro Angelo Pagni
Renata Junqueira de Souza
Rosa Maria Feiteiro Cavalari

Editores-Adjuntos
Anderson Nobara
Leandro Rodrigues

Norberto Bobbio

Direito e poder

Tradução
Nilson Moulin

© 2006 Norberto Bobbio, Diritto e Potere. Saggi su Kelsen
© 1992 by Edizioni Scientifiche Italiane s.p.a
Título original em italiano Diritto e potere
© 2007 da tradução brasileira:
Fundação Editora da UNESP (FEU)
Praça da Sé, 108
01001-900 – São Paulo – SP
Tel.: (0xx11) 3242-7171
Fax: (0xx11) 3242-7172
www.editoraunesp.com.br
www.livrariaunesp.com.br
feu@editora.unesp.br

CIP-Brasil. Catalogação na fonte
Coordenadoria Geral de Bibliotecas

B637d
Bobbio, Norberto
   Direito e poder/Norberto Bobbio; tradução Nilson Moulin. — São Paulo: Editora UNESP, 2008.

   Título original: Diritto e potere
   Inclui bibliografia
   ISBN 978-85-7139-851-1

   1. Direito - Teoria e filosofia I. Moulin, Nilson, trad.   II. Título.

CDD: 340.1
CDU: 34:321.011

Editora afiliada:

Asociación de Editoriales Universitarias
de América Latina y el Caribe

Associação Brasileira de
Editoras Universitárias

Sumário

Prefácio 7

Primeira parte
A Teoria Pura do Direito e seus críticos

Capítulo 1   A Teoria Pura do Direito e seus críticos 21
Capítulo 2   Ser e dever ser na ciência jurídica 55
Capítulo 3   Estrutura e função na Teoria
do Direito de Kelsen 89

Segunda parte
As fontes do Direito em Kelsen

Capítulo 4   As fontes do Direito em Kelsen 123
Capítulo 5   Kelsen e o problema do poder 141
Capítulo 6   Kelsen e o poder jurídico 169
Capítulo 7   Do poder ao direito e vice-versa 193

Terceira parte

Confrontos

Capítulo 8   Max Weber e Hans Kelsen **215**
Capítulo 9   Perelman e Kelsen **241**
Capítulo 10 Um teórico do Direito esquecido:
              Ernest Roguin **263**

Índice onomástico **297**

Prefácio

Dedico este livro à memória de Renato Treves, com quem se iniciaram os estudos kelsenianos na Itália, desaparecido em 31 de maio de 1992, na altura em que concluía esta coletânea, e quando a querida imagem de Renato esteve sempre comigo.

Breuil-Cervinia, 5 de agosto de 1992

Quando comecei os estudos de Filosofia do Direito, por volta de 1930, a pátria da Filosofia, do Direito e da Filosofia do Direito era a Alemanha. Eis alguns nomes: Jhering, Bergbohm, Lasson, Kohler, Thon, Bierling, Merkel, Jellinek, Stammler, Binder, Radbruch. Os maiores filósofos da geração precedente, Giorgio Del Vecchio, Adolfo Ravà, Gioele Solari, meu mestre, tinham cultura alemã. Nos livros deles, dominavam as citações de obras oriundas de renomadas universidades da Alemanha. A literatura inglesa e norte-americana era quase desconhecida. O único autor inglês de quem se podia ler alguma citação era John Austin, um inglês formado na Alemanha.

Nos anos de minha aprendizagem, Kelsen, que já publicara duas obras fundamentais, *Hauptprobleme der Staatsrechtslehre* [O problema central do ensino do Direito de Estado], em 1911, e *Das Problem der Souveränität* [O problema da soberania], em 1920, tinha começado a ser traduzido e estudado. Ambos alunos de Solari, Renato Treves e eu, direcionados para o estudo da filosofia alemã do direito, havíamos dividido o campo: ele estudaria a Escola de Marburgo, na qual Kelsen tinha-se inspirado, e eu, a fenomenologia, cujas primeiras tentativas de extensão ao Direito então apareciam. No mesmo ano de 1934, saíram: o livro dele, *Il diritto come relazione* [O direito como relação], *Saggio critico sul neokantismo contemporâneo*, e o meu, *L´indirizzo fenomelogico nella filosofia sociale e giuridica* [O critério fenomenológico na filosofia social e jurídica]. Com Treves pode-se marcar o início do êxito de Kelsen na Itália, mesmo que já tivessem aparecido alguns textos anteriores. Ao contrário, não houve continuidade em meus estudos sobre a fenomenologia do Direito. Eu próprio logo fui entregue à fúria roedora dos ratos. O meu kelsenismo, pelo qual sou frequentemente considerado um dos maiores, senão o maior responsável pela "kelsenite" italiana, começou bem depois. Como foi observado, no início, mais que não kelseniano, eu era um antikelseniano. No livro citado, ocupei-me várias vezes de Kelsen, a propósito da crítica cerrada que ele havia levado adiante, seja contra a Teoria do Estado como integração de Rudolf Smend,[1] seja divulgando a polêmica antikelseniana do aluno trânsfuga, Fritz Sander, que deixou poucas marcas, tendo morrido poucos anos depois.[2] Enfim, e sobretudo estudando a obra de dois alunos de Kelsen, Felix Kaufmann e Fritz Schreier, que tentaram conciliar o que

---

1 *L´indirizzo fenomenologico nella filosofia sociale e giuridica*. Turim, Istituto Giuridico dell' Università di Torino, 1934, p.62-3.

2 Op. cit., p.87-9. Escrevi o necrológio de Sander na *Rivista internazionale di filosofia del diritto*, v.20, 1940, p.176-9.

até então parecia inconciliável: o criticismo da Escola de Marburg com a fenomenologia.[3]

Dos meus dois livros posteriores, o primeiro, *L'analogia nella logica del diritto* [A analogia na lógica do Direito], 1938, está totalmente fora da área dos temas principais desenvolvidos pela Teoria Pura do Direito. E o segundo, *La consuetudine come fatto normativo* [O costume como fato normativo], 1942, contém muitas referências a Kelsen, mas é nitidamente antinormativista a tese admitida sobre a natureza do costume.

Meu primeiro texto sobre Kelsen, *La teoria pura del diritto e i suoi critici* [A teoria pura do Direito e seus críticos], surgiu em 1954, vinte anos depois de minha estreia. Com este tem início a presente coletânea. Supérfluo lembrar que, nas lições paduanas de 1940-41, dedicadas às fontes do Direito, havia um parágrafo sobre a construção do ordenamento em graus, que desde aquela época tinha-me fascinado,[4] e, nas aulas de 1941-42, dedicadas ao Direito subjetivo, as últimas páginas contêm uma exposição, apresentada com evidente consenso, da crítica kelseniana do Direito subjetivo.[5] O primeiro lugar da conversão foi também o primeiro dos ensaios que escrevi depois da guerra sobre a Teoria Geral do Direito e sobre as várias formas que esta vinha assumindo nos autores mais recentes. O ensaio dizia respeito à *Teoria generale del diritto* [Teoria geral do Direito], de Francesco Carnelutti, com segunda edição em 1946: reagindo vivamente à reprovação que Carnelutti fazia aos juristas italianos pela indulgência com as "modas forasteiras", entre as quais incluía a Escola de Viena, escrevi: "Da doutrina normativa um teórico geral não pode, atualmente, se livrar sacudindo os ombros: é preciso discuti-la e, depois disso,

---

3 *Aspetti odierni della filosofia giuridica in Germania, Rivista internazionale di filosofia del diritto*, v.14, 1934, p.576-95.

4 *Lezioni di filosofia del diritto*, coletânea dos estudantes P. Antonelli e G. Chiesura, Pádua, Casa editrice La Grafolito, 1941, § 69, p.205-8.

5 *Lezioni di filosofia del diritto*, coletânea do estudante Giulio Pasetti Bombardella, Pádua, Casa Editrice La grafolino, 1942, p.183-6.

é possível recusá-la". Da Escola de Viena, eu dizia ser necessário considerá-la "um dos mais interessantes fatos culturais que ocorreram e exerceram influência profunda nos estudos jurídicos desses últimos anos".[6]

Falo de "conversão" pois só assim explico, de um lado, o esquecimento em que deixei mergulhar meus escritos jurídicos precedentes; de outro, a confissão reiterada, segundo a qual aquela ruptura violenta com o passado, ocorrida na história de nosso país entre 1934 e 1946, correspondeu a uma fratura no curso de minha vida privada e pública, intelectual e moral. *Incepit vita nuova.*

Na realidade, aquilo que a distância poderia parecer uma conversão, poderia talvez ser interpretado, com uma análise mais paciente, como o desembocar final de um lento processo de libertação, próprio da idade madura, de ideias, orientações, esquemas mentais, herdados do ambiente cultural em que me formei e no qual tivera lugar meu tirocínio filosófico. A Filosofia então dominante, uma Filosofia especulativa, como se dizia. Colocados perante a tragédia da Europa, tivemos de nos dar conta de que, da especulação filosófica, havíamos recebido bem pouca ajuda para compreender o que ocorrera no mundo. Era preciso partir de estudos menos aéreos e bem mais cansativos, de Economia, Direito, Sociologia, História. A tentativa de percorrer uma nova estrada pela fenomenologia me deixara insatisfeito, ao menos no que concerne à natureza do Direito e da Ciência do Direito. Aconteceu então, no último ano antes do final da guerra, depois que rechacei as seduções do existencialismo, interpretado como Filosofia do decadentismo, o encontro salutar com a Filosofia positiva de Carlo Cattaneo e com sua crítica radical das "escolas bramínicas". Que a Filosofia positiva fosse para muitos filósofos italianos uma não Filosofia, não me perturbou. Cattaneo

---

6 *Francesco Carnelutti, teorico generale del diritto* in *Giurisprudenza italiana*, parte IV, disp. 8, 1949, cc.113-27, depois in *Studi sulla teoria generale del diritto.* Turim: Giappichelli, 1955, do qual cito p.21.

havia enfrentado problemas reais de reforma da Economia, das instituições, do governo central e local, tinha-se ocupado das ferrovias e das prisões, da agricultura e do comércio, todos problemas que nosso país teria de resolver após a catástrofe de uma guerra perdida.

Graças inclusive ao nascimento do Centro de Estudos Metodológicos, que reunia cientistas e juristas, filósofos e economistas, ao redor do "discurso do método", não importando que então o predileto fosse o neopositivismo e o da filosofia analítica, que tinha inaugurado o que então se chamava a virada linguística na História da Filosofia e as discussões que se faziam e as iniciativas que daí partiam, logrei dar o passo decisivo para abandonar definitivamente as ambiguidades do passado. Fruto de minha intensa participação nas atividades do Centro foi o artigo "Scienza del diritto e analisi del linguaggio" [Ciência do Direito e análise da linguagem], que teve um sucesso maior do que merecia, mas que representou para mim o início do novo curso.

Abandonada a Filosofia especulativa pela positiva, a Filosofia do Direito passou a ser cada vez mais resolvida na Teoria Geral do Direito. Assim, definida a teoria geral como teoria formal, acabei por me encontrar cara a cara com Kelsen e sua *Reine Rechtslehre*, "pura", porque "formal", tanto que fui induzido a assumir calorosa, diria quase audaciosamente, a defesa contra seus numerosos detratores, por um lado, os sociólogos e, por outro, os jusnaturalistas, com aquele artigo de 1954, já mencionado, e a tentar dar a ele uma interpretação autêntica, em um artigo do mesmo ano,[7] em que distinguia o formalismo jurídico, que eu aceitava e atribuía a Kelsen, do formalismo ético, que repudiava. A partir daí, meu kelsenianismo teve seu carimbo público.

---

7 Refiro-me ao artigo "Formalismo jurídico e formalismo ético". *Rivista di filosofia*, v.45, 1954, p.255-70, depois "Studi sulla teoria generale del diritto", op. cit, p.145-62.

Pode provocar certa surpresa que o segundo artigo sobre o tema, exceto alguns escritos menores,[8] tenha aparecido só em 1973, cerca de vinte anos depois do primeiro, e é justamente o que vem a seguir, nesta coletânea, na *defensio* daquele de 1954. Embora contenha uma tentativa de reconstrução geral da obra kelseniana e do seu lugar na história do pensamento jurídico contemporâneo, e tenha também alguns lances críticos, este segundo artigo na realidade foi composto por ocasião da morte dele, ocorrida em abril de 1973. Mesmo não sendo um texto ocasional, nasceu de um momento bem preciso. Na realidade, minha contribuição para a contínua fortuna crítica de Kelsen na Itália foi conduzida naqueles anos por meio do ensino universitário.

Entre meus cursos, na Faculdade de Direito da Universidade de Turim, os dois que repeti mais vezes e os quais foram adotados por outras universidades, digamos mesmo, minhas duas obras que, embora sob forma de cursos universitários, tiveram maior tiragem são *Teoria della norma giuridica* [Teoria da norma jurídica], de 1958, e *Teoria dell'ordinamento giuridico* [Teoria do ordenamento jurídico], de 1960, que foram definidos justamente como de nítida inspiração kelseniana. Partindo da tripartição, que eu propusera alguns anos antes, dos pontos de vista dos quais era possível construir uma Teoria Geral do Direito, o ponto de vista da relação jurídica, da norma jurídica e da instituição jurídica, havia escolhido para a composição da teoria geral o normativo; no início do segundo curso, dedicado ao ordenamento jurídico, entendido como complexo estruturado de normas, me referia expressamente à *Teoria generale del diritto e dello Stato* [Teoria Geral do Direito e do Estado] de Kelsen, para fazer entender que, na minha opinião, talvez indo

---

8   *Hans Kelsen, Grande Dizionario Enciclopédico.* 2.ed., v.VII, Turim, 1968, p.519-20; *Hans Kelsen, Novissimo Digesto Italiano,* v.IX, Turim: Utet, 1963, p.402-4; rec. H. Kelsen, *Aufsätze zur Ideologiekritik.* Topitsch, E. (Org.). Neuwied am Rhein: Hermann Luchterhand, 1964. *Rivista di filosofia,* v.55, (1964), p.357-8.

Direito e poder

além do próprio Kelsen, o famoso problema de definição do Direito só podia ser resolvido partindo da natureza do ordenamento e não da norma singular. Pretendia dizer que a teoria da norma jurídica estava necessariamente destinada a se resolver na teoria do ordenamento, o qual, de modo distinto de qualquer outra forma de conjunto de normas, extraía seu caráter exatamente de ser, kelsenianamente, um ordenamento jurídico.[9]

Entre os cursos da década de 1960 e o artigo de 1973 encontra-se a introdução ao Congresso Internacional de Filosofia do Direito, que teve lugar em Gardone, 1967, *Essere e dover essere nella scienza giuridica* [Ser e dever ser na ciência jurídica], que constitui o terceiro texto desta coletânea. Seu objeto é a teoria kelseniana da ciência jurídica. Invertendo o problema da ciência do Direito na teoria da ciência do Direito ou metaciência, eu concluía que o caráter de ciência descritiva, e não prescritiva, que Kelsen designa para a ciência do Direito, não deriva de uma descrição daquilo que os juristas fazem em geral, mas é uma tarefa que o próprio Kelsen designa para o jurista e, assim, não tanto uma descrição como uma involuntária prescrição do modo pelo qual o bom jurista deveria se comportar para corresponder a um modelo ideal. Concluindo que, se a metaciência não descreve, mas "prescreve descrever", resulta que "uma ciência *neutra* do Direito é obtida com o preço de uma metaciência *ideologizada*".[10]

---

9 Em 1961, após os dois cursos sobre norma e ordenamento, dei um curso sobre "O positivismo jurídico", reunido pelo estudante Nello Morra e o qual reelaborei. Turim: Giappichelli, 1961, 2.ed., em parte revista, 1979, no qual muitas páginas são dedicadas a vários aspectos do pensamento kelseniano. E ao qual também é dedicado o artigo "Law and Force", em *The Monist*, v.49, 1965, p.321-41 (trad. it., *Rivista di diritto civile*, v.12, 1966, p.537-48, depois em *Studi per uma teoria generale del diritto*. Turim: Giappichelli, 1970, p.119-38).

10 A passagem pode ser lida nesta coletânea. O artigo de Gardone foi publicado em *Rivista di filosofia*, v.58, 1967, p.235-62, depois incluído no volume *Studi per uma teoria del diritto*, op. cit., p.139-73. Há uma tradução inglesa,

13

Tendo dado um relevo particular à teoria dinâmica do ordenamento jurídico, da qual havia deduzido que só tendo presente a característica do ordenamento jurídico com relação a outros sistemas de normas se pode dar uma definição adequada do Direito, e tendo interpretado a teoria normativa como representação mais realista da evolução das ordenações do Estado moderno rumo a um Estado de direito com vários graus ou estágios e, portanto, cada vez mais estruturado e garantido, por um complexo processo de "produção de normas", encontrei-me no dever de enfrentar dois temas específicos: o tema das fontes do Direito, definidas por Kelsen como os modos de produção das normas, e aquele do poder jurídico, entendido como as capacidades atribuídas a pessoas físicas ou a entes coletivos para produzir Direito. Este segundo tema, a que me dediquei nos últimos anos, teve impulso particular no desenvolvimento que lhe deu Kelsen na obra póstuma *Allgemeine Theorie der Normen* [Teoria geral das normas]. Os modos e a capacidade de produzir Direito são temas estreitamente conectados, um puxa o outro, e os dois juntos, conforme Kelsen os tratou, constituem dois capítulos fundamentais de uma Teoria do Direito positivo, dois capítulos essenciais da teoria positivista do Direito contraposta à do jusnaturalismo. Acrescento que observar a teoria normativa do Direito, não do ponto de vista habitual da norma ou do conjunto das normas, mas daquele do poder de produzir normas, não apenas oferece uma visão mais acabada do sistema kelseniano em seu conjunto, mas conduz a uma compreensão mais correta da função da mesma norma fundamental, o eixo nevrálgico dos intérpretes da teoria pura.

No texto de 1974, eu tocara no tema da relação entre Kelsen e Weber. A seguir, pude desenvolvê-lo em uma comunicação para um

---

"Sein and Sollen in Legal Science", *Archiv für Rechts- und Sozial-philosophie*, v.56, 1979, p.7-29. Uma versão reduzida, intitulada "Scienza giuridica tra essere e dover essere", foi apresentada ao Congresso, e inserida em *Rivista Internazionale di filosofia del diritto*", v.45, 1968, p.475-86.

Direito e poder

congresso, e agora aqui está.[11] Segue-se um artigo sobre a relação entre Kelsen e Perelman.[12] No primeiro, evidenciei sobretudo as afinidades entre os dois e, no segundo, as diferenças. Agreguei um artigo, até então não observado, sobre o autor de uma ciência pura do Direito, o suíço Ernest Roguin, amigo de Pareto, cuja obra, hoje inteiramente esquecida, tem afinidades com a *Reine Rechtslehre*.[13]

Diversamente de Renato Treves, que encontrou Kelsen, no início de sua longa interlocução com o fundador da Escola vienense, em Colônia, no verão de 1932,[14] após passarem juntos, incluindo Ludovico Geymonat, boas férias de verão na Alemanha, encontrei Kelsen bem tarde e uma única vez, no colóquio sobre Direito Natural, em junho de 1957, promovido pelo Instituto Internacional de Filosofia Política. Naquele colóquio, em relação ao Direito Natural, fiz a parte do advogado do diabo, lendo a comunicação "Alcuni argomenti contro il diritto naturale" [Alguns argumentos contra o Direito Natural].[15] Mesmo sem buscá-lo, meu

---

11 Refiro-me ao seminário sobre "Max Weber e o direito", que teve lugar em Castelgandolfo, entre 17 e 19 de outubro de 1980. Minha comunicação foi publicada in "Sociologia del diritto", v.8, 1981, p.135-54.

12 Publicado em *Justice et argumentation, Essais à la mémoire de Chaïm Perelman*. Haarscher, G. e Ingber, L. (Orgs.). Bruxelas: Éditions de d´Université, 1986, p.161-74.

13 Publicado em *Scritti in onore di Salvatore Pugliatti*. Milão: Giuffrè, 1978, v.IV, p.43-70.

14 Para o que concerne às relações pessoais entre Kelsen e Treves, ver "Un inédit de Kelsen concernant ses sources kantiennes", em *Droit et société*, 1987, n.7, p.328-35. Trata-se de uma longa carta que Kelsen escreveu a Treves, em 3 de agosto de 1933, para comentar o ensaio dele, "Il fondamento filosofico della dottrina pura del diritto di Hans Kelsen", em *Atti della R. Accademia delle scienze di Torino*, v.69, 1933-34, p.52-90. O texto original em alemão e a tradução em italiano da carta podem ser lidos no volume Kelsen, H. e Treves, R. *Formalismo giuridico e realità sociale*. Paulson, S. L. (Org.). Edizioni Scientifiche Italiane: Nápoles, 1992, p.51-8, com o título *Dottrina pura del diritto, "labandismo" e neo-kantismo. Una lettera a Renato Treves.*

15 A comunicação foi apresentada em francês, *Quelques arguments contre le droit naturel*, no congresso sobre direito natural do Institut International de Philosophie Politique, Paris, 22-23 de junho de 1957; depois publicada nos

discurso obteve o consenso do ilustre ouvinte, para quem provavelmente eu era um completo desconhecido, embora na obra póstuma ele cite e comente criticamente meu artigo "Considérations introductives sur le raisonnement des juristes" [Considerações introdutórias sobre a razão dos juristas], que é de 1954.[16]

Esta evocação seria incompleta caso não acrescentasse que meus escritos kelsenianos, que constituem esta antologia, miram o Kelsen jurista e teórico do Direito, sendo essencialmente um comentário à Teoria Pura do Direito. Mas Kelsen não foi só isso. Oriundo de estudos de Direito Público, ele dedicou boa parte de suas obras à Teoria do Estado, embora do Estado sempre considerado do ponto de vista do Direito. Em sua Teoria do Estado, emergem dois temas fundamentais, em cuja discussão, em especial nos anos mais recentes, inspirei-me, sem o fazer de propósito, no pensamento kelseniano, na democracia e na paz: a democracia entendida como um conjunto de regras destinadas a permitir a um grupo de indivíduos tomar decisões coletivas com o máximo de consenso. A paz, em favor daquela forma de pacifismo que chamo de "institucional", ou seja, usando uma fórmula tipicamente kelseniana, a paz por meio do Direito.

Digo isso para mostrar que minha dívida com Kelsen é maior do que possa se evidenciar nos textos aqui reunidos, os quais parecerão, a leitores não especialistas, discursos para não inicia-

---

Annales de philosophie politique, v.3, PUF: Paris, p.175-90; em italiano, em *Rivista di diritto civile*, v.4 (1958), p.135-63, e compreendida no volume *Giusnaturalismo e positivismo giuridico*, Milão: Edizioni di Comunità, 1965, p.163-78.

16 Este texto foi apresentado em francês como introdução ao tema "A prova no Direito", no *Colloque International de Logique*, realizado em Bruxelas, 28-29 agosto 1953, publicado em italiano com o título "Sul ragionamento dei giuristi", na *Rivista di diritto civile*, v.1, 1955, p.3-14. O comentário de Kelsen encontra-se no livro póstumo, *Allgemeine Theorie der Normen*, Viena: Manz-Verlag, 1979, p.357. Trad. it. *Teoria generale delle norme*. Losano, M.G. (Org.). Turim: Einaudi, 1985, p.451.

dos. O lugar que ocupa o fundador da doutrina pura do Direito na história do pensamento jurídico e político contemporâneo é bem mais amplo do que aquele circunscrito aos temas da norma e do ordenamento jurídico, das fontes do Direito e do poder de produzir Direito, discutidos neste livro. E este não teria nascido se não fosse a sugestão e a colaboração do professor Carrino, principal promotor nestes anos de uma retomada dos estudos kelsenianos na Itália, onde, aliás, o interesse pelo grande jurista jamais faltou. Pelo contrário, a julgar pelas traduções, pelos textos e pelos congressos sobre a obra kelseniana, anda mais viva que nunca, e não teve iguais em nenhum lugar, tampouco agora.[17]

Quando outros textos, escritos em tempos diferentes, publicados em revistas aqui e ali, atas de congressos ou estudos honoríficos, são reunidos em um único volume, o autor é sempre assaltado pela dúvida se não teria sido melhor que ficassem onde estavam, dado que o leitor curioso pode sempre ir buscá-los na biblioteca. A máxima antiga à qual cedeu o autor é "a união faz a força". Faço votos para que seja válida também neste caso.

Norberto Bobbio
Turim, maio 1992

---

17 Sobre esse tema, ver *La fortuna di Hans Kelsen in Italia,* de M. G. Losano. Losano, M. G., *Rorma e realtà in Kelsen,* Milão: Edizioni di Comunità, 1981; e *Kelsen in Italia. Una ricerca bibliografica.* Riccobono, F. (Org.). em *Hans Kelsen nella cultura filosofico-giuridica del Novecento.* Roma: Instituto della Enciclopedia Italiana, 1983, p.199-217.

Primeira parte
A Teoria Pura do Direito e seus críticos

Capítulo 1
A Teoria Pura do Direito e seus críticos

1. As duas traduções italianas de Kelsen[1] aparecem com atraso em relação ao momento de maior fortuna da obra kelseniana. Ou melhor: surgem em uma fase de declínio ou até de aberta reação. Que eu saiba, somente poucas revistas na Itália lembraram-se de

---

1 *Lineamenti di dottrina pura del diritto*, 1967 (1.ed. 1952), introdução e tradução de Renato Treves, Turim, Einaudi, 1952. (Anexo: *La dottrina pura del diritto e la giurisprudenza analitica; Causalità e imputazione*); *Teoria generale del diritto e dello Stato*, trad. Giuseppino Treves e Sergio Costa. Milão: Edizioni di Comunità, 1952. (Anexo: *La dottrina del diritto naturale e il positivismo giuridico*). [Desde 1954, ano a que remonta este primeiro capítulo, as traduções de Kelsen na Itália tornaram-se sempre mais numerosas, enquanto crescia também a lista de suas obras. Da mesma *Dottrina pura del diritto* apareceu, em 1960, uma segunda edição, revista e ampliada, que, uma vez traduzida para o italiano, aconselhou mudar o título da tradução trevesiana para *Lineamenti di dottrina del diritto*. Dou em seguida as abreviaturas com as quais serão citadas as obras de Kelsen mais recorrentes: *Reine Rechtslehre*. Leipzig e Viena: Deutike, 1934; trad. it. cit.; doravante: RLL (1); *General Theory of Law and State*, Harvard University Press, 1945; trad. it. cit.; doravante: GTLS; *Reine*

homenageá-lo por ocasião das homenagens que lhe tributaram, nos Estados Unidos, quando de seus setenta anos.[2] Aquele que, faz poucos anos, estava no centro de toda discussão dos jovens estudiosos de Direito, não só de Direito Constitucional e Internacional, mas também de Direito Privado, visto que sua teoria geral constituía uma verdadeira iniciação aos estudos jurídicos, hoje, não digo que seja ignorado ou pouco discutido, mas dele se aproximam com desconfiança preconcebida, e, portanto menos compreendido, às vezes superficialmente posto de lado como autor danoso, às vezes ignorante e acidamente hostilizado. Não se pode fingir ignorar que, justamente na altura de tais traduções, em duas autorizadas publicações, dois estudiosos, um professor e um jovem historiador, escreveram sobre Kelsen páginas injuriosas: o primeiro, acusando-o de perigoso divulgador de teorias sediciosas; o segundo, de decadente porta-voz do conformismo pequeno-burguês, sendo que ambos chamaram-no de "imoral".[3]

As duas traduções chegam atrasadas. Apesar disso, e talvez por isso mesmo, são oportuníssimas: tardias, eu diria, mas não intempestivas. Antes de mais nada, o valor da obra de um jurista da natureza de Hans Kelsen, de estatura imponente, agrade isso

---

Rechtslere, Zweite Auflage, Viena, Deutike, 1960; trad. it. LOSANO, M. G. (Org.). *La dottrina pura del diritto*. Turim: Einaudi, 1966; doravante: RRL (2); *Allgemeine Theorie der Normen*, (Orgs.), Von K. Ringhofer e R. Walter, Viena, Manz, 1979; trad. it. Losano, M.G. (Org.). *Teoria generale delle norme*. Turim: Einaudi, 1985; doravante: ATN].

2   A *Rivista di filosofia*, publicando um ensaio inédito dele *Scienza e política*, 1951, p.353-77; a *Rivista internazionale di filosofia del diritto*, publicando um ensaio de R. Treves dedicado ao exame da obra kelseniana em seu desenvolvimento histórico: *Intorno alla concezione del diritto di Hans Kelsen*, 1952, p.177-98 (agora em R. Treves, *Formalismo giuridico e realtà sociale*, Paulson, S. L. (Org.). Nápoles: Edizioni Scientifiche Italiane, 1992, p.89-105).

3   G. Capograssi, "Impressioni su Kelsen tradotto", *Rivista trimestrale di diritto pubblico*, 1952, p.767-815; R. Nicolosi, "Formalismo e storicismo del diritto", *Rivista italiana di scienze giuridiche*, 1951, p.293-329.

ou não, não se mede com o metro das correntes de opinião que se fazem e desfazem com a mudança dos eventos e das ideologias que os movem, e menos ainda com o metro dos humores e das "impressões" pessoais. Além disso, para dissipar suspeitas, eliminar incompreensões preconceituosas, restabelecer escalas de valores subvertidas e contrapor o que está vivo àquilo que está morto, nada vale mais que uma honesta e franca releitura da obra contestada. E posto que essas traduções nos convidam a tal releitura, agilizando-a – os volumes, com efeito, foram escolhidos dentre os mais significativos da copiosa obra kelseniana –, só podemos nos alegrar com o fato de que, embora com um ou dois anos de diferença, tenham surgido com vestes apropriadas e traduções confiadas a especialistas, cujo trabalho não poderia ser mais apurado, constituindo não só uma justa homenagem ao jurista que exerceu maior influência sobre a escola jurídica italiana nas duas décadas entreguerras, mas também uma ótima ocasião para reexaminar o pensamento kelseniano à luz das críticas que de todos os lados se ergueram, confrontando o autor e seus opositores, e talvez para o restabelecimento de juízos mais justos e menos apaixonados.

2. Como é notório, a Teoria Pura do Direito sempre combateu em duas trincheiras: de um lado, contra o *Direito Natural*; de outro, contra a *Sociologia*. A polêmica contra o Direito Natural foi conduzida em nome da *objetividade* da ciência, a qual tem a tarefa de conhecer a realidade e não de avaliá-la, ao passo que o Direito Natural é o campo de todas as ideologias que, de tempos em tempos, pretenderam avaliar o Direito positivo para afirmar a conformidade a certos ideais de justiça (doutrinas conservadoras) ou à deformidade (doutrinas revolucionárias). Agindo contra a objetividade da Teoria Pura do Direito (e sem objetividade não há ciência), o Direito Natural exprime valores *subjetivos* ou até irracionais, os quais, por isso mesmo, são irredutíveis a análises científicas. A polêmica contra a Sociologia, ao

contrário, é levada mais longe em nome da distinção entre a esfera do ser, à qual pertencem os fenômenos sociais, e a esfera do dever ser, à qual pertence o Direito, o qual, como norma ou complexo de normas (ordenamento), é uma estrutura qualificadora da realidade social, e como tal deve ser estudado não como uma ciência como a Sociologia, que procede ao estudo da realidade social com o método causal próprio das ciências naturais, mas como uma ciência particular, *sui generis*, não explicativa de fatos (físicos, psíquicos, sociais), mas de normas (qualificadoras dos fatos).

Caso se tenham presentes esses dois alvos, se entenderá porque a Teoria Pura do Direito avança duas pretensões fundamentais: a) ser ciência (e não ideologia); b) ser a ciência própria do objeto específico a que se dirige, o Direito (e não de objetos diversos, embora afins, como são aqueles estudados pela Sociologia). Com a primeira pretensão se põe como a *verdadeira* ciência (em contraposição à pseudociência dos jusnaturalistas e em geral daqueles que subordinam o estudo do Direito às ideologias políticas). Com a segunda, se põe como a *única* ciência do Direito (em contraponto às ciências afins que tendem a substituir-se à jurisprudência normativa).

Ora, as críticas a Kelsen, que criaram aquela atmosfera de reação que relembramos no começo, derivam principalmente das duas frentes contra as quais a Teoria Pura do Direito direcionou o próprio fogo incessante: dos promotores *do Direito Natural* e dos *sociólogos*. Embora ambos se movimentem em terrenos muito diferentes e até contrapostos (os primeiros em geral no da metafísica, os segundos no da experiência) e se apoiem em tradições divergentes (por um lado o racionalismo, por outro, o positivismo), aliam-se no contra-ataque à doutrina kelseniana: os juristas católicos, por exemplo, consideram-se os representantes típicos do jusnaturalismo; os juristas marxistas, os campeões da defesa da sociedade contra o formalismo. Ninguém duvida que católicos e marxistas divirjam entre si. Mas não existe a menor dúvida de que ambos são decididamente antikelsenianos, e que,

Direito e poder

na Itália, a reação contra Kelsen tenha ambos como referência e, mais em geral, todos aqueles que exigem maior contato do estudioso do Direito Positivo, de um lado, com os valores de justiça em que se inspira o Direito Positivo, e, de outro, com a realidade social em que se forma.

3. Comecemos pelos promotores do Direito Natural. Eles dizem: a Teoria Pura do Direito, como expressão última e consequente do positivismo jurídico, exclui que haja outro Direito fora do Direito Positivo; por isso é obrigada a aceitar como Direito qualquer aberração moral ou religiosa (e quantos foram os exemplos que a história recente nos colocou diante dos olhos com dramática evidência!) que agrade a um déspota ou a uma classe de homens políticos sem escrúpulos de se impor nas formas do direito constituído. O erro capital da Teoria Pura do Direito, segundo eles, estaria no fato que, impondo ao jurista comportar-se como um frio intérprete da norma positiva, qualquer que seja o valor ético da norma, transforma-o em um colaborador de qualquer regime, por abjeto e repugnante que seja, num aceitador ou pelo menos num impassível indagador do fato consumado.

Que consistência tem semelhante objeção, que continua sendo repetida e é partilhada por muitos juristas? Consideramos que não tem nenhuma. Kelsen distinguiu, até a náusea, o problema do *valor* do Direito daquele da *validade,* ou seja, o problema de uma norma ser justa (por exemplo, ser conforme ou não ao Direito Natural para aqueles que consideram o Direito Natural o Direito absolutamente justo) e o problema de ser existente (isto é, válida); e disse que tarefa da ciência do Direito, *se tiver de ser* ciência como qualquer outra, isto é, indiferente aos valores, não é de se ocupar da maior ou menor justiça das normas de um determinado ordenamento, mas de sua existência ou não. Essa distinção serve exclusiva (e acrescentemos: superiormente) para não confundir duas ordens de problemas, dando desse modo à ciência do Direito aquilo que é dela, e à Filosofia (se pensarmos que a Filosofia é, em última análise, a elaboração e justificação de um sistema de valores) o que é da Filosofia. Esta não elimina um dos problemas em favor do outro: não elimina o problema da justiça ou da justificação do Direito Positivo pelo fato de afirmar que ele é diferente do problema da validade, bem como não elimina o problema da justificação do mal no mundo (a chamada teodiceia) o fato de que as ciências da natureza tenham a tarefa exclusiva de descrever e explicar os fenômenos (incluindo aqueles que nos repugnam ou suscitam escândalo). Convém pensar que efeito grotesco produziria atualmente o teólogo que recriminasse o cientista por não se indignar com o iníquo e fraudulento comportamento da aranha contra a mosca. Do mesmo modo: o fato de que as leis raciais (para repetir o mesmo exemplo ao qual recorrem os moralistas modernos do Direito) sejam iníquas não impediu que, infelizmente, tenham existido, e tenham sido não só válidas, mas também eficazes em vista do modo com que foram postas em ação e encontraram executores entusiastas, e uma massa inerte de coniventes. E se existiram, é claro que o problema de sua validade, aplicação ou interpretação era, no ordenamento em que vigoravam, um problema diferente daquele de sua avaliação.

4. O que a Teoria Pura do Direito elimina não é um ou outro problema, mas a *confusão* de ambos; e é exatamente nessa confusão em que acabam caindo, por excesso de entusiasmo ético-político, os seus opositores. De fato, observando bem, por trás da reprovação da Teoria Pura do Direito, feita pelos promotores do Direito Natural, não existe somente o desejo, que consideramos perfeitamente legítimo (e, conforme vimos, não recusado pela teoria kelseniana), de que o ordenamento positivo, além de ser examinado em sua objetividade, seja igualmente avaliado em sua maior ou menor adequação a um ideal de justiça, mas também a aspiração de que a avaliação das normas se sobreponha à constatação da validade de se substituir completamente e justificar a afirmação – a que toda coerente doutrina jusnaturalista

Direito e poder

é obrigada a tender – de que *a norma é válida somente se for justa*. Mas a confusão reside exatamente aqui; é *justamente* aqui que a doutrina kelseniana tem mil razões para *se* fazer valer.

Estamos dispostos a admitir que a afirmação jusnaturalista "toda norma jurídica é válida *somente* se for justa" tenha, e sobretudo tenha tido, *finalidades* práticas bem definidas: de um lado, chamar o soberano, sobretudo em uma época em que não tinha ainda sido instituído um sistema eficaz de controles constitucionais, ao dever (moral ou religioso) de ater-se, na aplicação de sua função legislativa, a certos princípios de humanidade e de justiça, sob a ameaça de que, em caso contrário, surgiria entre os súditos o direito de não obedecer (justamente como se a norma não fosse válida); por outro, fornecer aos súditos, sobretudo em uma época em que, não existindo direitos políticos, o cidadão não participava da formação da lei, um pretexto para recusar a obediência à lei imposta contra sua consciência moral ou religiosa (como se a norma não fosse válida). Mas essas finalidades – por mais nobres que se pretendam, nos Estados democráticos, onde existem outros meios mais eficazes para garantir a correspondência das leis às exigências da justiça, embora anacrônicos – não cancelam minimamente o fato de que as leis de qualquer ordenamento tenham sido e sejam válidas e eficazes embora injustas, e que o jurista – se quiser ser um *inquirido* dos fatos e não um moralista ou um pregador – tenha o dever de distinguir as normas válidas das inválidas, independentemente do fato de elas repugnarem, ou não, *à sua* consciência e *à* de outros.

Afinal, o que se entende por justiça? Existe um critério seguro para distinguir o justo do injusto? Aquilo que o estudo da história do Direito Natural nos mostra é que as máximas da justiça, quando são universais, são fórmulas vazias, preenchíveis com quaisquer conteúdos. Quando as preenchemos com um conteúdo determinado, e dizemos, por exemplo, que "é preciso dar a cada um segundo o próprio trabalho", elas perdem qualquer valor de universalidade e tornam-se regras de ação derivadas de

X certa ideologia política que tem sua justificativa histórica, e nada mais. Em consequência, dois são os casos em que se diz que as normas jurídicas são válidas só se forem justas: ou se refere à forma universal X mas vazia da justiça, e então todas as regras jurídicas são justas, e, nesse, caso também a doutrina jusnaturalista corre o risco de se tornar, como a doutrina positivista mais radical, uma justificação do fato consumado; ou então se refere a uma fórmula particular (a qual, exatamente por ser particular, tolera junto de si a presença de outras fórmulas particulares da justiça), e então as normas jurídicas seriam válidas segundo as crenças ou as ideologias das pessoas chamadas para aplicá-las.

Com essas observações acerca da falta do juízo de valor absoluto (Kelsen fala aqui de juízos subjetivos, irracionais, mas radicalizando o problema de um modo que consideramos inaceitável), não se pretende de fato negar ao cidadão, digamos melhor, ao indivíduo ou aos grupos organizados de indivíduos, a possibilidade de submeter a lei a uma avaliação moral. O que se nega é que o juízo de valor seja idêntico ao juízo de validade, e se possa fazer depender o juízo de validade, ao qual deve ater-se o cientista: "a norma X existe ou não existe?", pelo juízo de justiça, que é tarefa do moralista: "a norma X é justa ou não é justa?". A questão pode ser exposta em outros termos: a diferença entre juízo sobre a justiça de uma norma e juízo sobre a validade da mesma norma consiste em que o primeiro é um juízo de valor, e o segundo, um juízo de fato. *Ora, fazer depender a existência da norma de sua conformidade maior ou menor a um ideal de justiça equivale a subordinar o juízo que somos chamados a dar, como historiadores, sobre a existência de um fato ao valor que lhe atribuímos.* Que Brutus tenha matado César é um juízo de fato; que a morte de César seja uma ação boa ou má, é um juízo de valor. Que diríamos do historiador que sustentasse que não é *verdade* que Brutus matou César, pois não é *bom* que o tivesse feito?

Direito e poder

5. Os jusnaturalistas, é verdade, poderiam replicar que, no campo dos atos humanos, os juízos de valor tendem a influir sobre os comportamentos e a modificá-los *em certo* sentido, e a condenação de uma lei, considerada injusta, não pretende negar que a lei existe, mas simplesmente induzir o maior número possível de cidadãos a não cumpri-la, isto é, a fazer de modo que ela, em futuro próximo ou distante, deixe de existir. Em outras palavras, os jusnaturalistas, afirmando que *tal* lei é injusta não pretendem afirmar que ela não existe (e somente neste caso far-se-ia depender a existência de um fato de avaliação), mas X simplesmente que ela *não deve existir* (e neste caso a passagem *da avaliação à* regra de comportamento é perfeitamente legítima), como quem dissesse que não é bom que Brutus tenha matado César e, assim, Brutus não deveria ter matado César.

Mas, ao se ter conhecimento dessa réplica, ou, caso se prefira, dessa retificação, não se vê que argumento *pode ser derivado dela* contra a distinção kelseniana entre validade e valor, que é o ponto em discussão. Poder-se-ia extrair um argumento caso se pudesse demonstrar que, da posição metodológica da Teoria Pura do Direito, segundo a qual o jurista tem a tarefa de ocupar-se do direito efetivamente válido e não do direito justo, se tira como consequência logicamente necessária a regra "que todas as leis, enquanto tais, *devem* ser obedecidas": *mas esta conclusão não é dedutível de modo algum*, nem Kelsen, por iniciativa sua, que eu saiba, fez tal dedução. Com efeito, uma coisa é afirmar que o jurista, que deseja fazer ciência e não obra apologética, de Política ou de Filosofia moral, *deve* estudar as leis em sua exequibilidade, independentemente de sua correspondência com quaisquer ideais de justiça; outra coisa é afirmar que o indivíduo *deve* obedecer *às* leis enquanto tais. A primeira é uma proposição de ordem lógico-metodológica que caracteriza a atitude do cientista do Direito, distinguindo-o do filósofo e do orador; a segunda é uma proposição de ordem ética ou política, que se refere ao comportamento do indivíduo perante as leis de seu país. Com a primeira posição *ficamos* no campo de uma concepção da ciência jurídica; com a segunda, entramos no campo de uma concepção da justiça, em particular da concepção legalista da justiça, que se distingue da concepção substancial ou ética da justiça.[4] Que haja juristas positivistas que sejam *também* defensores da justiça legalista, não significa que as duas posições se impliquem. Quando digo que, na qualidade de estudioso do ordenamento jurídico, devo *restringir* o objeto de minhas pesquisas *somente* às normas existentes, *estou apenas estabelecendo* os critérios metodológicos de minha pesquisa. Se depois, constatada a validade daquela norma, *eu tenha de*, como homem, submeter a uma ulterior avaliação e, de acordo com o resultado dessa avaliação, obedecê-la ou não, ou então aceitá-la como *está* como lei, é outro discurso. Fique bem claro que a obediência à lei enquanto tal deriva logicamente apenas do fato de que eu não considere submetê-la a uma ulterior avaliação de justiça, porque a considero justa em si mesma; não *do* fato de ter constatado sua validade.

Em suma, o legalismo jurídico é uma doutrina ético-política, cujo conteúdo consiste em afirmar que as leis enquanto tais são justas (e por isso devem ser obedecidas), ao passo que a doutrina pura do Direito se limita a afirmar que as leis são válidas independentemente do fato *serem* justas ou injustas. Como doutrina ético-política do Direito, a concepção legalista se contrapõe à concepção jusnaturalista: esta última, de fato, conforme observávamos, sustenta que as leis são válidas *somente* se são justas,

---

4   Kelsen limita-se a afirmar, que eu saiba, que "só no sentido de legalidade o conceito de justiça pode entrar em uma ciência do direito" (GTLS, p.14), e ainda que "os juízos jurídicos de valor são juízos que podem ser verificados objetivamente com a ajuda dos fatos. Por isso eles são aceitáveis numa ciência do direito" (ibidem, p.49). Com isso ele quer dizer que a ciência do Direito tem condições de verificar a conformidade de um fato à lei, vale dizer, se aquele fato é justo segundo a concepção legalista da justiça, e não que a concepção legalista da justiça seja *mais justa* do que qualquer outra concepção da justiça.

Direito e poder

mostrando assim distinguir nitidamente o juízo de validade daquele de valor e subordinando o primeiro ao segundo; a primeira, ao contrário, sustenta que a norma é justa pelo simples fato de ser válida, isto é, por ser uma lei, unificando deste modo o problema do valor *e o* da validade. Ora, é evidente que, se, por um lado, a Teoria Pura do Direito não pode ser confundida com a concepção jusnaturalista porque não subordina a validade ao valor, tampouco pode, por outro, ser confundida com a concepção legalista, a qual não faz nenhuma distinção entre validade e valor. Isso quer dizer, em outras palavras, que da atitude científica do teórico puro do Direito podem derivar na prática ambas as atitudes ético-políticas propugnadas pela concepção jusnaturalista e pela legalista, isto é, tanto a avaliação da lei segundo justiça, de onde pode derivar uma atitude de resistência ou de obediência passiva, quanto a redução da justiça *à* lei, *da qual* não pode derivar outra atitude senão a da obediência ativa. A Teoria Pura do Direito, uma teoria do conhecimento do Direito, não é uma teoria da justiça, e portanto, se não pode se identificar com a teoria jusnaturalista, não pode tampouco se identificar com a concepção legalista, que é também uma teoria da justiça. Em uma palavra: *em face das teorias da justiça, ela é indiferente*; e exatamente nessa indiferença faz consistir o dever do jurista, como cientista.

6. Fora do âmbito da ciência do direito, indiferente às diversas concepções de justiça, são possíveis as mais diversas atitudes morais perante um determinado ordenamento jurídico. É possível tanto a atitude moral, moralmente elogiável, daquele que protesta contra uma lei injusta, quanto aquela, moralmente menos louvável, de quem permanece impassível ou até se levanta contra uma lei justa. Mas *teremos* o direito de considerar o segundo *anticientífico* apenas se estivermos dispostos a considerar *anticientífico* também o primeiro. Seria muito cômodo dizer que não *respeitam* o dever do cientista *aqueles* juristas, fascistas ou comunistas, que *não demonstram neutralidade diante de certas* leis contrárias às *suas*

ideologias, *mas* dizer, ao mesmo tempo, que o respeita o jurista católico que se comporta do mesmo modo e chega a afirmar que é dever do jurista não ser neutro; ou, por outras palavras, seria demasiado cômodo pretender que o primeiro, cujas ideologias não partilhamos, seja imparcial porque a ciência assim exige, e, depois, em nome da mesma ciência, louvar a falta de imparcialidade daquele que se encontra perto de nós. Certamente, a atitude dos primeiros poderá suscitar enfado ou desdém; a do segundo poderá provocar meu consenso, mas é claro que estou plenamente autorizado a dizer que o primeiro faz mal seu trabalho apenas se eu estiver disposto a reconhecer que o segundo o faz igualmente mal. A diferença, se houver, será que este segundo, mesmo que o desaprove como jurista, deverei aprová-lo como político; o primeiro, ao contrário, irei criticá-lo como jurista e também como político.

Queremos observar seriamente nossas reações de aprovação e desaprovação? Percebamos que o protesto que o jusnaturalista levanta contra o jurista imparcial perante as monstruosidades morais de certas leis é dirigido não contra o mau cientista, mas sim contra o mau político. Prova disso é o fato de que a reação contra a imparcialidade é diferente se partilhamos ou não as ideologias políticas do jurista imparcial: se partilharmos suas ideologias, devemos pedir-lhe que não seja imparcial; no caso contrário, preferimos que ele seja imparcial, isto é, oferecemos um juízo diferente sobre a imparcialidade, conforme esta favoreça ou contrarie nossas preferências ideológicas. Aí se torna evidente que aquilo que condenamos não é a imparcialidade em si mesma, mas as consequências que dela possam derivar. Pode até haver casos em que, perante um grupo de juristas, que aceitam um determinado sistema de valores, por exemplo, os católicos, eu partilhe alguns dos fins propostos em âmbito moral e político, como a aversão deles pelas leis raciais, e não partilhe outros, como a recusa do divórcio. Se for um liberal, fico satisfeito com a falta de imparcialidade perante as perseguições raciais, mas não posso igualmente me contentar com a mesma

Direito e poder

falta de imparcialidade diante de uma lei que admite o divórcio. O que deriva disso? O seguinte absurdo: obedecendo às minhas preferências morais, as quais sobreponho ao problema da tarefa da ciência jurídica, eu deveria dizer que, quando está em causa a lei sobre o divórcio, o dever do jurista é certificar-se do fato e não avaliá-lo. Quando, porém, estão em causa as leis raciais, o dever do jurista seria o de submeter o fato a uma avaliação ético-política, isto é, faria a solução do problema das tarefas da ciência do direito depender do fato de que eu aprove ou não uma lei. Ora, o mínimo que se pode dizer de uma consequência absurda é que ela revela uma impostação errada do problema.

O problema da validade do direito e o da justiça são coisas diferentes: o mérito de Kelsen é tê-los distinguido. Aqueles que, em nome de uma mal-entendida defesa do direito natural confundem os dois, não somente não conseguem dar uma contribuição nova à ciência do Direito, mas terminam por dar uma nova prova do caráter ideológico das múltiplas regras que se ocultam sob o nome de Direito Natural. Enquanto não conseguem equilibrar a Teoria Pura do Direito, oferecem aos adversários argumentos que voltam contra eles.

7. Resta aos críticos filosóficos de Kelsen uma última possibilidade de refutação, a qual, sendo a mais explícita, é também a mais inofensiva: afirmar que a própria distinção entre validade e valor revela uma impostação ideológica, e que a pureza ideológica da teoria pura é um engano. Daí resulta que, para refutar Kelsen, esses críticos consideram que se deve refutar a ideologia que, mesmo não confessadamente, revela-se em suas páginas. Desse tipo de crítica são exemplos característicos ambos os escritores citados de início, que provocaram essas nossas observações. Por isso, valerá a pena que nos detenhamos um momento também com eles.

Capograssi sustenta que toda a construção kelseniana é tão sólida só porque se apoia em alguns pressupostos, e que tais pressupostos não são apenas hipóteses de trabalho úteis para a pesquisa, mas se baseiam em uma verdadeira concepção da realidade. E tal concepção é que *o direito é força*. "Existe... por trás de todo esse positivismo um direito natural que rege todos os ordenamentos positivos, e é um direito natural da força" (p.784). E ainda "Raras vezes a concepção do direito como força nua foi expressa e desenvolvida *com mais sucesso e coerência mais completa tanto em si* quanto em seu natural explicar-se e cumprir-se nas formas vazias das normas" (p.788-9). Assim, a doutrina de Kelsen, em vez de ser indiferente às ideologias, seria a representante moderna das velhas concepções de justiça, que costumam se dizer céticas, as quais reduzem a justiça à vontade do mais forte, isto é, seria uma ideologia, e além do mais, para um moralista e religioso como Capograssi, uma péssima ideologia.

Confesso que me parece difícil entender como um homem tão penetrante e tão nobremente posicionado perante os casos da vida e da História, como Capograssi, tenha podido atribuir culpas tão abomináveis a um jurista que, em uma época como a nossa, de ditaduras e guerras, defendeu vigorosamente a democracia perante os Estados totalitários (de quem foi vítima) e os ideais pacifistas contra os imperialistas, e afirmou em vários lugares (e também na obra de Capograssi examinada), com aquela consciência do valor ideológico dos pressupostos que o seu crítico injustamente não lhe reconhece, mas que lhe concede honras, ser a escolha da teoria do primado do direito internacional ante a teoria oposta uma daquelas últimas que repousam sobre opções radicais não ulteriormente redutíveis, e que tal opção é a ideologia pacifista contra a imperialista. E tenha podido atribuí-las sem buscar pelo menos demonstrar que no homem Kelsen se aninhe um contraste insanável entre seus ideais políticos e as consequências ferinas de que sua ciência se ocupa, a ponto de deixar acreditar ao leitor que Kelsen tenha podido ser plenamente satisfeito com as implicações hobbesianas de sua teoria geral. Ou melhor, para mim seria difícil compreender tal atitude de Capograssi, se não fosse outra vez em que

Direito e poder

me é demonstrado que ele deriva do mesmo erro no qual os jusnaturalistas localizaram sua crítica: sobre a confusão entre o critério de validade e o critério de justificação do Direito.[5] Para confirmar isso, vale o confronto entre a posição kelseniana e a hobbesiana, na qual não se pode não pensar quando se fala de redução do direito à força. Em relação a Hobbes, sim, é lícito falar de uma redução da justiça à força, porque uma das bases de sua doutrina é que não existe outro critério de justiça senão a lei, valendo o princípio de que é justo aquilo que é mandado e injusto o que é proibido. Kelsen, ao contrário, se limita a dizer que o direito existe (independentemente do fato *de ser* justo ou injusto) só quando a norma, além de válida, também é eficaz (o chamado princípio da efetividade). Nunca se poderia extrair da concepção kelseniana o princípio de que o direito é justo enquanto é comando, porque de nenhuma passagem de Kelsen se pode extrair a conclusão de que o direito, o qual existe enquanto for comandado (e passando a valer com a força), seja também justo. E não se pode tirar tal conclusão, pois Kelsen, ao contrário de um jusnaturalista como Hobbes, nunca se posiciona, em sua teoria pura, no terreno da justificação moral do Direito, e, portanto, da construção do Estado ideal, mas simplesmente sobre o da descrição e da construção do Estado efetivamente existente. Capograssi pode negar que, qualquer que seja o ideal de justiça do qual partimos, podemos distinguir Estados justos e Estados injustos, civilizados e bárbaros, moralmente apreciáveis e moralmente condenáveis, e que mesmo tais Estados são, do

---

5   Na verdade, Capograssi em princípio tem razão quando faz a aguda observação de que a importância da obra kelseniana está em ter visto unitariamente o direito como "força e organização da força". Mas depois transforma esse reconhecido mérito científico de Kelsen em uma culpa moral. Assim, também vê que os pressupostos de que parte a pesquisa kelseniana são hipóteses de trabalho científico e chega até a reconhecer sua validade, mas, também neste caso, a atitude moralista de aprovação e de condenação se sobrepõe ao teórico, e essas hipóteses de trabalho são transformadas para delas extrair uma moral, em uma concepção total da realidade.

ponto de vista do direito internacional, verdadeiros e próprios Estados? E essa constatação não lhe sugere a ideia de que uma coisa é o valor moral do Estado, e outra é sua existência de fato; uma coisa é a justificativa ética, outra a fundamentação jurídica; e que àquele que procura explicar o que é um Estado do ponto de vista do direito positivo e conclui que ele é um ordenamento jurídico, não se pode atribuir senão com um erro lógico, a ideia de que todos os Estados são justos? Pois Capograssi acaba chegando exatamente a esta acusação, ao afirmar que a ideologia que reduz o direito à força é aquela que serve aos governos para fazer aquilo que desejam "desde que consigam fazer-se obedecer através de um sistema organizado de coações" (p.799), e deixa entender, não escondendo seu desdém, que a teoria de Kelsen levou a tais conclusões, e por isso sua parte de responsabilidade para as catástrofes recentes (não me detenho em refutar a comparação, dominante, mas por isso mesmo mais ofensiva a Kelsen, das casas destruídas pelos bombardeios ao sistema kelseniano). Bem, Kelsen nunca disse que ao Estado seja moralmente lícito fazer aquilo que quer e, portanto, que o Estado, que faça o que fizer, age justamente; mas explicou simplesmente quais são as condições sobre cujas bases os governantes agem para conseguir os fins a que se propõem. Uma coisa é dizer que tudo é permitido aos governantes, outra que, para agir, devem servir-se daquela técnica de organização social, assim e assado determinada, que é o Direito. Uma coisa é justificar os fins; outra compreender os meios que são adotados para atingir determinados fins. Será que quando Kelsen afirma que a Teoria Pura do Direito vale tanto para o Estado liberal quanto para o Estado comunista isso significa, para Kelsen, que ambos os Estados são igualmente bons, isto é, que aos Estados tudo é permitido? Mas não é evidente que esse exemplo significa simplesmente que ambos os Estados são igualmente jurídicos? E quem poderia negá-lo? Talvez o Estado soviético seja menos Estado apenas por ser menos justo aos olhos de tantos jusnaturalistas? Então, só pelo fato de eu afirmar que o Estado soviético é um Estado, faço apologia da força? O que diria Capograssi se eu, diante de um cientista que dedicou anos de trabalho e de pesquisas para escrever uma obra fundamental sobre a vida dos crocodilos, saísse por aí afirmando que aquele homem pérfido fazia a apologia dos crocodilos?

Não digo que não se possa levantar nenhuma objeção contra a distinção kelseniana. Mas tenho a impressão de que Capograssi se mostra insatisfeito com a distinção apenas por ser uma distinção. A Kelsen ele contrapõe que não se pode separar a forma do conteúdo, porque o direito é "uma unidade viva". Mas isso vale tanto quanto dizer que o direito não pode se distinguir porque não se pode distinguir. Que significa "unidade viva"? Para dar um sentido à expressão "unidade viva", convém pensar no significado da expressão quando é usada na proposição: "o homem é uma unidade viva". Bem: a crença de que o homem é uma unidade viva jamais impediu os cientistas de dividir esta unidade em tantas partes e estudá-la em seus diversos aspectos. Que diríamos do filósofo que não reconhecesse a legitimidade da Biologia e da Sociologia que estudam aspectos distintos do ser humano, em nome da afirmação de que o homem é uma unidade viva? E que maior maravilha nos causaria se esse filósofo afirmasse que por trás da Biologia se esconde uma perigosa ideologia, segundo a qual o homem é mera vitalidade, e por trás da Sociologia, uma ideologia ainda mais perigosa, segundo a qual o homem é mera sociabilidade? Toda a ciência moderna nasce do esforço de libertação da concepção da natureza como "unidade viva", nasce da pesquisa paciente de pequenos campos, do abandono das intuições gerais, da substituição gradual de verdades parciais controladas por gratuitas visões universais.

Vamos continuar bancando os "visionários" no campo das ciências humanas? Queremos superar os resultados das pesquisas ou criar obstáculos à fecundidade de técnicas novas ao opor novas fórmulas gerais que exprimem somente nossas inquietações ou esperanças? Não são questões retóricas: exprimem, perante um estudioso ao qual estamos ligados por afetuoso respeito, a nossa preocupação viva de que o filósofo no campo das ciências sociais e jurídicas assuma a parte tediosa e anacrônica que desempenhou o filósofo da natureza à Schelling na época do grande desenvolvimento das ciências naturais no século passado.

8. Também para Nicolosi o anti-ideologismo da Teoria Pura do Direito é apenas aparente; porém, a interpretação ideológica que ele oferece disso é completamente diferente daquela de Capograssi. Ao passo que este, conforme vimos, considera que a Teoria Pura do Direito revela uma exaltação da força, Nicolosi afirma, com uma linguagem um tanto áspera para o nosso gosto, que ela é uma expressão de fraqueza, a apologia do conformismo, do medo de decidir que é próprio da pequena burguesia em época de grandes transformações sociais. Para Capograssi a teoria do direito é uma ideologia porque só é neutra na aparência; para Nicolosi é ideologia exatamente por ser neutra, ou melhor: é a ideologia da neutralidade. "O formalismo de Kelsen, sua instintiva e até mesmo teorizada repugnância por qualquer posição ideológica é típica das zonas mais atrasadas e conformistas do liberalismo pequeno-burguês" (p.309).

Embora a interpretação seja diferente, o fundamento da crítica é comum nos dois autores. Nicolosi, assim como Capograssi, abomina as distinções, e exige a unidade. E ainda que tal exigência de unidade não se afirme em nome da vida à qual apelou o primeiro autor, mas sim em nome da História. O nome invocado não é menos misterioso e carregado de *pathos*. Inclusive para Nicolosi, a palavra "História" é uma daquelas palavras-chave que se acha impregnada de significados sugestivos, e são adotadas para contrapor uma tomada de posição à outra, mas têm escassa utilidade em uma discussão científica.

No fundo, sob a exaltação da História, pode-se ler uma coisa muito sensata, ou seja: a importância dos estudos históricos no campo do Direito. Mas a carga emotiva inserida pelo autor na

Direito e poder

polêmica o priva de grande parte do discernimento, induzindo-o a generalizar a importância da História e a condenar com juízo sumário qualquer outra pesquisa que não seja histórica. É verdade que, quando se aproxima dos resultados obtidos pela doutrina pura do Direito e despe as vestes de acusador, é obrigado a reconhecer que, em um ponto importante, isto é, sobre a validade formal de todo ordenamento jurídico, a teoria kelseniana tem perfeitamente razão. Mas logo em seguida contra-ataca, observando que já sabia isso e não era preciso que aparecesse Kelsen para dizê-lo, ao passo que aquilo que ele gostaria de saber, como se distinguem os ordenamentos jurídicos bons dos maus, Kelsen jamais lhe disse. E por isso Kelsen errou, é um narcisista, um pequeno-burguês, que elabora uma lógica inerte e silogista, um clérigo traidor etc.

Compreendo a exuberância juvenil e sou propenso à indulgência. Mas isso não me impede de considerar bem curioso tal tipo de argumentação. Perante um autor, um crítico honesto e não posicionado apaixonadamente, se pergunta qual problema o autor se colocou, e só o critica se pode demonstrar que o problema é inexistente ou que, mesmo existindo, foi resolvido erroneamente. Ora, perante a Teoria Pura do Direito, a primeira pergunta que temos de fazer é: qual foi o problema que Kelsen se colocou? A resposta sobre esse ponto, conforme dissemos, não me parece dúbia: o problema da validade do direito. Bem: Nicolosi considera poder demonstrar que o problema da validade do direito seja um problema inexistente? Ou que a solução dada por Kelsen a esse problema está errada? Em caso afirmativo, condene, e havemos de ouvi-lo. Mas se ele não tiver nada a dizer sobre esse ponto, pode até afirmar que Kelsen tem razão; seus ataques polêmicos se tornam inofensivos. Com que fundamento ele pede a Kelsen para lhe fornecer um critério para distinguir os ordenamentos jurídicos em bons e maus, quando Kelsen se colocou o problema de ilustrar um critério com base no qual podem ser distinguidos os ordenamentos jurídicos válidos dos não válidos? Em nome da

História? Mas talvez não seja um problema de História também aquele formulado por Kelsen, e a solução que ele dá para isso não é extraída exatamente do estudo da História?

Deixo de lado a acusação de "pequeno-burguês". A propósito, até hoje, se usava a expressão "traição dos clérigos" para indicar o homem de cultura que põe a verdade, do qual ele é guardião, a serviço da política. Aqui, ao contrário, é usada a mesma expressão para indicar a neutralidade do clérigo perante as diversas ideologias políticas. Pobre clérigo: trai quando se submete à política, trai quando dela se afasta. Decididamente, o ofício de clérigo é muito difícil em nossos dias. Só duas observações: a ideologia pequeno-burguesa é a ideologia da neutralidade ou do conformismo? Respondo que são coisas bem diferentes e, quando se lançam acusações tão veementes contra homens de alta estatura moral e intelectual como Kelsen, é necessário ser rigoroso: a neutralidade é a posição de quem não se põe de um lado nem de outro. Ao contrário, o conformismo é a atitude de quem se posiciona, *perinde ac cadaver*, totalmente de um lado. Em segundo lugar: Nicolosi estaria disposto a aceitar que todas as pesquisas indiferentes aos valores, no campo da experiência humana, são indícios de neutralidade ou conformismo pequeno--burguês? São neutros ou conformistas os psicólogos e os sociólogos, os lógicos e os biólogos, todos os analistas semânticos?

9. No que concerne às críticas contra a Teoria Pura do Direito, por parte dos sociólogos, o problema é mais complexo e mais rico de *nuances*, por causa das diferentes acepções e também pelas diversas intenções com que se fala de uma pesquisa sociológica no âmbito jurídico. Portanto, será conveniente subdividir o tratado segundo os diversos argumentos utilizados, e considerar, para cada um deles, as respostas explícitas ou implícitas que podem ser extraídas de Kelsen.

A objeção mais geral e também mais genérica dos defensores da sociologia jurídica contra a Teoria Pura do Direito é que o direito é um fenômeno social, e como tal não pode ser estudado abstraindo-se a sociedade. Parece que para tais críticos a Teoria Pura do Direito é um estranhamento arbitrário do fenômeno jurídico da realidade, que conduz – segundo uma expressão que se tornou familiar para denotar, em termos de desaprovação, a obra kelseniana – a um formalismo vazio e estéril.[6]

Não é preciso despender muitas palavras acerca desse modo de impostar a polêmica contra Kelsen. Esta, da mesma maneira como distinguiu o problema da validade e do valor do direito, distinguiu o problema da validade do direito daquele de sua realidade de fato. Porém, no que concerne às críticas dos jusnaturalistas, assim como foi possível replicar que a distinção não implica a exclusão de um dos dois problemas, assim, diante da crítica geral dos sociólogos, é possível responder que o problema da validade do Direito, que é objeto da teoria pura, não exclui tratar, em outro espaço, o problema da realidade social do direito, objeto da sociologia jurídica. Pode ser que tenha ocorrido uma evolução no pensamento de Kelsen no sentido de romper uma rigidez inicial ou tendência à parcialidade do ponto de vista; e convém não excluir que tal evolução tenha sido influenciada justamente pelas críticas feitas no âmbito sociológico.[7] Mas é um fato que hoje Kelsen se manifestou repetida e claramente a respeito, tanto que não é mais lícito atribuir-lhe a ideia de uma monopolização do problema jurídico por parte da Teoria Pura do Direito.[8] Ele próprio não só não desprezou fazer pesquisas de caráter

---

6 Característico neste sentido é o artigo de Th. A. Cowan, "Teoria pura del diritto e giurisprudenza sperimentale", *Il Politico*, 1953, p.193-204.

7 Esta evolução de Kelsen é evidenciada com acuidade por R. Treves, que observa que, enquanto na primeira fase de seu pensamento se podia presumir que ser e dever ser fossem duas categorias separadas da realidade, na fase mais madura são simplesmente o produto de dois métodos diversos de pesquisa: um casual; outro normativo (*Intorno alla concezione del diritto di H. Kelsen*, op. cit., p.101-2).

8 Ver, p.ex., RRL (1) p.31-2, p.49ss., p.120; GTLS, pref., p.380-1.

sociológico, como no início da análise estrutural do ordenamento jurídico, considerando o direito como uma forma de técnica social, demonstrou seu nível de consideração quanto à análise sociológica para a compreensão do fenômeno jurídico.[9] A propósito, ele explica que "definir as condições sociais que tornam necessária esta técnica constitui uma importante questão sociológica" (GTLS, p. 19).

10. Para mostrar a falta de fundamento da acusação de formalismo vazio, parece-me que se deva levar em conta, também aqui, como na primeira parte, os limites dentro dos quais é válida a pesquisa que Hans Kelsen carimba com o nome de Teoria Pura do Direito, embora esses limites nunca tenham sido assinalados com o merecido destaque.[10]

A Teoria Pura do Direito, como análise estrutural da experiência jurídica, é uma teoria geral no sentido de teoria *formal* do direito, como tivemos ocasião de ilustrar. Embora Kelsen jamais distinga explicitamente a Teoria Geral do Direito das disciplinas jurídicas particulares, a primeira dirigida ao estudo da estrutura norma-

---

9   Esta consideração do direito como uma espécie de técnica social demonstra, contra qualquer acusação preconcebida, que, para Kelsen, de modo algum o direito é algo desligado da sociedade: ou melhor, o direito é considerado desde o início instrumento para a realização de certos fins que se colocam para o homem que vive em sociedade. Caso se tenha presente essa tese kelseniana, cai toda a polêmica sustentada por Maio Giuliano contra a doutrina pura do Direito, desde o momento em que a principal acusação consiste em sustentar que, para Kelsen, o Direito seria totalmente preordenado e sobredeterminado pela sociedade (*La comunità internazionale e il diritto*, Pádua, Cedam, 1950, p.103-52). Seria de fato desejável que os defensores de uma adesão maior do estudo do Direito ao estudo da sociedade chegassem com igual clareza a ver no Direito uma técnica da organização social.

10 De que modo o formalismo kelseniano (se for possível falar de formalismo e não se deva, ao contrário, falar, como tratamos de precisar no texto, de uma história geral do Direito como teoria formal da experiência jurídica) se distingue do formalismo tradicional, é ilustrado por R. Treves, op. cit., p.94ss.

tiva, e as demais, aos conteúdos normativos, não resta dúvida de que ocupar-se dela pertence ao primeiro tipo de pesquisa. De resto, no prefácio da *Teoria generale del diritto e dello Stato*, ele explica que "a teoria a ser desenvolvida na parte principal deste livro é uma teoria geral do direito positivo" e explicita que "tal teoria... fornece os conceitos fundamentais com os quais se pode descrever o direito positivo de uma dada comum idade jurídica" (p.VIII). Ora, uma Teoria Geral do Direito só pode ser formal se o objeto de sua pesquisa for o aspecto formal do fenômeno jurídico, ou seja, a estrutura qualificadora de certos atos e fatos do mundo social e econômico, os quais adquirem o caráter de juridicidade própria enquanto são referenciáveis a essa estrutura, e, como tal, são os *conteúdos* variáveis de uma *forma* constante. Assim, na minha opinião, não faz nenhum sentido reprovar a Teoria Pura do Direito dizendo-a formal, se for verdade que esse é seu propósito, e só aquele, por descrever os elementos formais da realidade jurídica, prescindindo conscientemente do conteúdo. A Teoria Pura do Direito não é uma pesquisa formalista, mas, sim, pura e simplesmente, formal.

Entende-se que a obra do jurista – e é aqui que Kelsen deveria ter sido mais explícito – não se esgota na elaboração de uma teoria geral, mas se estende à interpretação das normas singulares de um ordenamento. E é na obra de interpretação que o jurista transforma os institutos singulares em objeto da própria pesquisa e, digamos assim, preenche com um conteúdo a forma normativa do direito. De nenhuma afirmação de Kelsen pode ser extraída a tese de que a Teoria Pura do Direito exclui a pesquisa interpretativa. Quanto ao trabalho do intérprete, ele se limita a descrever sua natureza, vale dizer, qualificá-la juridicamente. Mas a efetiva investigação do intérprete permanece fora de seu campo. Acontece que é no trabalho efetivo do intérprete que o jurista entra em contato com a realidade social subjacente às normas. Como podemos então recriminar a Teoria Geral do Direito por não levar em conta os conteúdos sociais, se ela não é nem quer ser uma pesquisa interpretativa das normas singulares, mas, se for o caso, por meio da determinação dos critérios de validade de um determinado sistema jurídico, fixa as condições de validade da própria pesquisa interpretativa e constitui um pressuposto dela? Em relação aos institutos jurídicos singulares, a propriedade, o usufruto, a doação, a sucessão, a tutela, o reconhecimento ou não reconhecimento da paternidade etc., a Teoria Geral do Direito não tem outra função além de fixar as condições de sua juridicidade (ou validade), mas não se interessa pelos institutos enquanto tais, porque não é competência sua. A categoria em que opera a Teoria Geral do Direito é exclusivamente a categoria do Direito em geral. A pergunta a que ela responde é: "o que é Direito?". Ora, quando ela responde afirmando que o Direito é uma estrutura qualificadora de certos atos ou fatos que constituirão as condições formais para o estudo desses atos ou fatos, ela dá as condições formais para o estudo desses atos ou fatos que constituirão depois o objeto específico das disciplinas particulares de caráter principalmente interpretativo; e, assim agindo, só pode se constituir como pesquisa formal. O chamado formalismo da teoria kelseniana é o efeito da formalidade do Direito, como é considerado pela teoria geral. Mas, neste sentido, toda teoria geral, e não apenas a kelseniana, é formalista, melhor dizendo, "formal", e se não é formal, não serve para nada.

11. Uma subespécie da objeção sociológica, não menos inconsistente, é aquela que provém dos juristas soviéticos e dos quais tive informação direta no volume *Soviet Legal Sciences*, publicado pela Harvard University Press, 1951.[11] Quando, por exemplo, Vischinskij observa, polemizando com Kelsen (com Duguit) que "eles não veem no Direito a expressão dos interesses das classes

---

11 Para uma análise desta obra, ver G. A. Brioschi, "Appunti sulla teoria societica del diritto e dello Stato", *Rivista trimestrale di diritto e procedura civile*, 1953, p.136-56.

dominantes em determinada sociedade" (p.337), ele reitera um cânone da pesquisa sociológica do Direito que tem grande importância, ou seja, que as normas jurídicas em seu conteúdo representam não ideais eternos de justiça, válidos para todos os tempos, mas sim interesses concretos dos dominadores. Nem por isso arranha minimamente a solidez da doutrina normativa; num certo sentido, serve de confirmação e reforço.

Primeiro, a atitude antijusnaturalista, que fundamenta a concepção de Vischinskij e dos juristas soviéticos, é a mesma de Kelsen, do qual poderão, sempre que quiserem, extrair ótimos argumentos contra o direito natural visto como direito universal e eterno. Em segundo lugar, a consideração do direito como expressão dos interesses da vontade dominante encontra-se com a tese kelseniana do direito como técnica específica de organização social (ambas exprimem uma *concepção técnica* e não *ética* do direito); e desse modo as duas teses dialogam e se confirmam.

Além disso, a luta da nova escola chefiada por Vischinskij em defesa da legalidade soviética, pela restauração da concepção do Direito como complexo de regras gerais e abstratas, impostas pelo poder coercivo do Estado, contra as doutrinas que remetem a Pasciukanis, segundo o qual o Direito não seria mais que uma superestrutura da sociedade burguesa, destinado assim a desaparecer em uma sociedade socialista, tal luta só pôde ser levada adiante com eficácia assimilando a teoria normativista, elaborada pela mais refinada ciência jurídica contemporânea,[12] isto é, a doutrina que descreveu a estrutura formal do ordenamento jurídico válida, como Kelsen reitera, tanto para o ordenamento jurídico liberal quanto para o comunista. O que existia de ingênuo e também de grotesco, nas disposições jurídicas de Pasciukanis e seus seguidores (que Vischinskij chama um tanto

---

12 Lê-se, no ensaio de Vischinskij, *Fundamental Tasks of Soviet Law*, op. cit., que "uma das mais importantes tarefas da ciência soviética é apropriar-se da ciência e da cultura da sociedade capitalista de modo total e completo" (p.318).

rudemente de traidores, contrarrevolucionários, provocadores etc.) era considerar que o Direito fosse caracterizado por um tipo particular de relações econômicas, a saber, pelas relações dos bens, que são próprias da economia burguesa. Escapava a esses teóricos do Direito exatamente aquilo que a teoria normativa pôs em evidência: que o Direito é uma estrutura formal e, enquanto tal, pode ser aplicada a qualquer tipo de sociedade, que é uma técnica da organização social, aplicável a qualquer relação econômica, dado que sua característica não é referir-se a esta ou àquela relação, mas ser um ordenamento coercitivo de toda relação humana possível e como tal diferente de um sistema de normas morais, religiosas ou consuetudinárias. Em outras palavras, o que caracteriza o Direito como técnica social especial é a organização do poder coercitivo, não o fato de que tal poder de coerção se destine a fazer respeitar as normas que regulam a troca de bens entre dois proprietários privados, antes que as normas que regulam a mesma troca entre duas empresas estatais. O erro de teóricos como Pasciukanis estava exatamente na falta de abstração do material social sobre o qual age o Direito, na falta de "pureza", tão frequente e eficazmente combatida por Kelsen, em não fazer a distinção entre a estrutura normativa e o conteúdo econômico-social de uma determinada sociedade, que é o cavalo de batalha da teoria kelseniana. Em suma, não ter compreendido – coisa que a ciência normativa entendeu perfeitamente – que existe Direito onde existe um sistema de regras de comportamento, válidas e eficazes, independentemente do fato de que os comportamentos regulados sejam aqueles dos burgueses que traficam para ganhar mais dinheiro ou dos proletários que trabalham para o bem da coletividade.

Ora, quando Vischinskij protesta contra redução do Direito à economia ou política, como fariam os "traidores", o conceito de direito que ele propõe é nada menos que o conceito formal de Direito, próprio da teoria normativa. Se reduzirmos o Direito à economia, diz ele, "destruímos o *caráter específico do direito* enquanto conjunto de normas de conduta, costumes e regras sociais *estabele-cidas pelo Estado e garantidas coercitivamente pela autoridade do Estado"* (p.329, grifo meu). Ao reduzir o Direito à política, continua ele, estes senhores "despersonalizam o direito enquanto totalidade das leis... sugerindo a falsa ideia de que a aplicação da lei é determinada pelo Estado socialista por considerações políticas e não pela força e pela autoridade da lei soviética" (ibidem). Que maravilha, depois desta declaração, se a definição do Direito, proposta neste ensaio pelo próprio Vischinskij, como aliás já foi notado,[13] um modelo de definição formal, ou kelseniana, do Direito? Como pode ser lido na p.336, "o direito é o conjunto de regras de conduta estabelecidas numa ordem legal, que exprimem a vontade da classe dominante, bem como hábitos e regras sociais sancionadas pela autoridade do Estado, e cuja aplicação é garantida pela força coercitiva do Estado a fim de salvaguardar, reforçar e desenvolver as relações e os pro-cedimentos sociais vantajosos e úteis para a classe dominante". Embora Vischinskij trate de afirmar, logo depois, que tal definição não tem nada a ver com a dos normativistas, não podemos negar a impressão de que do ponto de vista dos adversários, rechaçados verbalmente, e do seu, tenha ocorrido a assimilação da teoria positivista normativa, para quem o Direito é norma estatutária coercitiva e de que a teoria de Kelsen foi a expressão mais coerente e, enfim, que o retorno à legalidade soviética tenha passado pela estrada real da doutrina normativista.[14]

---

13 Brioschi, op. cit., p.150.

14 Nada de melhor nem mais persuasivo se encontra nas críticas a Kelsen, feitas por dois outros escritores soviéticos, S. A. Golunskij e M. S. Strogovich, incluídos na mesma coletânea (p.419ss.). Eles reconhecem que a definição de Direito como conjunto de normas coercivas, própria da teoria norma-tivista, havia sido falsamente abandonada por provocadores trotsquistas, mas se apressam em acrescentar que "o vício da teoria normativa burguesa não é definir o Direito como um conjunto de normas, mas distorcer o próprio conceito de uma norma, isolando-a da vida real e dando-lhe um caráter idealista" (p.423), e que é, afinal, a mesma acusação superficial

Norberto Bobbio

12. De natureza diferente é a oposição à Teoria Pura do Direito que parte da jurisprudência sociológica, agora representada, principalmente, pela chamada escola realista americana (Llewellyn, Frank etc.). Se não quisermos generalizar, é preciso distinguir entre a sociologia jurídica, que, conforme vimos, está incluída na Teoria Pura do Direito, e a jurisprudência sociológica. Enquanto a sociologia jurídica é o estudo do Direito como fenômeno social, que pode coexistir sem dificuldades com o estudo do Direito como regra ou conjunto de regras de comportamento, a jurisprudência sociológica apresenta-se como forma particular de ciência jurídica, e, tendo método próprio, pretende ser a única ciência jurídica possível, e como tal substituir a jurisprudência normativa. O método próprio da jurisprudência sociológica é o das ciências naturais, que consiste na determinação de leis ou de relações constantes de causa e efeito entre fenômenos, visando estabelecer uma previsão exata do que acontecerá. Essa transposição do método naturalista ao estudo do direito deu lugar à conhecida definição da ciência jurídica, do juiz O. W. Holmes: "As profecias daquilo que efetivamente farão os tribunais, e nada mais ambicioso, é isso que entendo por direito";[15] definição que se tornou o ponto de partida da jovem escola jurídica americana. Ao passo que a sociologia jurídica, conforme visto, dirige à Teoria Pura do Direito a acusação de formalismo vazio, a acusação lançada pela jurisprudência sociológica é de natureza diferente: a jurisprudência normativa age no plano do dever ser, não sobre no do ser, e como tal não é empírica nem descritiva.[16] Em definitivo, *não é ciência própria e*

---

dirigida a Kelsen por todos aqueles que, não se dando conta de que uma coisa é a Teoria Geral do Direito, e outra, a Sociologia do Direito, querem livrar-se de uma teoria profundamente pensada com um chiste, agravado pelas vulgares acusações políticas que o acompanham, e, baseando-se nelas, dever-se-ia tirar a inquietante conclusão de que a teoria normativa "simboliza o calamitoso declínio do pensamento jurídico burguês" (p.421).

15 *Collected Legal Papers.* New York: 1920, p.173.

16 GTLS, p.166.

verdadeira. Basicamente, a jurisprudência sociológica, orgulhosa da descoberta do método naturalista, recusa-se a reconhecer a validade científica da jurisprudência normativa.

Não precisamos gastar palavras para mostrar a falácia da redução de toda pesquisa científica à ciência natural e da consequente aplicação do método das ciências naturais a todos os territórios do saber. Já tivemos a chance de evidenciar a complexidade do problema[17] e a que consequências absurdas conduz o ingênuo cientificismo dos neorrealistas.[18] Acrescentemos que Kelsen dedicou algumas páginas eloquentes e essenciais[19] para refutar tal acusação, explicando a diferença que vai da determinação dos comportamentos de fato, tarefa própria das ciências naturalistas, e a determinação da validade normativa, tarefa da ciência jurídica propriamente dita, concluindo não existir nenhuma incompatibilidade entre um método e outro, no máximo um primado da jurisprudência normativa sobre a sociológica, devido ao fato de que a ciência sociológica do Direito pressupõe o conceito de Direito dado pela jurisprudência normativa. Limitamo-nos a repetir que, sendo a Teoria Pura do Direito uma análise estrutural da experiência jurídica, ela não exaure possíveis investigações do fenômeno jurídico, e portanto, como não exclui a interpretação das normas singulares, igualmente não exclui o estudo do comportamento dos principais atores da ciência do Direito, para daí derivar leis tendenciais de desenvolvimento e previsões probabilistas relativas aos acontecimentos jurídicos. De resto, toda pesquisa kelseniana se baseia em uma distinção consciente, e cada vez mais reiterada e elaborada, entre as ciências normativas e as ciências naturais, de modo que uma objeção proveniente dos adeptos de um naturalismo jurídico bastante ingênuo não pode apanhá-la de surpresa e derrubá-la.

---

17 *Teoria della scienza giuridica*. Turim: Giappichelli, 1950.

18 "La certezza del diritto è un mito?", *Rivista internazionale del diritto*, 1951, p.146-52.

19 GTLS, p.165-82.

13. Enfim, convém eliminar uma última confusão sempre proveniente do lado dos juristas sociólogos, aquela baseada na opinião de que a jurisprudência normativa esteja histórica e logicamente conectada à jurisprudência conceitual, ou seja, à teoria que tende a eliminar toda função criativa do jurista e do juiz, e, em consequência, tendo Kelsen negado tal conexão, chegando a rejeitá-la expressamente[20] e, ao contrário, tendo afirmado que o juiz só pode ser criador de direito, tenha caído numa grave contradição ou tenha pelos menos, por meio de concessões sucessivas às teorias dos adversários, conduzido a própria teoria a consequências incompatíveis com as premissas.

É verdade que, em geral, os defensores da função meramente interpretativa da jurisprudência são formalistas e normativistas, ao passo que os defensores do direito livre são sociólogos e realistas. Mas as duas posições não coincidem necessariamente, porque os dois contrastes se desenvolvem em dois planos diferentes. A controvérsia entre os defensores da jurisprudência interpretativa e os da jurisprudência criativa é um contraste de natureza política e ideológica: com efeito, versa sobre a preferência que deve ser atribuída aos dois valores fundamentais da experiência jurídica, a certeza ou equidade, dado que a interpretação dentro dos limites das leis garante mais o valor da certeza, a criatividade da jurisprudência assegura o da equidade. Ao contrário, a Teoria Pura do Direito, como vimos, é uma ciência objetiva, indiferente aos valores, neutra. Seu problema central certamente não é o de determinar qual ordenamento jurídico é politicamente mais oportuno ou idealmente mais justo, mas sim o de descrever a estrutura formal do ordenamento jurídico enquanto tal.

---

20 RRL (1), p.99: "A concepção segundo a qual a interpretação seria um conhecimento do direito positivo e, como tal, um procedimento para extrair normas daquelas já vigentes, constitui o fundamento da chamada "jurisprudência dos conceitos" que é igualmente *rechaçada pela doutrina pura do direito*" (grifo meu).

Direito e poder

Ora, quando Kelsen, na parte de seu sistema, que ele chama de "nomodinâmica", diz que um ordenamento não consta só de normas gerais, mas também de normas individuais, e que também estas normais individuais são produtoras de direito não menos que as normas gerais, não toma posição diante da controvérsia ideológica quanto a ser melhor limitar ou ampliar o poder discricionário dos juízes, mas descreve e teoriza uma das características típicas de todo ordenamento jurídico, que, se a análise for rigorosa, não deveria ser desconhecido nem pelos defensores do juiz-intérprete nem por seus adversários.

Pode-se objetar que, neste ponto, Kelsen não se mantém nos limites de uma Teoria Geral do Direito, mas, perante a controvérsia ético-política que divide os conceitualistas dos criativistas, toma posição contra uma das partes em causa, isto é, contra a jurisprudência conceitual;[21] e não permanece indiferente perante o problema da certeza ou da equidade pois afirma explicitamente que a certeza é uma ilusão.[22] Esta objeção me parece fundamentada. Porém, dela se deve tirar a conclusão de que a Teoria Pura do Direito, enquanto teoria indiferente aos valores, é ilegítima? A única conclusão possível, em minha opinião, é que Kelsen, em suas conclusões e em seus desabafos polêmicos, nem sempre foi coerente com as premissas. Por mais que a Teoria Pura do Direito seja um sistema rigoroso, revela aqui e ali algumas falhas das quais transparece o momento ideológico do homem Kelsen. Certamente a certeza não é uma ilusão, mas um valor. Considerando-a como ilusão, Kelsen mostra claramente rechaçá-la como valor e aceitar seu valor oposto, saindo de sua neutralidade de teórico puro, ao passo que é verdade ao contrário, ou seja, da estrutura normativa do ordenamento jurídico não se pode extrair argumento em favor da certeza, nem tampouco do valor contrário. A certeza maior ou

---

21   RRL (1), p.99.
22   RRL (1), p.99.

menor, ou a equidade maior ou menor, dependerão, em cada ordenamento, das normas particulares que, tendo por base as diversas ideologias orientadoras, regulam as relações entre órgãos legislativos e executivos, e estabelecem maiores ou menores vínculos à atividade do juiz. A controvérsia entre defensores da jurisprudência conceitual e os que defendem o direito livre diz respeito ao modo diferente com que deve ser um ordenamento jurídico particular, disciplinada a atividade dos criadores de normas individuais. É óbvio que, qualquer que seja o resultado da controvérsia, ou seja, qual for o modo como tal atividade venha regulada, admitindo ou não a heterointegração do ordenamento, a estrutura formal do ordenamento jurídico, conforme descrita pela teoria kelseniana, não muda, quer dizer, não muda o fato de que cada ordenamento é composto de normas gerais e de normas individuais, e que as segundas são tão produtoras de direito quanto as primeiras.

Admitamos inclusive que Kelsen, tomando posição contra a jurisprudência conceitual e contra a certeza do Direito, tenha saído dos limites da Teoria Geral do Direito. Mas dessa extrapolação kelseniana é lícito extrair a condenação de toda a Teoria Pura do Direito, como fazem os críticos apressados ou aqueles a quem incomoda a neutralidade da Teoria Pura do Direito e se aproveitam dos mínimos defeitos para se livrar dela? De nossa parte, consideramos que diante de uma obra como a kelseniana a atitude do crítico que tenha interesse no progresso da ciência mais que no triunfo das próprias ideias ou ideologias deva ser primeiro compreendê-la, e depois livrá-la de confusões que podem existir e existem, e não a de fazer escândalo em todo momento: em suma, continuar a obra de purificação iniciada por Kelsen, prosseguindo no trabalho de esclarecimento dos conceitos fundamentais e de identificação e diferenciação dos problemas, sem o qual a república universal das ciências se desmonta em uma sociedade anárquica de tiranetes prepotentes e facciosos, onde cada um prega e impõe a três ou quatro ouvintes as próprias pequenas descobertas.

14. Neste ensaio, tratamos de examinar as críticas mais comuns que são dirigidas à Teoria Pura do Direito por parte das correntes jurídicas, os jusnaturalistas e os sociólogos, que Hans Kelsen mais combateu. Do fato de que geralmente concluímos que a Teoria Pura do Direito resiste às críticas, que a maior parte das críticas é resultado de confusão, será o caso de concluir que a obra de Kelsen fica completamente imune de críticas? No último parágrafo, tocamos o ponto em que nos pareceu vê-lo faltar às suas próprias premissas. Mas não se trata apenas disso, e isso não é o mais grave.

Para limitar-me a indicar as direções em que acredito que uma crítica a Kelsen seria frutífera e construtiva, sugiro dois pontos aos quais gostaria de voltar em outra ocasião: a) quanto à relação entre Teoria Pura do Direito e direito natural, o *puncto dolens* da doutrina kelseniana é a teoria da subjetividade ou irracionalidade dos valores. É inútil dizer que isto é um dos problemas mais debatidos na fase atual do desenvolvimento da filosofia não especulativa (isto é, da Filosofia que considera não poder resolver o problema dos valores recorrendo a patamares metafísicos e a faculdades ultraempíricas, como a intuição); b) quanto à relação entre Teoria Pura do Direito e a Sociologia, o problema a ser esclarecido e desenvolvido ulteriormente é o da distinção entre pesquisa da estrutura normativa do Direito e pesquisa do conteúdo das normas singulares, isto é, entre Teoria Geral do Direito e jurisprudência. Mas para chegar a propor tais problemas com clareza, seria necessário liberar o campo das críticas mais barulhentas do que sólidas. Em suma, até aqui o erro dos críticos; daqui em diante, a crítica dos erros.

Capítulo 2
Ser e dever ser na ciência jurídica*

Sumário

1 Três significados de "ciência normativa". Os dois significados tradicionais e o significado kelseniano.

2 Metajurisprudência descritiva e metajurisprudência prescritiva: duas tendências em contraste.

3 Análise do primeiro significado de "jurisprudência como ciência normativa": relevação, revisão, aplicação e sistematização de normas.

4 Análise do segundo significado: o *Sollen* descritivo e sua crítica.

5 Análise do terceiro significado: os dois problemas da neutralidade científica e da ciência do Direito como fonte de normas jurídicas.

---

* Comunicação apresentada no Congresso Internacional de Filosofia Jurídica e Social, realizado em Milão-Gardone, de 9 a 13 de setembro de 1967. O tema geral do Congresso, *Ser e dever ser na experiência jurídica*, foi subdividido em três subtemas: *Ser e dever ser na ciência jurídica; Ser e dever ser nas concepções da validade e do valor; Ser e dever ser nas concepções sociológicas do Direito*. A presente comunicação estava destinada, com a da senhora J. Parain-Vial, a introduzir a discussão sobre o primeiro subtema. Foi elaborada levando em conta os problemas colocados, as ideias debatidas e os resultados alcançados no Congresso de Turim, de 19 de março de 1967,

Norberto Bobbio

1. Considerar o problema da ciência jurídica do ponto de vista da distinção do *ser* e do *dever ser* quer dizer encontrar-se outra vez diante do antigo, e hoje meio desgastado, problema se a jurisprudência, dado que é ciência, é uma *ciência normativa*. Antigo, porque teve seu período de maior fortuna graças à chamada *école scientifique* na França e à *Freirechtsbewegung* na Alemanha.[1] Desgastado, porque a expressão "ciência normativa" é ambígua e deu lugar a muitas disputas meramente verbais para poder ser utilizada de modo proveitoso. Enfrentando de novo o problema, sei que mexo num vespeiro. Mas digo logo que, numa discussão geral como esta, não pretendo pegar as vespas, mas apenas desentocá-las com a esperança de que pelo menos algumas possam ser capturadas.

---

do qual participaram alguns estudiosos de filosofia do Direito da nova geração, a quem agradeço por sua inteligente colaboração. O Congresso, promovido por Uberto Scarpelli, partiu de uma comunicação de Giovanni Tarello sobre seu *Discorso assertivo e discorso precettivo nel linguaggio dei giuristi*, seguido de uma ampla discussão. Fruto dessa discussão são os ensaios de Alessandro Baratta, Mario A. Cattaneo, Luigi Ferrajoli, Giacomo Gavazzi, Letizia Gianformaggio, Mario G. Losano, Uberto Scarpelli, agora publicados, com a comunicação de Tarello, no fascículo da "Rivista internazionale di filosofia del diritto", por ocasião do Congresso (XLIV, 1967, n.3). Fui beneficiado por todos eles na presente redação. Na literatura recente sobre o argumento, tomei em consideração principalmente o artigo, que trata do mesmo assunto, de J. Wróblewski, "Normativity of Legal Science", *Logique et Analyse*, n.33, 1966, p.60-77. Enquanto estava para aprovar as provas deste volume, apareceu sobre o mesmo argumento o amplo e importante tratado de G. Kalinowski, *Querelle de la science normative. Une contribution à la théorie de la science*, Paris, Librairie générale de droit et de jurisprudence, 1969, que contém algumas observações críticas e algumas precisões a respeito do argumento do *Sollen* descritivo, conforme desenvolvido por mim no parágrafo 4 (p.72ss.); as quais levarei em conta quando tiver ocasião de voltar ao mesmo tema.

1 Tão velho que o meu primeiro trabalho teórico (que não preciso repudiar porque foi felizmente esquecido após ter tido a honra de muitas e imerecidas citações), *Scienza e tecnica del diritto*, Turim, Giappichelli, 1934, começa com um capítulo intitulado *La giurisprudenza come scienza normativa*.

Dizer que a jurisprudência é ciência normativa significa duas coisas muito diferentes e não necessariamente conexas: em um sentido fraco quer dizer que a jurisprudência tem a ver com (ou trata de) normas; em um sentido forte quer dizer que põe, propõe ou até impõe normas. O equívoco nasce do fato de que a jurisprudência, diversamente das outras ciências sociais, pode ser chamada "normativa" em ambos os casos. Ao passo que as Ciências Sociais em geral só podem ser chamadas de "normativas" no segundo sentido, enquanto não têm a ver habitualmente com regras, a jurisprudência pode ser duplamente denominada "normativa": enquanto tem a ver com regras e enquanto, por sua parte, impõe regras.

As coisas complicaram-se com Kelsen: na teoria normativa do Direito, "normativo" é usado em um sentido que não corresponde a nenhum dos dois significados acima referidos. Na expressão "teoria normativa", o termo "normativo" tem um significado que é muito indeterminado em relação ao primeiro, e demasiado ambicioso em relação ao segundo: a teoria normativa é algo mais que uma pesquisa sobre regras e algo menos que uma posição ou imposição de regras. Em outras palavras, a teoria normativa não é normativa em nenhum dos sentidos mais óbvios de "normativo", embora se afaste mais do segundo, totalmente rechaçado, que do primeiro, só corrigido e especificado. Com efeito, ao passo que, segundo a teoria normativa deve ser excluído que "normativo", referido à atividade do jurista e do teórico do Direito, possa significar "prescritivo", não se pode excluir que signifique "relativo a normas". Só se deve precisar melhor em que sentido.

Dos *Hauptprobleme* em diante, Kelsen voltou repetida e insistentemente à questão.[2] Por um lado, jamais pôde prescindir da

---

2 H. Kelsen, *Hauptprobleme der Staatsrechtslehre, entwickelt aus der Lehre vom Rechtssatz*, Tübingen, Mohr, 1911, p.225ss.; RRL, p.29 ss., 153ss.; GTLS, p.45 ss., 165ss.; RRL (2), p.87ss.

categoria de "normativo" para distinguir a ciência jurídica das ciências sociais; por outro, sempre teve de esconjurar o perigo que o uso da categoria de "normativo" induzisse a atribuir à ciência jurídica uma função prescritiva que não lhe compete. "Normativo" se contrapõe (já nos *Hauptprobleme*)[3] não a "descritivo", mas a "explicativo"; e, paralelamente, "descritivo" contrapõe-se (sobretudo nas últimas obras) não a "normativo", mas, sim, a "prescritivo".[4] Dado que as duplas "normativo-explicativo" e "prescritivo-descritivo" não se sobrepõem, não há nada de contraditório em afirmar, como faz Kelsen, que a ciência jurídica é ao mesmo tempo descritiva e normativa: descritiva no sentido de que não prescreve; normativa no sentido de que aquilo que descreve não são fatos, mas normas, ou seja, é descritiva não do que existe, mas do que deve ser. Enquanto *Sollsätze*, as proposições que caracterizam a ciência jurídica distinguem-se por um lado dos *Seinsätze* próprios das ciências sociais (causais), e, por outro, das *Sollnormen* de qualquer sistema normativo.

Em contrapartida, que a característica da ciência jurídica seja enunciar *Sollsätze*, isso não quer dizer que ela seja ciência normativa no sentido fraco de "ter algo a ver" com normas. Inclusive a sociologia jurídica, e ainda mais a jurisprudência sociológica, têm a ver com normas, mas não devem ser confundidas com a ciência jurídica, no sentido estrito e rigoroso. Para distinguir a ciência jurídica da sociologia jurídica, temos de recorrer a outra acepção de "normativo". Embora Kelsen tenha retomado muitas vezes o argumento, ou talvez exatamente por isso, é duvidoso que tenha conseguido fixar de modo claro e unívoco este terceiro significado de "normativo".[5] Pode-se identificar uma oscilação e uma sobreposição de dois significados, conexos mas não bem diferenciados:

---

3 *Hauptprobleme*, p.VI, e p.42.
4 RRL (2), p.88.
5 As discussões provocadas são infinitas. O próprio Kelsen se refere a isso para reiterar a XX tese em RRL (2), p.92, nota.

Direito e poder

a) as normas, um determinado sistema de normas, são o *ponto de vista* do qual o jurista, diversamente do sociólogo, considera os comportamentos sociais,[6] aparecem por meio de uma tela com certa estrutura narrativa, e os comportamentos interessam enquanto regulados e pelo modo como são regulados;

b) são proposições normativas o *resultado* a que chega o jurista com sua obra de verificação, de interpretação e de sistematização de determinado ordenamento jurídico positivo.[7] Talvez possamos dizer a mesma coisa assim: sendo descritiva a ciência jurídica, ela descreve fatos qualificados como normas, isto é, por meio de normas, ou então chega a formular proposições de dever ser por meio de asserções. Não quer dizer que estes dois significados de "normativo" não se conjuguem na afirmação, feita várias vezes por Kelsen, que a ciência jurídica é normativa enquanto descreve aquilo que é, mas para descrever o que deve ser, vale-se de determinado sistema normativo.

Portanto, depois de Kelsen, a ciência jurídica merece o caráter "normativo" por três razões:

a) porque tem a ver com normas;

b) porque considera a realidade social mediante um sistema normativo;

c) porque impõe normas.[8]

Sinteticamente, embora com certa rigidez, a categoria do normativo pode ser considerada com referência ao *objeto,* ao *método*

---

6 "A ciência do direito visa compreender o seu objeto 'juridicamente', isto é, do ponto de vista do direito", RRL (2), p.86.

7 Compare esta segunda acepção em todas as passagens nas quais Kelsen afirma que a tarefa da ciência jurídica já não é prescrever, mas descrever aquilo que deve ser: "As proposições com as quais a nossa teoria descreve o seu objeto são proposições não mais relativas àquilo que é, mas àquilo que deve ser. Sob este aspecto, tal teoria pode ser denominada normativa", GTLS, p.165.

8 Esta tripartição corresponde, *grosso modo,* àquela ilustrada por A. Ross, *Diritto e giustizia,* trad. it. Giacomo Gavazzi, Turim, Einaudi, 1965, p.11, n.4.

e à *função* da ciência jurídica. Deixando de lado a referência às normas como objeto, desde o momento em que este significado é o menos contestado, e tendo em conta o "normativo" como método e como função, podem ser concebidas, idealmente, quatro modelos de ciência jurídica como ciência normativa:

a) normativa no método e não na função (modelo kelseniano);

b) normativa no método e na função;

c) não normativa no método, mas na função;

d) não normativa no método nem na função.

Essa classificação de quatro tipos ideais de ciência jurídica pode ser reformulada, talvez com maior clareza, partindo das duplas de atributos, acima mencionados, que servem para identificar o modelo kelseniano: "explicativo-normativo" e "descritivo-prescritivo". Já se viu que a ciência jurídica para Kelsen é ao mesmo tempo normativa e descritiva. Como é sabido, ambos os caracteres da ciência jurídica kelseniana foram várias vezes contestados e em muitos âmbitos: primeiro, pelas correntes realistas ou sociológicas em sentido amplo; segundo, pelas correntes jusnaturalistas ou antipositivistas em sentido amplo. Para as primeiras, a jurisprudência é uma ciência explicativa que se vale do método das ciências naturais e é mais perfeita uma vez que consegue aplicá-lo mais rigorosamente; para as segundas, a jurisprudência tem uma função prescritiva não diferente, embora com diversos graus de autoridade, para legislador e o juiz. Dado que os dois termos das duas duplas não se sobrepõem nem se excluem, partindo das críticas dirigidas a um e a outro ou a ambos, as características da ciência jurídica, segundo Kelsen, podem desse modo ter quatro modelos ideais de ciência jurídica:

a) normativo-descritivo (é o modelo kelseniano);

b) normativo-prescritivo;

c) explicativo-prescritivo;

d) explicativo-descritivo.

O modelo oposto ao de Kelsen é o modelo *sub c*, que considera a ciência jurídica uma ciência dos fatos e ao mesmo tempo lhes

Direito e poder

atribui a tarefa de dar diretrizes aos juízes: um exemplo bastante fiel deste modelo pode ser encontrado na obra de Ross.[9]

2. É supérfluo acrescentar que tais modelos são abstrações. Além disso, quanto às complexas vicissitudes da história da jurisprudência, tais abstrações são bem grosseiras. Servem para não nos deixar esquecer que a reflexão crítica sobre a jurisprudência – que passaremos a chamar de *metajurisprudência* –, com frequência, concebeu a própria tarefa como pesquisa, proposta e aplicação de modelos de outras disciplinas mais evoluídas à obra do jurista. A história da reflexão crítica sobre a jurisprudência é a história dos modelos que, um de cada vez, foram escolhidos pelos próprios juristas para dar dignidade e autoridade à sua obra, ou para torná-la mais rigorosa e assim elevá-la à dignidade de ciência: pensemos nos dois modelos persistentes da ciência jurídica como ciência racional, como lógica das ações, como cálculo dos conceitos; ou então como ciência natural que procede com método indutivo até a construção de conceitos gerais relativamente estáveis e a formulação de leis que permitam prever com certa probabilidade os eventos futuros, como a conduta de um juiz.[10]

Não é o caso de retomar, mesmo por tópicos superficiais, essa história secular. Mas valeria a pena sublinhar – pois isso concerne diretamente a nosso tema – que a distinção entre *Sein* e *Sollen* se encontra e se reproduz, com todos os problemas

---

9 Ross, por um lado, considera a ciência jurídica uma ciência factual em polêmica direta com Kelsen (mesmo aceitando o significado fraco de "normativo", admitindo que ciência jurídica tenha a ver com normas). Por outro, sublinha a função prática da obra do jurista *de sententia ferenda* (embora reconheça em princípio que a ciência jurídica, como ciência, descreve e não prescreve).

10 Chamei a atenção para esse ponto, desenvolvendo-o com maior amplitude no ensaio "Scienza del diritto e analisi del linguaggio", *Rivista trimestrale di diritto e procedura civile*, IV, 1950, p.346-67 (U. Scarpelli, (Org.). *Diritto e analisi del linguaggio*, Milão, Edizioni di Comunità, 1976, p.287-324).

conexos, também no nível da reflexão crítica sobre a jurisprudência. Uma vez que a metajurisprudência se inspira em um modelo científico e trata de adaptá-lo à obra do jurista, ela não se ocupa tanto daquilo que a jurisprudência *é* quanto daquilo que *deve ser*, ou pelo menos, sob a aparência de observar aquilo que de fato realizam os juristas, tende a insinuar o que deveriam fazer para cumprir melhor sua tarefa. Em outras palavras, mesmo em relação à metajurisprudência se recoloca o problema, tão característico da jurisprudência, se ela também é *normativa*, ao menos no sentido mais pleno da palavra concernente à função, ou seja, se sua tarefa não é tanto *descrever* aquilo que fazem os juristas quanto *prescrever* aquilo que devem fazer.

Porém, mesmo quanto à metajurisprudência como em relação à jurisprudência, o problema não pode ser resolvido com um corte nítido e de uma vez por todas. Tanto a jurisprudência quanto a metajurisprudência são atividades que se desenvolvem em determinado contexto histórico, pelo qual são condicionadas em escala maior ou menor. O jurista, com o legislador e com o juiz, é um dos protagonistas da obra de formação e de transformação *reflexa* (para distingui-la daquela *espontânea*, que é obra de todos os participantes) de um sistema jurídico. Segundo os diversos sistemas jurídicos e, mais precisamente, segundo a natureza diferente e a hierarquia diferente das fontes normativas de determinado sistema, a obra do jurista pode ser mais ou menos criativa: a jurisprudência pode surgir como fonte principal, como fonte secundária ou até ser excluída autoritariamente da lista de fontes.[11] Mas dado que, com sua própria obra a jurisprudência pode modificar a situação existente e transformar um sistema simples em complexo, para determinar

---

11 Hoje, temos condições de captar com maior precisão a linha de desenvolvimento, a relevância e a função da jurisprudência na história do Direito graças à ampla e douta pesquisa de L. Lombardi, *Saggio sul diritto giurisprudenziale*, Milão, Giuffré, 1967, do qual me servi em alguns pontos desta comunicação.

Direito e poder

qual é a real função da jurisprudência em dada situação histórica, é preciso considerar não só aquilo que o papel da jurisprudência deveria ser segundo o sistema das fontes formais, mas aquilo que ele é em correspondência com o desenvolvimento das fontes reais: daí a dificuldade da pesquisa e da cautela perante qualquer solução muito rígida. E onde se considerar que a jurisprudência pode modificar o sistema existente, mesmo que tão lentamente que possa parecer imperceptível, exatamente porque a obra do jurista é com frequência acompanhada pela reflexão crítica da metajurisprudência, a qual, propondo os próprios modelos, forma (ou deforma) a consciência que o jurista tem do próprio trabalho, também o tipo de relações entre jurisprudência e metajurisprudência torna-se um elemento a ser considerado em uma pesquisa sobre a função histórica do jurista em dada situação.

Em outras palavras, a jurisprudência atua diretamente no sistema jurídico, e ela própria faz parte dele; ao passo que a metajurisprudência atua sobre a jurisprudência e pode exercer também ela, mesmo indiretamente, sua influência sobre o sistema jurídico. Porém, isso não significa que as duas influências caminhem na mesma direção. Para adotar uma dicotomia simples, arriscando ser simplificadora, consideremos que tanto a jurisprudência quanto a metajurisprudência podem desenvolver uma ação de conservação ou de inovação, a primeira em relação ao sistema jurídico vigente, a segunda em relação à tendência predominante da jurisprudência e, assim, indiretamente também sobre o sistema jurídico vigente. Ora, podem ocorrer situações em que uma jurisprudência conservadora seja acompanhada por uma metajurisprudência também conservadora, ou vice-versa; mas igualmente, situações em que uma jurisprudência inovadora seja retardada por uma metajurisprudência conservadora ou uma jurisprudência conservadora seja negada e estimulada por uma metajurisprudência inovadora.

Bastem essas indicações sumárias para chamar a atenção sobre a complexidade do problema das relações entre jurisprudência e metajurisprudência. O que importa sublinhar é que o problema da natureza da metajurisprudência, tanto quanto o da natureza da jurisprudência, é um problema que só pode ser posto historicamente, e, assim, o estudo de suas relações recíprocas está cheio de insídias, porque ambas se ressentem do tipo de sistema jurídico em que atuam e, ao mesmo tempo, da força desigual das ideologias que tendem a conservá-lo ou a modificá-lo.

Para dar uma ideia da complexidade e da relatividade histórica (estreitamente vinculadas, como vimos) das relações entre jurisprudência e metajurisprudência, voltemos ao modelo kelseniano. Também aqui, limitemo-nos a considerar o problema da função da jurisprudência, conforme fixado na obra de reflexão crítica da metajurisprudência; e deixemos de lado, como mais irrelevantes, os problemas do objeto e do método. Ora, Kelsen reitera com veemência que a jurisprudência tem uma função descritiva e não prescritiva. Como se deve entender tal afirmação? No sentido de que a jurisprudência *descreve* ou *deve descrever*? Em outras palavras, quando Kelsen expõe sua teoria sobre a jurisprudência, mostra o que acontece de fato na atividade cotidiana do jurista ou o que deve acontecer para que a jurisprudência esteja conforme um ideal científico e político que ele considera desejável e quer propor como modelo? Ou mais sinteticamente: sua metajurisprudência é *descritiva*, como ele pretende que seja a jurisprudência ou, ao contrário, diversamente da jurisprudência, é *prescritiva*?

Quem tiver alguma familiaridade com os textos kelsenianos não pode ter dúvidas sobre a resposta. Basta ler uma frase como: "O teórico da sociedade, como o teórico da moral e do direito, não é uma autoridade social. Sua tarefa não é dar um regulamento à sociedade humana, mas sim conhecê-la e compreendê-la".[12] Aqui, Kelsen fala da "tarefa" do jurista: se o jurista tem a tarefa de descrever e não de prescrever, isso quer dizer que a descrição do Direito existente é uma meta para a qual *deve* tender.

---

12 RRL (2), p.105.

Direito e poder

A função meramente *teorética* e não *política* do jurista não pertence necessariamente à jurisprudência *real*, mas, sim, necessariamente ao *ideal* da jurisprudência que Kelsen quer alcançar. Nem é difícil identificar as razões históricas desse ideal. Para tanto concorrem e convergem ao menos duas causas, uma social e outra de natureza sociológica:

a) a gradual monopolização do Direito por parte da lei em detrimento de todas as outras fontes de Direito, situação acolhida e consagrada pelo positivismo jurídico, no qual Kelsen se inspira constantemente;

b) a ética da *Wertfreiheit,* ou seja, da indiferença aos valores como caráter específico da ciência, que se impõe ao cientista enquanto tal e, portanto ao jurista, enquanto pretender ser cientista, e não quiser ser confundido com políticos ou moralistas, uma atitude de neutralidade perante o próprio objeto. Não se pode entender a teoria kelseniana da *ciência do Direito* sem se dar conta de que ela se apoia em uma teoria do *Direito* e em uma teoria da *ciência.* E como não se pode entender a teoria do positivismo jurídico nem a teoria da *Wertfreiheit* fora de certas condições históricas e de certas aspirações ideológicas, igualmente não pode se entender, abstraindo-a de qualquer condicionamento histórico e de qualquer influxo ideológico, a teoria kelseniana da ciência do Direito. É sempre extremamente difícil distinguir com um corte rígido onde acaba a teoria e onde começa a ideologia.

Resumindo a teoria kelseniana da ciência jurídica em uma fórmula de efeito, poder-se-ia dizer que ela *prescreve descrever.* O que significa – com outra fórmula – que uma ciência do Direito *neutra* é obtida a custo de uma metajurisprudência *ideologizada.* Caso ainda se queira uma prova de que se trata de um modelo historicamente condicionado e ideologicamente inspirado, observe-se em que direção se move a crítica contemporânea da ciência jurídica. Não será difícil constatar que ela segue uma direção diametralmente oposta.

Nos últimos anos, tem prevalecido a tendência de deixar cair os modelos tradicionais, ou melhor, a pôr de lado qualquer modelo, e a estudar a obra do jurista como esta é efetivamente, nos procedimentos que lhe são próprios e nos resultados que consegue, independentemente do fato de que os juristas tenham ou não consciência disso. Uma metajurisprudência fortemente ideologizada, que predominou no período do *Methodenstreit*, vai sendo substituída por outra mais realista, que procede com método analítico, servindo-se de instrumentos mais apropriados para a identificação dos caracteres próprios do raciocínio jurídico. O princípio da *Wertfreiheit*, e, portanto, da neutralidade, foi superado da jurisprudência à metajurisprudência. Entende-se que não seria difícil descobrir as razões históricas e, digamos, ideológicas dessa mudança: mas não é nossa tarefa. Importa constatar a presença de uma verdadeira contratendência no sentido de uma metajurisprudência prescritiva.

Dessa contratendência, a manifestação mais relevante é a retomada da retórica ou da tópica como lógica da opinião, distinta da lógica propriamente dita ou da lógica da verdade, e o consequente interesse renovado pelo estudo da argumentação e, em geral, pela lógica da controvérsia ou do discurso persuasivo. Tais estudos partem da convicção de que os modelos tradicionais deformaram o raciocínio jurídico e impediram sua mais exata compreensão. Só a redescoberta da lógica da opinião permitiria ter à disposição as categorias conceituais adequadas para se dar conta da validade e da amplitude do raciocínio jurídico. Prescindindo de qualquer juízo de mérito sobre esses estudos, parece não haver dúvidas de que seu significado histórico seja procurado em um movimento de reação ao ideal de uma jurisprudência científica, em geral afirmada pela imposição à obra dos juristas de modelos estranhos e deformadores em última instância. Ora, a contratendência a uma metajurisprudência *prescritiva* se resolve por meio da aplicação da teoria da argumentação à análise do discurso dos juristas, na elaboração de uma metajurisprudência *descritiva*.

Mas não basta. Uma vez liberada a jurisprudência de modelos impróprios, uma reflexão crítica ou, como foi dito, realista, sobre

Direito e poder

a obra dos juristas, vai mostrando que a jurisprudência, apesar dos modelos, desempenhou em todo ordenamento, com maior ou menor intensidade, uma função, primária ou secundária, de fonte do Direito. Também esse resultado pode ser considerado um dos tantos aspectos (causa e efeito em simultâneo) da crise do positivismo jurídico, que sempre foi caracterizado por uma teoria rígida e exclusivista das fontes do Direito; e, ao mesmo tempo, como um dos temas em discussão da Teoria Geral do Direito em formação, tendente a dar novo eixo ao capítulo sobre as fontes. Adiante voltaremos a esse ponto. Aqui, basta essa referência com o escopo de chamar a atenção sobre a completa inversão de rota que a metajurisprudência atual desempenhou no que diz respeito à metajurisprudência própria do positivismo jurídico, até aqui considerada exemplar da kelseniana. O contraste não consiste só no fato, já relevado no parágrafo precedente, de que no horizonte da crise de uma metajurisprudência prescritiva afirma-se uma metajurisprudência que se propõe, polemicamente, ser só descritiva. O contraste é tão mais radical porque se revela nos efeitos que foram indicados ou conseguidos partindo de um ou de outro dos diferentes comportamentos. Ao passo que a metajurisprudência prescritiva, própria da concepção positivista, propõe o ideal de uma jurisprudência meramente descritiva, a metajurisprudência descritiva da era pós-positivista redescobre a função prescritiva do jurista na sociedade. Assim, ocorreu uma troca completa de papéis. Enquanto a metajurisprudência encontrara sua vocação, como foi dito, ao prescrever descrever, a metajurisprudência atual, exercendo a própria vocação de descrever, descobre que a jurisprudência não descreve, mas prescreve.

Querendo formular essa troca de papéis em termos do contraste entre *Sein* e *Sollen* do qual partimos, pode se dizer que, enquanto a metajurisprudência positivista visava a estabelecer aquilo que a jurisprudência deve ser, a metajurisprudência atual visa a estabelecer àquilo que ela é, e, assim o fazendo, descobre que a jurisprudência não é de fato o que deveria ser. O que o jurista deveria ter feito era ficar afastado na esfera do *Sein*. Ao contrário, sua obra, de fato, pertence de pleno Direito à esfera do *Sollen*.

3. Se nesta altura reformulamos a demanda em torno da ciência do Direito como ciência normativa, de onde partimos, prescindindo deste ou daquele modelo, na verdade à luz de uma metajurisprudência descritiva, nos damos conta de que as três respostas possíveis, indicadas no primeiro parágrafo deste artigo, parecem demasiado rígidas e, portanto, devem ser todas questionadas de novo.

Comecemos pela primeira: a jurisprudência é ciência normativa enquanto tem a ver com normas. Certamente as normas de um determinado sistema constituem para o jurista os instrumentos principais do próprio trabalho: principalmente delas extrai as consequências e os argumentos úteis para alcançar o fim almejado. Mas, para usar uma metáfora, as normas são como a matéria trabalhada a partir da matéria bruta. O jurista não pode negligenciar, sob pena de cair no verbalismo mais árido, a matéria bruta de que deriva toda norma, isto é, metáforas à parte, os interesses individuais e coletivos cujo equilíbrio constitui o fim precípuo de um ordenamento jurídico. Uma das expressões mais obscuras usadas pelos juristas é a de "natureza das coisas": a expressão é terrivelmente obscura porque resume em uma fórmula sintética e genérica o variado e complexo campo de material extranormativo ao qual recorre o jurista. O interesse vivo que o problema da natureza das coisas suscitou nesses últimos dez anos é indício da renovada atitude do jurista perante a opinião – tipicamente positivista – de que a jurisprudência só tem a ver com normas.

Em segundo lugar, quando hoje se fala de normas, não se trata de uma categoria restrita e de contornos bem definidos, como era a das teorias imperativas, que entendiam por "norma jurídica" as leis, e identificavam "norma jurídica" com "norma geral e abstrata". Quando se diz que o jurista trabalha com normas, é preciso entender que isso tem a ver com uma categoria de coisas, sendo

Direito e poder

que algumas, em relação à norma entendida como norma geral e abstrata, são *menos* que normas, e outras, *mais* que normas. As primeiras são as *decisões* judiciárias (normas individuais), as segundas são os *princípios* (normas generalíssimas). É notório que uma das direções para a qual evolui a ciência do Direito nos países com Direito codificado é a abertura para o direito judiciário. A outra direção, recente, mas destinada a fazer sentir seu peso também na teoria geral, é a que conduz a tomar consciência, sobretudo nos ordenamentos de constituição rígida, da função não só interpretativa, mas integrativa e criativa dos princípios.

Assim, a jurisprudência, por um lado, não trata só de normas; por outro, quando trata de normas, trabalha sobre matéria muito mais variada e heterogênea do que habitualmente se acredita.

A essa altura se torna evidente que a expressão até agora usada, por falta de outra melhor, "... ter a ver com normas" é genérica e necessita ser mais precisa. Quais e quantos são os modos com que um jurista entra em contato com as normas do sistema? Para responder a tal pergunta, seria necessária uma pesquisa analítica, aquele tipo de pesquisa que uma metajurisprudência prescritiva não quer e não pode empreender.[13]

Vejamos: as normas de um sistema são para o jurista os instrumentos de trabalho que utiliza para cumprir a própria função social, que é a de qualificar comportamentos como obrigatórios, proibidos ou permitidos, e, portanto, atribuir direitos ou deveres. Não diferente de um artesão que também é artista, o jurista não encontra tais instrumentos prontos para usar: para usá-los, precisa primeiro procurá-los (por vezes, estão distantes ou escondidos), depois moldá-los segundo a finalidade em pau-

---

13 Para este parágrafo utilizei especialmente o estudo de A. Baratta, *Ricerche su essere e dover essere nell´esperienza normativa e nella scienza del diritto*, Milão, Giuffré, 1968, p.41. Baratta distingue doze espécies de discursos dos juristas sobre normas. Aqui, tratei de reunir, em algumas categorias típicas, as que me pareceram mais relevantes.

ta, e até mesmo fabricá-los com as próprias mãos. Quando não deve fazer tudo isso antes do uso, é sinal de que algum outro artesão, isto é, algum outro jurista, o fez antes dele. Assim, um bom critério para orientar uma análise dos vários modos com que a jurisprudência tem a ver com normas é distinguir a *elaboração* do instrumento de sua *utilização*. Por sua vez, entre estes dois momentos principais, várias fases podem ser diferenciadas.

As duas principais fases da elaboração são as *relevações* das normas existentes e a *revisão* das normas, relevante com o escopo de propor outras. As duas fases são sucessivas: a segunda acontece quando a primeira não deu bons resultados. Também a respeito do momento da aplicação sua relação é diferente: a relevação tem relação direta com a aplicação; a revisão, apenas indireta dado que destinada a juristas que virão depois.

A relevação é um procedimento muito complexo que pode constar de diversas operações, sendo mais facilmente reconhecíveis as seguintes:

a) *averiguação*, por meio da qual se constata e existência da norma ou das normas que deverão depois servir no momento da aplicação: trata-se do chamado juízo de *validade* (com a advertência de que o juízo de *validade* que o jurista dá sobre as normas não é somente aquele de validade formal, como em geral se entende, mas também, embora mais raramente, o da validade axiológica e o da validade factual);

b) *entendimento*: uma vez aceitas, as normas recebem um significado mais apropriado ao uso que se quer delas fazer: trata-se da operação que circula com o nome de *interpretação*, também aqui com a advertência de que a atividade interpretativa não ocorre só nesta fase, mas também na fase precedente, quando em geral se chega ao juízo da validade formal através da interpretação de normas de estrutura, e na fase seguinte, na qual descoberta de novas normas está conectada ao modo com que são interpretadas as antigas;

c) *descoberta*, por meio da qual o jurista, manipulando normas do sistema de vários modos ou recorrendo à natureza das coisas, supre a contínua necessidade de novas normas, exigência de uma convivência organizada em contínuo desenvolvimento.

Com a operação da descoberta, termina a fase da relevação e começa a da revisão. Não obstante a separação nítida que a jurisprudência positivista, por razões teóricas e ideológicas bastante claras (divisão do trabalho entre os diversos operadores do Direito, separação dos poderes, dogma da certeza etc.), estabelece entre a pesquisa *de iure condito* (aquilo que chamamos de relevação) e as propostas *de iure condendo* (o que chamamos de revisão), a passagem de uma fase para outra é gradual e às vezes imperceptível. Um sistema jurídico não é um sistema estático: a obra da jurisprudência serve para mantê-lo em estado de equilíbrio dinâmico por meio do encontro de novas normas, que tende a transformar o sistema ora com a introdução de novas normas ora com o refugo de normas antigas. Também o critério distintivo mais utilizado para diferenciar os dois momentos da relevação e da revisão, o critério baseado na distinção entre juízos de fato e juízos de valor, agora parece cada vez mais fora de foco: juízos de valor ocorrem, como veremos em breve, em todas as fases da pesquisa do jurista, e não só naquela em que, colocando-se fora do sistema dado, propõe novas regras para um sistema novo.

As normas são investigadas, interpretadas, encontradas para serem adotadas; à elaboração segue-se a fase do uso. Podem elas ser adotadas de vários modos, mas, levando em conta o fim específico do trabalho do jurista, que é o de atribuir direitos e deveres no âmbito de um determinado sistema normativo, a distinção mais própria, também neste caso, é entre uso direto e indireto. Direto é o uso visando à *aplicação*; indireto, o uso para fins de *sistematização* (para fins dogmáticos, como também se diz).

O uso aplicativo ocorre quando a norma se confronta com os fatos, isto é, com a conduta efetiva (ou também só possível) que deve ser normativamente qualificada; o uso dogmático, quando as normas de um sistema ou de um grupo homogêneo deles são utilizadas como material linguístico uniforme ou ainda pouco formado para dele extrair conceitos, senão rigorosos, com contornos mais definidos e dispostos de um para outro em ordem sistemática. Trata-se de uso indireto de normas, porque na elaboração conceitual para fins dogmáticos o material oferecido pelas normas é utilizado não para uma aplicação imediata, mas para fornecer instrumentos mais refinados para uma aplicação futura e eventual. Os conceitos dogmáticos são extraídos das normas e neste sentido servem-se das normas; ao mesmo tempo, servem para uma aplicação mais exata e coerente das normas. Portanto, o uso direto, isto é, a aplicação propriamente dita, é habitualmente mediado pelo uso não imediatamente aplicativo que a dogmática faz das mesmas normas. Só se nos dermos conta de que a dogmática elabora instrumentos úteis para a aplicação, serão evitados os excessos tantas vezes deplorados pela construção conceitual e sistemática dirigida para si mesma.

4. Mais interessantes e também mais sutis do ponto de vista analítico são as questões que nascem do segundo sentido de "normativo", aquele kelseniano e das contestações que ele tem suscitado em diferentes lugares. No primeiro parágrafo, tentamos entender o conceito kelseniano de ciência jurídica como ciência normativa no duplo sentido de ciência que tem por tarefa qualificar normativamente comportamentos (o *Sollen* como *ponto de vista*) e atingir o seu escopo formulando proposições contendo um dever ser (o *Sollen* como *resultado)*.

No que diz respeito ao primeiro significado (o *Sollen* como ponto de vista), a posição de Kelsen, em relação às críticas dos realistas, resistiu com sucesso.[14] Conforme tivemos ocasião de dizer, tarefa fundamental de qualquer jurisprudência (também a casuística moral é uma jurisprudência) é qualificar os comporta-

---

14 Para este aspecto do problema concordo com M. A. Cattaneo, "Quattro punti", *Rivista internazionale di filosofia del diritto*, XLIV, 1967, p.436-42, parágrafo 3, e as argumentações ali apresentadas.

mentos humanos tendo por base o critério daquilo que é lícito e do que é ilícito. Ora, lícito e ilícito são qualificações normativas, o que significa que, para diferenciar lícito de ilícito, é necessário referir-se a um sistema de normas. Embora se atribua ao jusnaturalismo a teoria dos *bona in se* e dos *mala in se*, jusnaturalistas como Putendorf e Locke sabiam muito bem que o *bonum* e o *malum* juridicamente entendidos são conceitos normativos. Por outro lado, é verdade que a crítica ao normativismo, que hoje não provém mais dos jusnaturalistas, aliados dos normativistas nesta batalha, mas sim dos sociólogos, é mais sutil: não contesta que lícito e ilícito sejam conceitos normativos (e, portanto, não recai nos braços da teoria dos *bona* e *mala in se*), mas afirma que as normas não passam de um esquema de predição, e, portanto, dizer que um comportamento é ilícito porque não conforme a uma norma significa que, se aquele comportamento for mantido, seguirá *provavelmente* um outro comportamento, considerado em geral desagradável. Assim, tudo seria resolvido em descrições de eventos casualmente conexos entre eles. Em termos de *Sein* e *Sollen*, a crítica realista aponta para a negação da distinção, isto é, sobre a resolução do *Sollen* no *Sein*.

A primeira defensiva de Kelsen foi não negar a legitimidade de uma pesquisa que, partindo da observação do que acontece de fato no campo da conduta juridicamente regulada, faça previsões sobre aquilo que, com maior ou menor probabilidade, poderá acontecer. Sociologia jurídica e jurisprudência normativa podem proceder tranquilamente uma ao lado da outra sem entrar em choque: é até provável que seus resultados, embora obtidos com *approach* diferentes, não sejam dessemelhantes. O segundo movimento de defesa (o ataque é a melhor defesa) foi sustentar que esta ciência causal do fenômeno jurídico pressupõe a jurisprudência no sentido tradicional da palavra, que é ciência normativa e não causal.[15]

---

15   RRL (1), p.155; GTLS, p.178; RRL (2), p.92ss.

Em apoio a esta segunda tese, alguns argumentos podem ser extraídos das obras de Kelsen, expostos em ordem dispersa e não conexos entre si, alguns dos quais foram retomados e desenvolvidos por Hart:

a) a norma não age como esquema preditivo, quando se trata de órgãos superiores como os órgãos legislativos cujo comportamento é apenas formal, e não também materialmente, predeterminado pela constituição (contudo, também o direito imprevisível é direito e o é antes de qualquer previsão possível);[16]

b) a norma atua *apenas* como esquema qualificativo em relação àquelas regras que o juiz aplica para infligir uma sanção ("o juiz não se dirige ao direito para saber o que fará efetivamente, mas para saber o que deve fazer");[17]

c) por sua vez, a previsão só é possível em função do pressuposto de um sistema normativo em funcionamento (ou melhor, a possibilidade de previsão é tanto mais alta quanto melhor um sistema jurídico for descrito pela jurisprudência normativa);[18]

d) a previsibilidade do comportamento do juiz é tanto maior quanto mais esse comportamento for regulado, isto é, qualificado por normas do sistema;[19]

e) a previsão de que, em certas circunstâncias particulares, um delito permanecerá impune não elimina a obrigação que o agente tinha de não o cometer;[20]

f) sem recorrer à norma como esquema de qualificação, utilizando a norma só como esquema de predição, não se consegue estabelecer nenhuma diferença entre o comando do legislador e aquele do bandido.[21] Todos estes argumentos podem ser reunidos em dois grupos:

---

16 RRL (1), p.157; RRL (2), p.108.
17 GTLS, p.172.
18 RRL (1), p.157.
19 GTLS, p.172; RRL (2), p.108.
20 GTLS, p.171 (em crítica à conhecida tese de Holmes).
21 GTLS, p.178.

1) alguns tendem a mostrar a *insuficiência* do esquema preditivo (*a, b, e, f*);

2) outros (*c* e *d*) tendem a mostrar que também lá onde é suficiente, o seu resultado *depende* de ter aplicado, embora tacitamente, uma norma ou um grupo de normas como esquema qualificativo.

Daqui, a discussão se desloca do *Sollen*, entendido como *approach* característico da ciência jurídica, para o *Sollen* como resultado, isto é, enquanto aparece nas conclusões da obra interpretativa do jurista. Na base e na origem desta discussão está não ter entendido ou não ter querido reconhecer o *tertium genus* dos *Soll-sätze*, que Kelsen situou a meio caminho entre os *Sein-sätze* e as *Soll-normen*. Este subentendimento ou desconhecimento programado resulta bastante claro da seguinte frase de Ross: "Como todas as outras proposições descritivas, as da ciência do direito devem exprimir aquilo que é e aquilo que deve ser – devem ser asserções e não diretrizes (normas)".[22] Parece que, para Ross, se aceitarmos esta frase, só existem asserções ou normas: *tertium non datur*. Segundo Kelsen, ao contrário, as proposições sobre normas não são normas e, assim, são asserções, mas de natureza especial, e, portanto, não se pode dizer *sic et simpliciter*, ou seja, sem ulteriores especificações, que sejam asserções como aquelas das ciências sociais.

É preciso admitir que, se houve subentendimento, boa parte da responsabilidade cai sobre o próprio Kelsen, que, para explicar o *tertium genus*, investigou a figura ambígua e composta – verdadeiro centauro – do *Sollen* descritivo.[23] E, quando a comentou, fez afirmações discutíveis:

a) "ao identificar as proposições normativas com as normas, se negligencia esta duplicidade de significado do termo 'dever ser'";[24]

---

22 A. Ross, op. cit., p.12.
23 "Porém, o dever ser da proposição jurídica não tem – diversamente do dever ser na norma jurídica – um sentido prescritivo, mas somente descritivo", RRL (2), p.92; cf. também p.97.
24 RRL (2), p.92.

b) "o dever ser da norma e o dever ser da proporção que a descreve têm caráter lógico diferente".[25]

Uma primeira possibilidade de confusão nasce do fato que o verbo *Sollen* em alemão, como o verbo *dovere*, em italiano, pode ser usado também no sentido de 'ser provável' ("meu pai deve estar em casa"), isto é, um significado que permite usá-lo em proposições descritivas.[26] Assim, poderia parecer que, falando de "*Sollen* descritivo", Kelsen estivesse entendendo que o verbo *Sollen*, encontrando-se não mais numa norma, mas sim numa proposição sobre norma, muda de significado, passa do significado (dominante) de "ser obrigatório" para "é provável". Deste modo, a doutrina kelseniana terminaria encontrando, sem querer e quem sabe até desejando o contrário, a doutrina realista, e a grande disputa entre normativos e realistas acabaria num jogo de palavras, num verdadeiro chiste linguístico. Mas isso não é assim: Kelsen não oferece nenhum pretexto para considerar que o *Sollen* das proposições da ciência jurídica tenha um significado diferente do *Sollen* das normas de um ordenamento jurídico. Antes diz expressa e repetidamente o contrário: tanto nas normas quanto nas proposições sobre normas o *Sollen* indica o nexo de imputação diferente do nexo de causalidade, e nexo de imputação significa necessidade jurídica distinta de necessidade natural. (Que a necessidade jurídica, ou seja, uma necessidade em nível normativo, possa suscitar a ideia de uma possibilidade de fato, dado que as normas, diversamente das leis naturais, podem ser violadas, pode explicar a passagem de significado do *Sollen* "é obrigatório" para "é provável": mas Kelsen não entende isso quando fala de *Sollen* descritivo.)

---

25 RRL (2), p.97.

26 Nas observações deste parágrafo, usei a contribuição de M. G. Losano, "Per um analise del Sollen in H. Kelsen", *Rivista internazionale di filosofia del diritto*, XLIV, 1967, p.546-68 (*Forma e realtà in Kelsen*, Milão, Edizioni di Comunità, 1981, p.69-91), ao qual remeto para informações mais amplas sobre o significado do verbo *Sollen*.

Acompanhemos Kelsen quanto a *Sollen* não mudar de significado. Com efeito, não existe nenhuma dificuldade para admitir que tanto na norma "Se A comete um furto deve ser punido", quanto na asserção "É direito válido que se A comete um furto deve ser punido", o termo 'deve' tenha sempre o mesmo significado de 'juridicamente necessário'. Mas se isso é verdade, a expressão kelseniana *"Sollen* descritivo" é uma inútil fonte de equívocos, e falar de um significado descritivo de *Sollen*, diferente daquele prescritivo, é impróprio. Atendo-se estritamente à teoria de Kelsen, aquilo que muda na passagem de uma norma para uma proposição sobre uma norma não é o significado de *Sollen*, mas o contexto em que *Sollen* é usado. Caso se queira falar, como Kelsen faz, de *status logico*, o que muda *status logico* não é *Sollen*, mas a proposição inteira em que *Sollen* está contido e que pode ser ora uma norma ora uma proposição sobre norma, ou seja, uma asserção. Aceitando como válida a distinção entre prescrições e asserções, admitindo como critério de distinção entre ambas, como admite Kelsen, a aplicabilidade ou não aplicabilidade do critério de verificabilidade, *Sollen* pode entrar com o mesmo significado de 'ser juridicamente devido' (necessário ou obrigatório), tanto numa prescrição quanto numa asserção. O que torna manifesto que não existe nenhum *Sollen* prescritivo distinto de um *Sollen* descritivo, mas sim dá a possibilidade que o *Sollen* passe a fazer parte tanto de uma prescrição quanto de uma asserção. Uma expressão, isoladamente considerada, dificilmente pode ser assumida como prescritiva ou descritiva: torna-se prescritiva ou descritiva segundo o uso que dela se faz, em última instância, conforme o contexto em que está inserida, e pela força[27] que tal contexto adquire numa situação dada.

---

27 Uso o termo "força" sem entrar na discussão suscitada pela comunicação de Tarello, ora *Rivista internazionale di filosofia del diritto*, XLIV, 1967, p.419-35, sobre a qual ver as pertinentes observações de L. Gianformaggio, no mesmo fascículo, p.459-64.

A essa altura, nitidamente entendido o significado dos *Sollsätze*, não parece que a tese kelseniana sobre o resultado para o qual tende a ciência jurídica atinja algo de novo quanto à tese relativa ao ponto de vista da ciência jurídica. Esta alcança aqueles resultados porque se posiciona, para conhecer o fenômeno social, de um ponto de vista determinado, que é, conforme se viu, o ponto de vista normativo.

5. O problema mais grave não é se as proposições da ciência jurídica são asserções sobre o ser ou o dever ser, mas se existem ou não asserções. E com este problema chegamos ao terceiro significado de "ciência normativa", que é o mais controverso e também aquele em que, como já relevamos, a metajurisprudência apresenta-se mais abertamente inspirada nos critérios ideológicos, e mais facilmente condicionada pelas diversas situações históricas.

Na discussão se a jurisprudência é descritiva ou prescritiva, o que na realidade se discute é o problema da *função social* do jurista. Porém, como esta função muda segundo os diversos tipos de sociedade, o problema se a ciência jurídica é descritiva ou prescritiva não pode ter uma resposta unívoca. Ou, no mínimo, o caráter unívoco só existe se nos posicionamos na ótica de uma metajurisprudência prescritiva. Uma metajurisprudência descritiva deve contentar-se em fazer o inventário dos modelos propostos e explicar suas razões históricas e ideológicas (e fazendo isso se transforma em uma meta-metajurisprudência) ou então, prescindindo dos modelos, analisar obras dos juristas de um determinado período histórico, numa determinada sociedade, para observar sua incidência maior ou menor no desenvolvimento do patrimônio de regras jurídicas que aquela sociedade efetivamente utilizou. Ambas são pesquisas de fôlego amplo que mereceriam ser levadas adiante.

Entretanto, aquilo que uma metajurisprudência animada por espírito analítico pode fazer logo é colocar-nos em guarda contra a excessiva simplificação do problema que se revela na pergunta,

Direito e poder

induzida pela metajurisprudência prescritiva, se a jurisprudência é descritiva ou prescritiva. A tal propósito ocorrem duas ordens de considerações. Na afirmação de que a ciência jurídica é uma ciência descritiva, de fato, cabem duas teses diversas que merecem ser diferenciadas embora possam ser conectadas:

a) a ciência jurídica para ser ciência não deve conter juízos de valor (é o ideal da *Wertfreiheit*);

b) a ciência jurídica como ciência não é fonte de direito (é o ideal da distinção nítida entre o momento autorizador e o momento reflexivo na experiência jurídica). Do ponto de vista de uma metajurisprudência descritiva, ambas as teses são contestáveis. Vamos examiná-las em separado.

A crítica da primeira tese está ligada à crítica dirigida por muitos à *Wertfreiheit* nas ciências sociais: a *Wertfreiheit* é um ideal-limite, não é uma realidade de fato. Para um exame da ciência jurídica é preciso recorrer à rápida análise que esboçamos das operações do jurista, em que distinguimos o momento da elaboração do momento da utilização do instrumento normativo. Admitamos que no momento do uso não intervenham juízos de valor, desde que o instrumento tenha sido bem construído. Mas o caminho que conduz à construção do instrumento é continuamente inserido nele.

Antes de tudo, o jurista encontra-se no início da pesquisa, como o historiador, frente aos *fatos relevantes*.[28] Nem todos os fatos, e, no caso dos juristas, nem todas as normas são relevantes, ou seja, servem ao escopo que se quer alcançar e a discriminação dos irrelevantes é influenciada exatamente pelo escopo em que se revela a tomada de posição do pesquisador. Em segundo lugar, nem todos os documentos, e isso vale para as normas, disponíveis são utilizáveis, pois alguns são incompatíveis entre

---

28 Cf. para a historiografia E. H. Carr, *Sei lezioni sulla storia*, Turim, 1966, p.16ss.

si e se excluem: é o problema, bem conhecido pelo historiador, dos *documentos contrastantes*.

Apesar de regras complexas para solucionar antinomias terem sido elaboradas e validadas por um longo uso, todo jurista sabe que:

a) algumas dessas regras, como *lex specialis derogat generali*, não eximem o intérprete de uma avaliação prejudicial;

b) existem casos em que nenhuma das regras disponíveis é aplicável;

c) outros casos em que mais de uma regra é aplicável e a escolha daquela a ser aplicada não é ela própria regulada.

Em terceiro lugar, assim como o historiador, também o jurista pode se encontrar na situação oposta, que é a da *falta de documentos relevantes*: no primeiro caso examinado, o jurista tinha à disposição um material superabundante e devia fazer uma seleção. Neste segundo caso, o material é insuficiente e o jurista, como o historiador, procede por conjecturas com a finalidade de inventar com a maior plausibilidade as regras necessárias, onde por "plausibilidade" se entende o potencial de inserção destas novas regras no sistema de regras dadas. Basta pensar nos dois procedimentos típicos para inventar novas regras e inseri-las no sistema: a *analogia* e a *natureza das coisas*. Destes, o primeiro confia principalmente na intenção do legislador; o segundo, principalmente na função social do instituto cuja regulação deve ser completada ou reconstruída. Ambos os procedimentos deixam ampla margem de discricionariedade para o intérprete. Em quarto lugar, os fatos de que se ocupa o jurista, de novo não diversamente do historiador, são ações humanas, que, enquanto tais, são fatos *intencionais*, isto é, fatos que não podem ser entendidos senão remontando à intenção de quem os produziu. Uma intenção não é acessível mediante a observação direta, mas só mediante a interpretação dos signos por meio dos quais se manifesta, sinais que podem ser ambíguos, imprecisos, confusos, insuficientes ou até (intencionalmente) enganadores. Enfim, os sinais com que o jurista tem a ver são, como de resto para o filólogo ou para o historiador, signos linguísticos: porquanto a linguagem das regras jurídicas é, em parte, uma linguagem técnica e como tal mais rigorosa que a linguagem comum, deve ser continuamente interpretada, harmonizada e por fim redefinida, para adaptá-la à mudança das ideologias e das situações. Uma linguagem em contínuo movimento é um instrumento imperfeito que deixa muito espaço para a inventividade de quem o usa.

Creio que existe o suficiente para afirmar que o jurista encontra-se muitas vezes com a necessidade de fazer escolhas de avaliação. Aceitando a tese segundo a qual as asserções, diferentemente de todas as outras formas de discurso, podem ser submetidas ao critério de falso/verdadeiro, pode se concluir tranquilamente que o discurso do jurista, enquanto sujeito a critérios diversos, como é, por exemplo, o critério de oportunidade, só em parte é composto por asserções.[29] Assim, se por ciência descritiva se entende uma pesquisa que procede por, e conclui com asserções, isto é, com proposições verificáveis, este breve inventário das várias ocasiões em que o jurista é obrigado a intervir com juízos de valor deveria bastar para olhar com desconfiança a definição da ciência jurídica como ciência descritiva, e pelo menos a fazê-la considerar como uma definição persuasiva (como de resto é justo numa metajurisprudência prescritiva, que em geral não sabe que o é).

Hoje sabemos que a tese da ciência jurídica como ciência descritiva nasce num determinado contexto histórico, em que, para salvaguardar a autoridade de uma fonte privilegiada do Direito, se tende a separar nitidamente o momento da reflexão sobre o *ius conditum*, que explica, mas não modifica o sistema das pro-

---

29 Também U. Scarpelli, em sua contribuição à discussão de Turim, *Le proposizioni giuridiche come precetti reiterati:* "Na interpretação e na reelaboração são admitidas com frequência margens de indeterminação, de escolha, por vezes de arbítrio, estranhas às técnicas da verificação" (*Rivista internazionale di filosofia del diritto*, XLIV, 1967, p.473).

postas de *ius condendum* que tendem a modificar o sistema. Do que dissemos, parece que separação entre os dois momentos, na realidade, é bem menos nítida do que se deseja e se proclame. Para configurar o modo de desenvolvimento de um ordenamento jurídico não parece apropriada a imagem de um sistema estático (o *ius conditum*), ao qual se contrapõe, mas só idealmente, um outro sistema estático (o *ius condendum*): parece mais apropriada a imagem de um sistema dinâmico que se desenvolve do interior através de um processo de autorregulamentação que não logra controlar todas as forças que contribuem para mantê-lo vivo. A jurisprudência é, com maior ou menor sucesso segundo tempos e lugares, uma destas forças.

Entende-se que quem só se serve de duas categorias, "descritivo" e "prescritivo", pode acreditar que pôr em dúvida o caráter descritivo da jurisprudência signifique afirmar o caráter prescritivo. Mas justamente o fato de a primeira afirmação não implicar a outra é a melhor prova de que a *great division* deve ser tratada com prudência e com as devidas especificações.[30] E com isso passamos para a segunda ordem de considerações, antecipada no final do quarto parágrafo.

Uma primeira e necessária precisão é que a grande distinção entre linguagem descritiva e linguagem prescritiva é aceitável caso se considere a linguagem do ponto de vista de sua função. Ela é o produto de uma consideração funcionalista da linguagem, e responde, embora de forma simplificada, à questão: "Para que serve a linguagem?".[31]

Justamente porque responde a uma pergunta tão geral, se ressente de uma aplicação incerta, se quisermos referenciá-la a

---

30 Sobre a insuficiência da *Great Division* cf. a contribuição de G. Gavazzi, "Il discorso dei giuristi: descrizione o prescrizione?", *Rivista internazionale di filosofia del diritto*, XLIV, 1967, p.443-58; e para uma tentativa de reformular a distinção entre linguagem descritiva e prescritiva, sem cair nos braços da *Great Division*, cf. a contribuição de L. Ferrajoli, no mesmo fascículo, p.514-45.

31 Cf. sobre este ponto U. Scarpelli, op. cit., p.469.

Direito e poder

uma linguagem particular (por exemplo, quando se pretender distinguir, tomando-a por base, a linguagem do direito da linguagem da ciência do direito), e mais ainda quando se quiser uma frase fora de seu contexto. O juízo sobre a função de uma dada linguagem ou de parte dele não pode ser separado do modo como um discurso é captado e, portanto, das condições em que é usado: o juízo sobre a função é um juízo sobre os *efeitos*. Uma frase pronunciada com intenção de dar uma informação pode ser acolhida em dada situação como advertência e, assim, ter uma função prescritiva nessa situação específica; e vice-versa. A mesma frase pode ter diversos efeitos segundo as diferentes situações em que é pronunciada e as diferentes pessoas às quais se dirige. Como critério de distinção do ponto de vista funcional, a distinção entre descritivo e prescritivo exige, para poder ser aplicada com sucesso, a consideração do *destinatário* (ao passo que a distinção do ponto de vista estrutural ou semântico não tem a mesma necessidade).

De tudo isso resulta que o problema se a ciência jurídica é descritiva ou prescritiva se resolve no problema de qual é a função social da jurisprudência. Mas tal problema pode ser proposto de forma tão genérica? Vimos que a função depende dos efeitos e os efeitos dependem do modo de recepção do destinatário. E então, qual é o sentido de colocar-se o problema se a ciência jurídica é descritiva ou prescritiva sem se perguntar a seguir quais são os seus destinatários, qual o modo de recepção que estes lhe reservam segundo a utilidade que dela pretendem extrair, quais os efeitos que dela derivam segundo os diversos sistemas jurídicos e a autoridade que o jurista aí assume. Basta pensar, quanto ao destinatário, que a mesma frase de um jurista pode ser lida por um estudante, por um advogado ou por um juiz. Quanto à recepção, [é preciso considerar] a mesma opinião doutrinária pode ser acolhida ou rechaçada por juízes diferentes e até pelo mesmo juiz em circunstâncias diferentes; quanto aos efeitos, a acolhida ou a

83

recusa podem ter consequências diferentes segundo o lugar que se reserva à jurisprudência na hierarquia das fontes. Uma vez esclarecido que o problema do caráter descritivo ou prescritivo da jurisprudência concerne à sua função, [então] para uma metajurisprudência analítica que se preocupe não com a função que o jurista deveria ter, mas com a que de fato tem nas diversas situações históricas, o problema tem muitas variáveis, e não pode ser enfrentado sem identificá-las. Isso significa que, colocado aquele problema, a metajurisprudência analítica, diversamente da prescritiva, não pode dar uma resposta, mas apenas estabelecer um programa de trabalho.

Uma segunda precisão (também a última) diz respeito ao uso demasiado restrito que geralmente se faz de prescritivo ao se colocar o problema da função da jurisprudência. "Prescritivo" se torna sinônimo de "imperativo": dado que a jurisprudência não tem, ao menos na Itália, função imperativa, nega-se que tenha uma função diferente da descritiva. Quando Kelsen põe o problema como problema de distinção entre a função da *ciência* jurídica e a função da *autoridade* jurídica, reduz o problema "se a jurisprudência é prescritiva" a este outro: "se a jurisprudência é imperativa".[32] E é claro que o problema assim equacionado só admite uma resposta: a negativa. Porém, entre a atitude do teórico puro, que tende a dar uma representação bem exata de um dado sistema jurídico e a atitude dos órgãos munidos de autoridade que impõem certas normas, recorrendo em caso de violação ao máximo poder coercitivo existente num determinado grupo social, não existe meio termo?

Aquilo que a contraposição muito nítida entre descritivo e prescritivo e a identificação do prescritivo com o imperativo não capta é exatamente este meio termo, isto é, o fato de que entre o descritivo e o imperativo o caminho a ser percorrido é longo e marcado por etapas intermediárias.

---

32 RRL (2), p.89.

Direito e poder

Do ponto de vista funcionalista, que é o único, conforme dissemos, a permitir dar-se uma razão para distinguir entre discurso descritivo e discurso prescritivo, entende-se por "discurso prescritivo" aquele que tem por função modificar o comportamento alheio. Ora, esta função pode ser desempenhada com graus de intensidade diversos, sendo o imperativo o mais alto, e o conselho, o mais baixo.[33] Sob o império da teoria estatutária do Direito, os juristas muitas vezes esqueceram a distinção entre *praeceptum* e *consilium*, que era familiar a teólogos, canonistas e jusnaturalistas.[34] É hora de retomá-la e de elaborá-la com os instrumentos mais aperfeiçoados da análise lógica e linguística, porque pode ser útil para identificar duas formas diferentes de pressão social, presentes em toda sociedade. Os cientistas políticos falam de "poder" propriamente dito ou poder nu, e de "influência". Se estiver claro, como se dizia pouco antes, que a ciência jurídica não é imperativa em nossos ordenamentos, no sentido estrito da palavra, é igualmente claro que a sua função não é só aquela de considerar as normas vigentes. Ela exerce, em medida maior ou menor, uma pressão social: com a linguagem dos cientistas políticos, poder-se-ia dizer que ela, é verdade, não tem poder, mas tem influência. Depois, caso se quisesse adotar a linguagem dos teólogos, dos canonistas e dos jusnaturalistas, poder-se-ia dizer que as suas opiniões pertencem não ao gênero dos *praecepta*, mas dos *consilia*.[35] Que uma ciência que não impõe, mas sugere regras, seja uma

---

33 Tratei de identificar alguns graus desta escala no artigo "Due variazioni sul tema dell' imperativismo", *Rivista internazionale di filosofia del diritto*, 1960, p.71-81 (depois *Studi per uma teoria generale del diritto*, Turim, Giappichelli, 1970, p.31-47), e no verbete *Norma giuridica del Novíssimo Digesto Italiano*.

34 Para detalhes ulteriores, remeto ao meu artigo "Comandi e consigli", *Rivista trimestrale di diritto e procedura civile*, 1961, p.369-90 (depois em *Studi...*, op. cit., p.49-78).

35 Não me convenceu muito a tese de Scarpelli, em parte aceita por Baratta, segundo a qual as proposições – resultado da obra do jurista – sejam incluídas no gênero dos preceitos reiterados. Parece-me que a expressão "preceito

ciência normativa, no terceiro significado da palavra, é pura questão semântica: aquilo que conta é conseguir comprovar, em diversos períodos históricos e no âmbito de diversos ordenamentos, se a jurisprudência tem autoridade e em que medida e grau.[36] Também este é um dos tantos problemas abertos para uma pesquisa de metajurisprudência analítica, que é uma das tarefas mais interessantes do filósofo do Direito hoje em dia.

À guisa de conclusão, convém dizer que, pondo em evidência o interesse dominante para uma metajurisprudência descritiva na fase atual dos estudos sobre a ciência jurídica, limitamo-nos a constatar uma tendência. De fato, não pretendemos prescrever que a metajurisprudência seja descritiva. Descrevemos uma diretriz, não propusemos um ideal. Não temos dúvidas sobre o fato de que a metajurisprudência não pode renunciar à sua tarefa prescritiva: surgem sempre novos modelos das cinzas dos precedentes. Aquele que reflete criticamente sobre a obra do jurista na sociedade não pode deixar de tomar posição perante o que observa, isto é, emitir juízos de valor. Nas ciências do homem, o juízo sobre o modo como se desenvolvem as coisas é sempre dado em função da pergunta: "É bom ou ruim que as coisas aconteçam deste modo?". No máximo, se da fase atual da jurisprudência surgirem novos modelos, eles serão diferentes

---

reiterado" convenha ao caso do "Apresentar armas" que, depois da ordem do oficial superior, é transmitido à tropa perfilada por oficiais de patente inferior. A expressão referida às proposições-resultado da ciência jurídica não deixa perceber a diferença de intensidade preceitual entre a norma jurídica, que em geral é recebida como uma ordem, e a opinião do jurista, que é em geral recebida como um conselho.

36 O tema foi encarado de modo abrangente por L. Lombardi na obra citada. Nela, depois de uma parte histórica, dedicada ao direito jurisprudencial romano e comum, e ao movimento do direito livre considerado como "momento jurisprudencial do direito", segue-se uma parte teórica que trata de identificar tanto a contribuição que o direito jurisprudencial tem trazido e pode trazer ao desenvolvimento do Direito quanto os vários graus de autoridade que ele teve nos diversos períodos históricos.

daqueles dos quais partimos. Em suma, aquilo que está destinado a mudar não é a atitude última da pesquisa crítica sobre a ciência jurídica a respeito dos ideais, mas o próprio ideal a ser proposto.

Admitamos os dois resultados principais da fase atual da metajurisprudência descritiva:

a) a jurisprudência, inclusive nos sistemas mais fechados, intervém com sistemas de valor;

b) a jurisprudência, inclusive nos sistemas mais autoritários, exerce uma influência sobre o desenvolvimento do direito vigente.

Não há quem não veja que, diante de tais resultados, são possíveis várias tomadas de posição e, assim, tornam-se passíveis de proposição diversos modelos para o trabalho do jurista. No âmbito da primeira afirmação, há lugar para uma jurisprudência mais ou menos inovadora, segundo a qual os juízos de valor são dados recorrendo a princípios extrassistemáticos ou sistemáticos. No âmbito da segunda afirmação, há lugar para uma jurisprudência mais ou menos progressiva, segundo a qual a influência do jurista sobre o juiz e sobre o legislador se exerça rumo à adequação do sistema jurídico ao desenvolvimento social, ou vice-versa, na direção da conservação do sistema. Resolvem-se também aqui as possíveis diferenças em duas duplas de opostos: de um lado, inovação-tradição; de outro, progresso-conservação. Combinando de várias maneiras os quatro termos, podem ser obtidos quatro modelos de jurisprudência diferentes daqueles mencionados no § 1. São modelos diversos enquanto consideram não tanto as técnicas usadas pelos juristas para atingir o resultado desejado, mas os resultados considerados independentemente das técnicas adotadas.

Capítulo 3
Estrutura e função na
Teoria do Direito de Kelsen

Sumário

1 Significado da obra de Kelsen na história da Teoria Geral do Direito no último século
2 Fatos e valores na Teoria do Direito de Kelsen: o ideal da ciência e a não cientificidade dos ideais
3 A Teoria Pura do Direito como teoria do ordenamento jurídico
4 Estrutura e função na Teoria do Direito.

1. Em 1911, Hans Kelsen, prestes a completar trinta anos, publicou os *Hauptprobleme der Staatsrechtslehre*, volumosa obra de setecentas páginas, com a qual lançou, mais que a primeira pedra, os fundamentos daquela que, no prefácio da segunda edição, 1923, chamou de "uma teoria pura do direito como teoria do direito positivo".[1] Em 1934, quando apareceu a primeira edição daquele livro síntese, programa e manifesto, que é *Reine Rechtslehre*, o edifício poderia dizer-se terminado. Entre 1911 e 1914, reuniu-se ao redor de Kelsen um grupo de jovens estudiosos que recebeu o nome de Escola de Viena. No âmbito da escola, Adolf Merkl, numa obra de 1923 (*Die Lehre von der Rechtskraft entwickelt aus dem Rechtsbegriff*), desenvolveu a teoria dinâmica do ordenamento jurídico, a chamada *Stufentheorie des Rechts*, a qual Kelsen acolheu e incorporou no *Allgemeine Staatslehre* de 1925.

Após 1934, até a segunda edição da *Reine Rechtslehre*, 1960, que contém todas as melhorias sucessivas da doutrina, a ponto de assumir o caráter de um verdadeiro tratado, o sistema foi aperfeiçoado, completado, corrigido aqui e ali, mas as linhas mestras não foram mudadas. Desde o surgimento dos *Hauptprobleme*, meio século tinha decorrido.

Na história da Teoria do Direito, a obra de Kelsen constitui uma etapa fundamental. Retirou parte da importância de obras

---

1 O título inteiro é *Hauptprobleme der Staatsrechtslehre entwickelt aus der Lehre vom Rechtssatze*, Tübingen, Mohr, 1911. A segunda edição é uma reprodução da primeira, com o acréscimo de uma introdução importante (p.V-XXIII) que apresenta uma visão dos desdobramentos da Teoria Pura do Direito nos últimos dez anos (encontra-se em trad. it., com a primeira de 1911, in H. Kelsen, *Problemi fondamentali della dottrina del diritto pubblico*, primeiro tomo (Org.). A. Carrino, Nápoles, Edizioni Scientifiche Italiane, 1991, p.11-29). A bibliografia mais ampla das obras de Kelsen e sobre Kelsen é encontrada anexa a R. A. Métall, *Hans Kelsen. Leben und Werk*, Viena, Franz Deuticke, 1969, p.124-216. Foi atualizada até 1965 a bibliografia das obras de Kelsen que se encontra anexa ao *Saggio introdutivo* de M. Losano, na edição italiana da segunda edição da *Reine Rechtslehre;* H. Kelsen, *La dottrina pura del diritto*, Turim, Einaudi, 1966, p.LXII-XC.

precedentes, como as de Jhering, de Thon, de Jellinek, a menos que as consideremos afluentes que confluíram no grande rio. Teorias que tomaram outros caminhos, como aquela de Duguit, acabaram sendo abandonadas. As duas principais obras de teoria do direito publicadas nos últimos vinte anos, *Law and Justice* [Lei e justiça], de Alf Ross, 1958, e *The Concept of Law* [O conceito de lei], de Herbert L. Hart, 1961, mesmo tendo sido escritas por autores educados numa tradição jurídica certamente com pouca empatia para o tão depreciado e mal entendido formalismo kelseniano, reconhecem a dívida que contraíram em relação à Teoria Pura do Direito. Malgrado as divergências com a obra do mestre, ambas são trabalhos nitidamente pós-kelsenianos, no exato sentido de que não podem ser entendidas sem Kelsen.

O maior reconhecimento do lugar estratégico que a Teoria Pura do Direito ocupou na teoria da jurisprudência teórica[2] veio de seus adversários mais irredutíveis. Durante décadas, a obra de Kelsen foi identificada pelas correntes contrárias (aquelas que o próprio Kelsen pusera em dificuldades ou havia descartado de seu trajeto) como o inimigo por excelência. Para os jusnaturalistas, a obra de Kelsen se tornou o termo extremo e ao mesmo tempo o protótipo do positivismo jurídico; para os realistas, o do formalismo; para os juristas soviéticos, o da jurisprudência burguesa. A Teoria Pura do Direito foi, de tempos em tempos, denunciada como sede de todos os erros do século, como o resultado de todas as aberrações de uma ciência que pretende substituir-se à metafísica, caindo no agnosticismo; à despojada empiria, condenando-se à esterilidade; à ideologia, sendo ela própria uma ideologia mascarada.

Não obstante tenha sido muitas vezes considerada morta (sobretudo por aqueles que acreditavam tê-la esmagado), a teoria

---

2 Também esta expressão "jurisprudência teórica" (*theoretical jurisprudence*) se encontra em Kelsen, por exemplo, em GTLS, p.141, trad. it. cit., p.143.

kelseniana jamais deixou de ser, inclusive nos últimos anos, objeto de estudos e revisões.[3] Em 1970, foi fundada uma revista de teoria do direito, intitulada "Rechtstheorie", da qual Kelsen era diretor junto com K. Engisch, H. L. A. Hart, U. Klug, K. Popper, que se propõe o escopo de aprofundar, mais do que foi feito até então, a crítica dos fundamentos do conhecimento jurídico, e parece propor-se a tarefa de desenvolver os *"analytische Ansätze"* presentes na obra kelseniana.[4] No primeiro ano, apareceu um artigo de Robert Walter sobre o estado atual da Teoria Pura do Direito, em que se pode ler que a nova revista não pode deixar de se associar aos resultados desta teoria.[5]

A jurisprudência sempre foi um campo fechado e proibido aos não especialistas. Dos grandes juristas deste último século, somente a obra de Jhering tinha tido alguma ressonância fora do circuito fechado, embora por aspectos marginais do sistema. Porém, Jhering, em sua obra filosófica *Der Zweck im Recht*, havia invadido o campo da ética e em geral do costume social (tangenciando a Sociologia). Kelsen foi essencialmente um jurista, mesmo que conhecedor da história do pensamento jurídico, a qual deu contribuições originais, e salvo uma exploração no campo da etnologia com a finalidade de extrair uma confirmação histórica da grande dicotomia entre natureza e cultura, entre mundo do ser e mundo do dever ser, entre esfera das relações de causalidade e esfera das relações de imputação, sobre a qual ele fundou a autonomia da ciência jurídica, foi um jurista *puro*, portanto, para uma teoria *pura* do direito. De qualquer modo, a partir

---

3 Limito-me e recordar, depois da bibliografia de Métall, citada, a monografia, um tanto escolar, para ser franco, de R. Hauser, *Norm, Recht, ind Saat. Überlungen zu Hans Kelsens Theorie der reinen Rechtslehre*, Viena, Springer Verlag, 1968.

4 *Rechtstheorie. Zeitschrift für Logik, Methodenlehre, Kibernetik und Soziologie des Rechts*. Berlim, Dunker und Humblot, 1970.

5 R. Walter, "Der gegenwärtige Stand der reinen Rechtslehre", *Rechtstheorie*, I, 1970, p.69-95.

Direito e poder

de Kelsen e antes de tudo por meio de Kelsen, os problemas da jurisprudência teórica entraram no circuito das discussões gerais de metodologia, de ética e de metaética, de lógica e mais em geral de filosofia das ciências. Um exemplo probatório e significativo: na ampla resenha de problemas de lógica e de filosofia da ciência, dirigida por Jean Piaget, para a "Encyclopédie de la Pléiade", no breve parágrafo em que se introduz o problema da ciência jurídica, o único ponto de referência é o sistema kelseniano, a respeito do qual se diz: "... o direito constitui por si mesmo um sistema de normas cujos encaixes e cuja construtividade foram iluminados com grande profundidade por H. Kelsen".[6]

O que faz da Teoria Pura do Direito um momento decisivo da jurisprudência teórica, e assim uma etapa obrigatória, mesmo para os recalcitrantes, dos estudos de teoria do direito, são alguns traços fundamentais tanto do método quanto da perspectiva sobre o próprio objeto, e também da estruturação teórica geral da disciplina, que a Teoria Pura do Direito tem em comum com as teorias gerais que vinham se desenvolvendo, na mesma época, em outros campos das ciências humanas. A literatura kelseniana, embora vastíssima, nunca se deteve com a devida atenção sobre este ponto, isto é, sobre o fato de que a empresa científica de Kelsen se desenvolve em uníssono com as grandes empresas científicas de seu tempo no campo das ciências sociais e partilha com ela alguns aspectos fundamentais. Os confrontos habituais entre a teoria de Kelsen e outras teorias do direito não vão muito além de corretos, mas estéreis exercícios acadêmicos, sem consequências relevantes para uma compreensão melhor do sistema kelseniano. O confronto mais interessante e mais iluminador ainda é aquele

---

6 J. Piaget, "Les deux problèmes principaux de l'épistémologie des sciences de l'homme", *Logique et connaissance scientifique*, v.XXI da Encyclopédie de la Pléiade, Paris, 1967, p.1117. Sobre a relação Piaget-Kelsen, cf. G. Cellerier, *Incidenza dell'epistemologia genetica sulla teoria dei fondamenti del diritto*, VV.AA., *Jean Piaget e le scienze sociali*, Florença, La Nuova Italia, 1973, p.71-113.

que o próprio Kelsen provocou entre a Teoria Pura do Direito e a jurisprudência analítica de John Austin, entendida como primeiro exemplo de jurisprudência teórica.[7] Também o estudo das fontes filosóficas, ou em geral culturais, do movimento por uma Teoria Pura do Direito foi surpreendentemente pobre até agora: críticos, inclusive recentes, se limitam a retomar as notórias referências do próprio Kelsen a uma convergência significativa, embora casual, com o neokantismo da escola de Marburgo.

Ainda hoje, Kelsen passa por neokantiano, embora o nome de Hermann Cohen não seja citado nem uma vez na segunda edição da *Reine Rechtslehre*, que constitui, conforme dissemos, o ponto de chegada de seu pensamento. Kelsen só pode se dizer kantiano na medida em que se associa à grande dicotomia entre a esfera do *Sein* e a esfera do *Sollen*, que remonta a Kant.[8] Hoje, para defender essa mesma dicotomia num clima cultural diferente, um autor preferiria apresentar outras credenciais, *in primis* a distinção humana entre *is* e *ought*. Com efeito, entre a dicotomia kantiana que separa o reino da necessidade do reino da liberdade, e a dicotomia kelseniana que distingue natureza de sociedade, existe toda a diferença que perpassa uma impostação filosófica e outra científica do problema: a dicotomia kelseniana se resolve na contraposição entre dois sistemas de representação da realidade, um fundado sobre relações de causalidade, outro sobre relações de imputação. Para nenhuma das teses de Kelsen há necessidade, visando explicar sua origem e compreender seu significado, de recorrer a Kant, embora Kelsen tenha adejado várias vezes sobre a *Crítica da razão pura*.

---

7 H. Kelsen, "Pure Theory of Law and analytical Jurisprudence", *Harvard Law Review*, LV, 1941, p.44-770, trad. it. RLL, p.173-206.

8 Uma longa discussão com Kant se encontra em RLL2, p.102-5, trad. it. Op. cit, p.119-20. Para as relações entre Kelsen e o neokantismo continua fundamental R. Treves, "Il fondamento filosófico della dottrina pura del diritto di Hans Kelsen", *Atti della R. Acc. delle Scienze di Torino*, LXIX, 1934 (H. Kelsen e R. Treves, *Formalismo giuridico e realtà sociale*, op. cit., p.59-87.

Quem quiser se dar conta da função de ruptura que a Teoria Pura do Direito teve no desenvolvimento da jurisprudência teórica, deverá ampliar os próprios horizontes e examinar mais de perto o movimento do saber científico e da reflexão sobre a ciência, que se desenvolveu nas primeiras décadas do século. Como já foi observado várias vezes, na mesma Viena na qual Kelsen criou sua escola, nascera pouco antes a psicanálise e surgiria poucos anos depois o Wiener Kreis. Embora o interesse de Kelsen por uma e outra tenha sido marginal (as relações entre a Teoria Pura do Direito e a psicanálise e o Círculo de Viena mereceriam mais estudos), os três movimentos se desenvolvem no mesmo clima cultural. Tão logo apareceram os primeiros estudos de Freud sobre a psicologia de massa, Kelsen os recebeu com interesse, e referiu-se a eles na obra de maior relevo escrita nos anos posteriores aos *Hautpprobleme*.[9] Sua participação na ação cultural dos neopositivistas ocorreu bem mais tarde, nos grupos da diáspora pós-nazista. Colaborou na nova revista "The Journal of the Unified Science", que dava continuidade a "Erkenntnis", com dois artigos.[10] A primeira edição da obra *Vergeltung und Kausalität. Eine soziologische Untersuchung*, que ganhará depois o título de *Society and Nature*, na edição norte-americana de 1943, foi editada, mas não publicada por causa da ocupação alemã, na Holanda, em 1941, pela "Library of Unified Science", que havia sido criada pelos neopositivistas foragidos da Áustria e da Alemanha.[11]

---

9 Cf. o parágrafo intitulado "Die libido als Kriterium der sozialen Verbindung", no livro *Der soziologische und der juristische Staatsbergriff*, Tübingen, Mohr, 1922, p.19-33. Uma referência à psicanálise também em "Das Verhältnis von Staat und Recht im Licht der Erkenntniskritik", *Zeischrift für öffentliches Recht*, II, 1921, p.506ss, trad. it. in H. Kelsen, L´anima e il diritto. Figure arcaiche della giustizia e *concezione* scientifica el mondo, A. Carrino (Org.). Roma, Edizioni Lavoro, 1989, p.57-8.

10 H. Kelsen, Die Entstehung der Kausalgesetzes aus dem Vergeltungsprinzip, *The Journal of Unified Science*, VIII, 1939, p.69-130; e Causality and Retribution, idem, p.234-40.

11 Para essas informações remeto a R.A. Métall, *Hans Kelsen*, cit., p.67 e 110. Cf. também F. Barone, *Il neo-positivismo logico*, Turim, Edizioni di Filosofia, 1953, p.247.

No mesmo ano, 1916, surgiram duas obras com cuja importância para a elaboração teórica e a reconstrução sistemática dos respectivos campos de pesquisa não é preciso gastar muitas palavras: o *Cours de linguistique générale* [Curso de linguística geral] de Ferdinand de Saussure e o *Tratatto de sociologia generale* [Tratado de sociologia geral] de Vilfredo Pareto. Publicada a primeira na França, a segunda na Itália, durante a Primeira Guerra mundial, ambas haviam nascido na pacífica Suíça, onde Kelsen iria exilar-se, em 1933, após a subida de Hitler ao poder. Não existem traços do conhecimento da sociologia de Pareto na obra de Kelsen, a quem não escapara a importância do mestre de Lausanne.[12] Mas um dos poucos juristas que atraiu a atenção de Pareto foi seu colega Ernest Roguin, que publicou, em 1889, como o próprio autor declara, um livro de "ciência jurídica

---

12 Em uma nota de *Wesen und Wert der Demokratie*, Tübingen, Mohr, 1920 (que cito da trad. it. *Essenza e valore della democrazia*, in Kelsen, *Democrazia e cultura*, Bolonha, Il Mulino, 1955), Kelsen discute a afirmação de Roberto Michels, segundo o qual o fascismo em sua tendência antiparlamentar havia-se apoiado em Pareto, e a recusa, considerando que a atitude de Pareto em relação ao parlamento era a de um liberal (p.46-7). A opinião de Michels era baseada no ensaio paretiano *Pochi punti di um futuro ordinamento costituzionale*, que ele mesmo publicara logo depois da morte de Pareto, in *"La vita italiana"*, setembro-outubro 1923, p.165-9, apresentando-o como "o testamento político do maior sociólogo e pensador contemporâneo, deixado a todos os italianos jovens sem distinção de partido" (agora V. Pareto, *Scritti politici*, G. Busino (Org.). Turim, UTET, 1974, v.II, p.795-800). A mesma referência a Pareto se encontra também num ensaio posterior de Kelsen, *Das Problem des Parlamentarismus*, Viena; Leipzig, W. Braumüller, 1924, conforme destaca P. Tommissen, *La conception parétienne de la démocratie*, in *"Res publica"* (*Revue de l'Institut belge de science politique*), XVII, 1975, p.5-30, que cita, na p.23, o ensaio kelseniano da segunda edição de 1968 (onde a passagem comentada se encontra nas p.42-4). Deste texto kelseniano existem também: uma antiga tradução italiana em *"Nuovi studi di diritto, economia e política"*, II, 1929, p.182-204, e outra, recente, C. Geraci (Org.). Kelsen, *Il primato del parlamento*, Milão, Giuffrè, 1982, p.171-203. Como todos podem ver por essas citações, o encontro de Kelsen com Pareto foi ocasional, e não teve relação com a teoria do direito do primeiro nem com a teoria psicológica do segundo.

Direito e poder

pura", e depois, em 1923, os três volumes de *La science juridique pure*, que constitui a única obra comparável (embora raramente se faça isso) – mais pela inspiração, entenda-se, do que pelos resultados – à de Kelsen.[13]

Nos mesmos anos em que Kelsen estava elaborando sua teoria, surgiram os ensaios fundamentais de Max Weber, "Über einige Kategorien der verstehenden Soziologie" (Sobre algumas categorias da sociologia abrangente, 1913) e "Der Sinn der Wertfreiheit der soziologischen und ökonomischen Wissenschaften" (O significado da possível avaliação das ciências sociológicas e econômicas, 1917). Em 1921, surgiu postumamente a obra fundamental de Weber, *Wirtschaft und Gesellschaft (Economia e sociedade*.) Embora Kelsen tivesse passado um período estudando em Heidelberg, em 1908, não teve nenhum contato com Weber, que então era ali catedrático de economia política. Porém, mais tarde, estudou cuidadosamente o pensamento weberiano, encontrando afinidades com o seu no que concerne à relação entre Estado e Direito e a concepção jurídica do Estado.[14]

13　No Prefácio da primeira obra, intitulada *La règle du droit*, Lausanne, F. Rouge, 1889, Roguin escrevia: "estudamos o direito, do ponto de vista analítico e sintético, como o químico estuda os corpos que ele decompõe e classifica... Por sua própria natureza, nossas conclusões são, salvo erro, tão rigorosas quanto as das ciências dos corpos materiais" (p.VI). No Prefácio da segunda obra, *La science juridique pure*, Lausanne, F. Rouge, 1923, cita como precedente Austin, não menciona Kelsen e reitera que as verdades demonstradas em seu sistema "não implicam em si mesmas nenhum juízo de valor quanto ao mérito ou demérito das soluções e das instituições jurídicas" (p.XX). Sobre as relações entre Pareto e Roguin quem chamou a atenção foi G. Busino, "Ernest Roguin e Vilfredo Pareto", *Cahiers Vilfredo Pareto*, 1964, n.4, p.189-210. Sobre as relações entre Kelsen e Roguin, F. Guisan, *La science juridique pure. Roguin et Kelsen*, in "Zeischrift für schweizerisches Recht", LIX, 1940, p.207-38. Sobre Roguin escrevi eu próprio um ensaio: *Un dimenticato teorico del diritto: Ernest Roguin*, in *Scritti in onore di Salvatore Pugliatti. IV. Scritti storico-filosofici*, Giuffrè, 1978, p.43-70, agora neste volume.

14　Cf. o § "Der Staat Rechtsordnung in den Kategorien der 'verstehenden' Soziologie", *Der soziologische und der juristiche Staatsbegriff*, op. cit., p.156-70. Sobre a permanência de Kelsen em Heidelberg, cf. R.A. Métall, *Hans Kelsen*, op. cit., p.10ss.

2. É bem conhecida a importância que teve a descoberta dos motivos não racionais que determinam a conduta do homem em sociedade para provocar uma virada nas ciências do homem. Segundo Pareto, as ações lógicas ocupam um pequeno espaço comparando com ações não lógicas na economia total de um sistema social. Max Weber colocou com o agir racional em relação à finalidade outras formas de agir social: ação racional quanto ao valor, ação afetiva, ação tradicional. Tanto Pareto como Weber foram os mais rígidos defensores, embora com ênfase diversa, da condenação de toda contaminação da ciência com os juízos de valor. Foram ambos fortemente inclinados a crer (agindo como cientistas) que, numa sociedade dominada por forças irracionais, a única empresa humana em que deveriam manter-se não questionados o domínio e a condução da razão fosse a ciência; e que, portanto, ao homem de ciência coubesse a responsabilidade de preservar o saber científico da corrupção das crenças individuais e coletivas, dos sentimentos, das concepções do mundo não racional, mas só praticamente justificáveis. Em Pareto e Weber, a defesa firme da possibilidade de avaliação da ciência procede com uma concepção fundamentalmente não racionalista do universo ético: a ética do cientista consiste exatamente na defesa extremada da única e limitada cidadela da razão contra os assaltos da não razão, que se revela na enunciação de juízos de valor. Tão mais importante esta comum atitude ética perante a ciência quanto uma e outra foram em relação aos valores da vida e da sociedade, em geral, muito diversas: Pareto foi um libertino; Weber, um espírito religioso. Mas ambos acreditaram firmemente serem chamados para salvar ao menos a ilha da ciência na tempestade das paixões humanas.

No primeiro parágrafo do Prefácio de sua obra-manifesto, que é a *Reine Rechtslehre*, Kelsen escreve estas palavras: "Antes de tudo, meu objetivo foi o de elevar a jurisprudência que, aberta ou oculta, se dissolvia quase inteiramente no raciocínio político-jurídico, à altura de uma ciência autêntica, de uma ciência do espírito.

Tratava-se de desenvolver as suas tendências dirigidas não à criação, mas exclusivamente ao conhecimento do Direito, e de aproximar o mais possível os seus resultados dos ideais da ciência: objetividade e exatidão".[15] Sem nunca ter lido Pareto e sem citar Max Weber, Kelsen buscava os mesmos objetivos, no campo do Direito, e aí tendia, confiando na mesma inspiração fundamental que era a de separar a pesquisa científica dos programas políticos, de impedir que os juízos de valor contaminassem a pureza da pesquisa. No Prefácio da *General Theory of Law and State,* que, bem mais que a segunda edição da *Reine Rechtslehre,* contém a suma de seu pensamento, diz isso muito claramente: "Chamando tal doutrina de 'teoria pura do direito', pretende se dizer que ela é mantida livre de todos os elementos estranhos ao método específico de uma ciência, cuja finalidade é o conhecimento do Direito e não a sua formação. Uma ciência deve descrever o próprio objeto como ele é efetivamente, e não prescrever como ele deveria ou não deveria ser, baseando-se em alguns juízos de valor. Este último é um problema político e, como tal, diz respeito à arte do governo, uma atividade que se ocupa de valores e não é objeto da ciência, que se ocupa da realidade".[16]

Kelsen tinha plena consciência de que, visando a tal objetivo, inscrevia o próprio projeto de uma jurisprudência científica no movimento geral das ciências sociais de seu tempo. Um dos textos kelsenianos metodologicamente mais empenhados, o Prefácio à segunda edição dos *Hauptprobleme* (1923), termina assim:

> Talvez eu possa esperar que nossos esforços tendentes a aprofundar filosoficamente os problemas da doutrina do Direito e do Estado, associando-os com problemas análogos de outras ciências, e assim libertando a nossa ciência de seu insano isolamento e inserindo-a como digno membro no sistema das ciências, encontre uma compreensão justa até junto dos adversários.[17]

---

15 RRL1, Prefácio.
16 GTLS, p. XIV, trad. it., p.IX.
17 GTLS, p. XIV, trad. it., p.IX.

Também em Kelsen o desenho de levar a ciência do Direito ao nível das outras ciências, perseguindo o ideal científico da "objetividade" e da "exatidão", é acompanhado por uma concepção irracional dos valores, tão radical quanto a de Pareto e de Weber. Se pretende êxito em construir uma teoria universalmente válida, o cientista deve ter bem presente os juízos de valor, justamente porque os valores representam a esfera do irracional. Onde quer que o cientista deixe que se insinuem as próprias preferências expressas em juízos de valor, a empresa científica está destinada a falir pela simples razão de que os juízos de valor não estão sujeitos aos controles constitutivos do universo científico. Em outras palavras, a empresa científica só é possível enquanto consegue ser avaliadora. Naturalmente, para não se deixar influenciar pelas próprias preferências ético-políticas, o cientista deve renunciar à pretensão de dar receitas para a ação. A tarefa da ciência é descrever e não prescrever. Quem tiver certa familiaridade com a obra de Kelsen sabe quanta importância tem na sua concepção da ética do cientista o empenho de nada prescrever: Kelsen leva tão longe este compromisso a ponto de estendê-lo da Teoria Geral do Direito, onde parece mais óbvio, à obra dos juristas, os quais deveriam limitar-se a propor várias interpretações possíveis de uma norma ou de um complexo de normas, dado que cada escolha, implicando uma avaliação, seria cientificamente não considerável.[18]

O valor por excelência com que lida o Direito é o valor da justiça. Como cada valor (ou mais precisamente como cada valor último ou final), a justiça é algo não sujeitável a qualquer forma de controle empírico ou racional. Em toda a obra kelseniana, uma das afirmações recorrentes é que a justiça é um ideal irracional.

---

18 Métall conta que Kelsen nunca se filiou a nenhum partido político porque considerava que, pertencendo a um partido, poria em risco ou limitaria sua independência política. Op. cit., p.33.

Justiça – ele escreve nas *Reine Rechtslehre* – no sentido que lhe é próprio e que a diferencia do direito exprime ... um valor absoluto. O seu conteúdo não pode ser determinado pela doutrina pura do direito. Ou melhor, ele não é de modo nenhum determinável pelo conhecimento racional.[19]

Mais adiante: "como é impossível (segundo o que se pode pressupor) determinar mediante o conhecimento científico, isto é, por meio de um conhecimento racional direcionado para a experiência, a essência da ideia ou da coisa em si, assim é impossível responder pela mesma via à pergunta: em que consiste a justiça".[20] Na *General Theory of Law and State*, abandonando o cotejo kantiano, e acolhendo estímulos neopositivistas, afirma que o juízo de valor com que se declara que alguma coisa constitui um fim último "é sempre determinado por fatores emotivos".[21] Tal juízo é subjetivo, válido somente para o sujeito que julga, e por isso relativo. Dado que, à pergunta se uma norma ou um ordenamento inteiro é justo ou injusto, só se pode responder com um juízo de valor o problema da justiça não é um problema com o qual a ciência possa ocupar-se e, portanto, como a Teoria Pura do Direito pretender ser ciência, não se deve interessar por ele: "Uma teoria pura do direito – uma ciência – não pode responder a tal pergunta sobre justo e injusto, porque não se pode responder cientificamente a ela".[22]

Várias vezes, observou-se que a construção das ciências sociais caminha junto com a relativização de todos os valores: o relativismo cultural permite estudar a sociedade humana, as várias formas de sociedade humana, sem preocupações ético-políticas.

---

19 RRL1, § 8.
20 RRL1, ibidem.
21 GTLS, p.7, trad. it., p.7.
22 GTLS, p. 6, trad. it., p.6.

A *conditio sine qua non* para estudar cientificamente as sociedades humanas seria certa indiferença a respeito do valor a ser dado a esta ou àquela forma social, a este ou àquele comportamento do homem em sociedade. Ora, este estado de indiferença é tanto mais fácil de ser assumido quanto mais se estiver dominado pela convicção de que não existem valores absolutos que uma civilização, uma cultura, no caso específico de Kelsen, um ordenamento jurídico, vale outro. Embora não seja aceito por todos que existe um nexo necessário entre Teoria Positivista do Direito e relativismo ético, é certo que no pensamento de Kelsen tal nexo existe: "A exigência, quanto ao pressuposto de uma doutrina relativista dos valores, de separar o direito da moral e, em consequência, o direito da justiça, significa apenas que, avaliando um ordenamento jurídico como moral ou imoral, justo ou injusto, só se exprime a relação do ordenamento jurídico com um de seus vários possíveis sistemas morais (não com "a" moral) e se enuncia um juízo de valor não absoluto, mas sim relativo".[23]

Na história do pensamento jurídico, o absolutismo ético é representado pela teoria do direito natural, a qual pretende extrair do estudo objetivo, "científico", da natureza humana regras de conduta universalmente válidas. Tendo por base esta pretensão, o jusnaturalismo tem sempre atribuído à teoria do direito a tarefa de distinguir o direito justo do injusto e, portanto, prescrever qual direito deva ser, em vez de descrever o direito que existe. Mas porque tal pretensão – para um relativista como Kelsen – é infundada, o jusnaturalismo acabou por submeter a análise da realidade jurídica a juízos subjetivos, e assim por obstaculizar, se não tornar impossível, uma teoria científica do direito. A construção de uma teoria científica do direito está intimamente ligada, na obra kelseniana, a uma crítica severa, contínua, premente do jusnaturalismo. Foi dito que para abrir caminho à ciência jurídica é preciso libertá-la dos juízos de valor. Dado que a manifestação mais alta e também

---

23   RRL2, § 12.

mais recorrente de intrusão de juízos de valor é, segundo Kelsen, aquele modo de posicionar-se perante o direito que circula com o nome de jusnaturalismo, é preciso, caso se queira fazer progredir a ciência jurídica, limpar definitivamente o campo do jusnaturalismo.

O modo como Kelsen critica a pretensão da teoria do direito natural de ser uma teoria científica se insere no procedimento, tão característico nesta fase de desenvolvimento das ciências sociais, da "desideologização". O jusnaturalismo não é uma teoria (científica), mas uma ideologia ou, em outras palavras, não é uma teoria racional de um campo particular da experiência humana, mas é a racionalização póstuma de uma necessidade fundamental, que é geralmente aquela de conservar o estado existente. Ao denunciar o jusnaturalismo como ideologia, Kelsen adota expressões que remetem a Pareto ou a Freud, embora provavelmente a fonte direta de Kelsen seja o próprio pai da crítica das ideologias, Karl Marx:

> A necessidade de justificar racionalmente nossos atos emotivos é tão forte que buscamos satisfazê-la até com o risco de um autoengano. E a justificação racional de um postulado baseado num juízo subjetivo de valor, isto é, sobre um desejo, como, por exemplo, o de que todos os homens sejam livres, ou que todos os homens sejam tratados igualmente, é um autoengano ou uma ideologia, o que constitui mais ou menos a mesma coisa. Ideologias típicas deste gênero são as afirmações de que qualquer finalidade última e, portanto, qualquer regulação determinada pelo comportamento humano, deriva da "natureza", isto é, da natureza das coisas, da razão humana ou da vontade de Deus. Esta doutrina afirma que existe um ordenamento das relações humanas diferente do direito positivo, mais alto e absolutamente válido e justo, enquanto emana da natureza, da razão humana ou da vontade de Deus.[24]

---

24 GTLS, p. 8, trad. it., p.8. E ainda: "Um estudo mais aprofundado das fontes revelaria que tais teses, isto é, as teses dos jusnaturalistas sobre o direito natural como fundamento do direito positivo, eram absolutamente

Cabe a Ernest Topitsch, não por acaso estudioso de Pareto e de Weber, o mérito de ter chamado a atenção dos estudiosos, fora do círculo restrito dos juristas, sobre a importância que assume na obra kelseniana a crítica das ideologias.[25] A Teoria Pura do Direito é (pretende ser), enquanto teoria científica, uma doutrina completamente desideologizada (como a sociologia de Pareto). Uma das operações às quais Kelsen se dedica com maior prazer é a de eliminar partes inteiras da tradicional dogmática jurídica, pondo em relevo sua origem ideológica, e degradando as teorias precedentes a ideologias mascaradas: para Kelsen, assim como para Pareto, todas as teorias que precederam a teoria pura são pseudoteorias (a expressão é de Pareto, mas vale também para Kelsen). Ideológicos são os conceitos de direito subjetivo e de sujeito jurídico, as clássicas distinções entre direitos reais e direitos de obrigação, entre direito privado e público, e o dualismo entre direito e Estado. Que o juiz declare e não crie o direito não é uma teoria, mas uma ideologia (é a ideologia que deseja manter a ilusão de uma certeza do direito); assim é uma ideologia e não uma teoria a afirmação de que existem lacunas na lei (é a ideologia que permite ao legislador limitar com regras *ad hoc* a liberdade do juiz). Defendendo a concepção da primazia do direito internacional sobre o direito nacional, contra a teoria dualista e contra a teoria do primado do direito nacional, Kelsen não hesita em afirmar, na conclusão de seu livro-manifesto: "A dissolução teorética do dogma da soberania, deste máximo instrumento da ideologia imperialista dirigida contra o direito internacional, *constitui um dos resultados mais importantes da doutrina pura do direito*".[26]

---

irrelevantes para a validade do direito positivo: o caráter da doutrina jusnaturalista em geral e de sua corrente principal era estritamente conservador. O direito natural, como era afirmado pela teoria, era essencialmente uma ideologia, que servia para sustentar, justificar e tornar absoluto o direito positivo ou, o que dá no mesmo, a autoridade do Estado" p.416. trad. it., p.423.

25 H. Kelsen, *Aufsätze zur Ideologiekritik*, com introdução e organização de E. Topitsch, Neuwied am Rhein, Hermann Luchterhand Verlag, 1964.

26 RRL1, § 50, I.

3. Nunca se insistirá o suficiente sobre o fato de que, pela primeira vez com Kelsen, a teoria do direito tenha sido orientada definitivamente para o estudo do ordenamento jurídico em seu conjunto, considerando como conceito fundamental para uma construção teórica do campo do direito não mais o conceito de norma, mas o de ordenamento, entendido como sistema de normas. Confronte-se a teoria de Kelsen com uma das obras mais importantes de teoria geral do direito que a precedeu: *Subjektives Recht und juristische Norm* [Direito subjetivo e norma jurídica, 1878] de Augusto Thon. O que falta inteiramente na obra de Thon, em meio a tantas análises sutis de algumas partes do sistema jurídico, é a ideia do ordenamento jurídico como sistema. O direito, ele diz, é um conjunto de imperativos. Que tipo de conjunto? Era exatamente a esta pergunta que a obra de Thon não dava nenhuma resposta.

Mais ou menos no mesmo período no qual Kelsen inicia seu trabalho teórico, a teoria normativa tradicional é abandonada, especialmente na França e na Itália, pela teoria da instituição, a qual descobre que não basta ocupar-se das árvores (as normas singulares); é preciso ocupar-se também com a floresta (a instituição). Mas a floresta que ela descreve, a instituição entendida como sociedade organizada, é estranhamente carente de árvores, isto é, de normas. O trabalho de Kelsen consiste, ao contrário, em não abandonar o ponto de vista normativo na passagem do estudo das normas singulares para o estudo do ordenamento, mas sim em conduzi-lo às últimas consequências, tratando o elemento característico do direito no modo com que as normas às quais damos o nome de normas jurídicas se dispõem e compõem em sistema. Assim, junto à nomostática, que é teoria da norma jurídica, ganha lugar no sistema kelseniano a nomodinâmica, que é a teoria do ordenamento jurídico. Embora a primeira seja, por hábitos inveterados, talvez a mais conhecida, a segunda certamente é mais importante. Doravante, a essência do Direito não deve ser procurada, segundo a nova perspectiva kelseniana, nesta ou naquela característica das normas, mas na característica daquele conjunto de normas que formam o ordenamento jurídico. O Direito é um ordenamento coercitivo (*Zwangsordnung*). Daqui a inversão do modo tradicional de impostar o problema da definição do Direito: não é um ordenamento jurídico aquele que se compõe de normas coercitivas, mas são normas jurídicas aquelas que pertencem a um ordenamento coercitivo. Só partindo do ordenamento, em vez das normas singulares, a teoria do direito tem condições de resolver o famoso caso do bandido (do qual parte também Hart). Por que não atribuímos o senso objetivo de norma jurídica à ordem de um bandido acompanhada pela ameaça de morte? Kelsen responde:

> Caso se trate de ato isolado de um indivíduo singular, ele não pode ser qualificado como ato jurídico e o seu sentido não pode ser considerado como uma norma jurídica pelo fato de que o direito ... não é uma norma singular, mas sim um sistema de normas, um ordenamento social e uma norma particular que deve ser considerada norma jurídica somente na medida em que pertence a tal ordenamento.[27]

Parece-me que até agora não se atribuiu a devida atenção ao fato de que este ordenamento no sentido de um determinado campo de pesquisas como um sistema, isto é, como um conjunto de elementos com relação de interdependência entre si e com o conjunto, é uma orientação geral das ciências sociais daqueles anos. Quem quiser tentar conectar o processo de formação da teoria kelseniana do direito com o espírito do tempo não pode deixar de propor para a discussão também esta anotação: Kelsen partilha com alguns dos maiores estudiosos contemporâneos, no âmbito das Ciências Sociais, esta tendência rumo à descoberta

---

27   RRL2, § 6 c.

do sistema como meta última da pesquisa, entendido o sistema como aquela totalidade cuja estrutura, uma vez identificada, permite explicar a composição, o movimento e a mutação das partes singulares. Não é o caso de lembrar que o *Tratado de sociologia geral* de Pareto é uma ambiciosa, e grandiosa, embora ainda tosca tentativa de representar a sociedade humana como um sistema (em equilíbrio dinâmico). A virada da linguística teórica que se faz remontar ao *Cours de linguistique générale*, de Saussure, consiste na concepção da língua como um sistema: embora a jurisprudência teórica esteja ainda extremamente atrasada em relação à linguística teórica, a tendência que nasce com Kelsen no sentido de uma teoria do Direito como sistema de normas em relação interna entre elas só pode extrair sugestões iluminadoras do confronto com a cesura saussuriana na linguística. Nas *Reine Rechtslehre*, Kelsen assim se expressa:

> A atitude da teoria pura do direito é ... totalmente objetiva e universalista. Ela se dirige fundamentalmente à totalidade do direito e trata só de compreender cada fenômeno singular no nexo sistemático com todos os outros e de compreender em cada parte do direito a função da totalidade do direito. Neste sentido, ela é uma concepção realmente orgânica do direito.[28]

Não parece que nesta passagem Kelsen já tenha claro na mente o nexo entre concepção sistemática do direito e teoria dinâmica do ordenamento jurídico: a totalidade do direito de que fala aparece mais como uma totalidade funcional (ou seja, definida através de sua função) do que uma totalidade estrutural (a ser definida, isto é, através da sua estrutura específica). Mas já Adolf Merkl, muitos anos antes, a propósito da kelseniana teoria dinâmica do ordenamento jurídico, da qual ele próprio

---

28 RRL1, § 26. Cf. também RRL2, § 33 g.

teria feito a primeira exposição, escrevia: "A teoria em graus de ordenamento jurídico, como fixada por Kelsen, é a primeira aplicação consciente do modo de pensar sistemático no mundo dos fenômenos jurídicos, e que até agora permaneceu quase estranho aos juristas".[29]

Somente na *General Theory of Law and State* Kelsen apresenta com a máxima clareza sua própria teoria enquanto uma teoria sistemática do Direito, referindo-se expressamente à específica estrutura interna do sistema normativo jurídico:

> O direito é um ordenamento do comportamento humano. Um ordenamento é um sistema de regras. O direito não é uma regra, como se diz às vezes. Ele é um complexo de regras possuindo aquele gênero de unidade que concebemos como um sistema. É impossível apreender a natureza do direito limitando nossa atenção à regra singular isoladamente. As relações que unem as normas particulares de um ordenamento jurídico são essenciais à natureza do direito. Somente se nos basearmos numa clara compreensão dessas relações que constituem o ordenamento jurídico poderemos entender plenamente a natureza do direito.[30]

Nunca foi sublinhada com o devido relevo a novidade deste uso de "sistema" na teoria do Direito. Na linguagem dos juristas existe um significado tradicional desta palavra, pelo qual "sistema" não significa nada mais que o conjunto das partições da matéria jurídica mais para uso didático que científico (o chamado sistema externo).[31] Quanto ao sistema interno, a única concepção do ordenamento

---

29 A. Merkl, *Die Lehre von der Rechtskarft entwickelt aus dem Rechtsbegriff,* Leipzig e Viena, Franz Deutke, 1923, p.223.

30 GTLS, p. 3, trad. it., p.3.

31 Sobre as várias noções de sistema jurídico, cf. G. Lazzaro, *L´interpretazione sistematica della legge,* Turim, Giapichelli, 1965, em especial o cap. I; para

Direito e poder

como sistema que emergiu entre os juristas do século passado era aquela do ordenamento jurídico como sistema funcional. Com Kelsen, ou seja, com a teoria dinâmica do ordenamento jurídico, aparece pela primeira vez na teoria do Direito a representação do ordenamento jurídico como um sistema que tem certa estrutura, e que é caracterizado justamente por ter esta e não outra estrutura. O termo "estrutura" é usado pelo próprio Kelsen em algumas passagens cruciais de sua teoria: "Como ciência [a doutrina pura do direito] se considera obrigada a compreender o direito positivo em sua essência e entendê-lo mediante uma análise de sua estrutura (*Struktur*)".[32] E mais adiante, onde a análise estrutural é nitidamente contraposta à análise funcional do direito: "Esta doutrina [a doutrina pura do direito] de fato não considera o escopo que é perseguido e alcançado por meio do ordenamento jurídico, mas considera apenas o próprio ordenamento jurídico; e considera este ordenamento na autonomia própria do seu conteúdo de sentido (*Sinnegehalt*) e não mais relativamente a este seu escopo".[33]

Já se observou, justamente, que "não basta usar o termo 'estrutura' para se tornar estruturalista".[34] Mas é inegável que a tendência de Kelsen em considerar o Direito como um universo estruturado responde à mesma exigência de que partiram as investigações estruturalistas em Linguística e em Antropologia.

---

uma história da ideia de sistema, com destaque especial para a ciência jurídica e o direito, cf. M. Losano, *Sistema e estruttura nel diritto*, v.I, Turim, Giapichelli, 1968. Desenvolvi algumas considerações sobre o tema também no ensaio *Per um lessico di teoria generale del diritto*, in *Studi in memoria di Enrico Guicciardi*, Pádua, 1975, p.135-46.

32 RRL1, § 9.

33 RRL1, § 14 c, R Treves traduz *Sinnegehalt* por *estrutura*, trad. it. ed. 1952, p.48. O tradutor italiano da segunda edição, M. Losano, traduz a típica expressão kelseniana *Stufenbau* (construção em graus) por *estrutura hierárquica*, aduzindo algumas passagens em que o próprio Kelsen usa o termo *Struktur* com referência à construção em graus do ordenamento jurídico, *La dottrina pura del diritto*, op. cit., p.XCIX.

34 M. Losano, op. cit., p.XCIX.

A propósito de qual seria a estrutura específica do sistema jurídico em relação a outros sistemas normativos, Kelsen tem de refletir sobretudo quando encara, num ensaio de 1928, o problema clássico da relação entre direito natural e direito positivo. Para distinguir o sistema do direito natural do sistema do direito positivo, Kelsen introduz a distinção entre sistema normativo estático, cujas regras são conectadas pelo conteúdo, e sistema normativo dinâmico, cujas regras se conectam pelo modo como são produzidas. O ordenamento jurídico é um sistema dinâmico.[35]

Num sistema estático, se diz que uma norma pertence ao sistema quando é dedutível do conteúdo do postulado ético que está em sua base; num sistema dinâmico, se diz que uma norma pertence ao sistema quando é produzida no modo previsto pela norma que institui o poder soberano (a chamada norma fundamental). É certo que a teoria dinâmica do ordenamento jurídico, não obstante as críticas já referidas, e apesar das integrações e aperfeiçoamentos aos quais deu e ainda pode dar lugar,[36] constitui o ponto de partida ou, caso se prefira, a passagem obrigatória de uma análise estrutural do direito. Pode causar surpresa que uma distinção tão fundamental e merecedora de ampliações como aquela entre sistema normativo estático e sistema normativo dinâmico tenha sido escassamente recebida e utilizada.[37]

---

35 H. Kelsen, *Die philosophischen Grundlagen der Naturrrchtslehre ind des Rechtspositivismus* (1929), que cito da trad. Anexo a GTLS, p.407. Cf. também RRL2, § 34 b.

36 Além do artigo de R. Walter, já cit., cf. B. Akzin, *Analysis of State and Law Structure*, in *State and International Legal Order. Essays in Honour of Hans Kelsen* (Org.). F. Engel & R. A. Métall, Knoxville, The University of Tennessee Press, 1964, p.2-20.

37 Não me parece que captem e aprofundem este aspecto do problema do ordenamento jurídico os dois livros recentes sobre o tema, por outro lado importantes e merecedores da maior consideração: J. Raz, *The Concept of a Legal System*, Oxford, Clarendon Press, 1970; e C.E. Alchourrón & E. Bulygin, *Normative Systems*, Viena, Springer, 1971.

Já foi observado que a construção do ordenamento jurídico como edifício de vários andares, como sistema hierarquizado de vários níveis normativos, nasce da observação da natureza complexa da organização do moderno Estado constitucional, em particular da reflexão, iniciada nos anos sucessivos à Primeira Guerra Mundial, sobre o valor ético-político das constituições rígidas, em que a distinção entre leis ordinárias e lei constitucionais, com a consequente subordinação hierárquica das primeiras às segundas, introduz um grau a mais no sistema jurídico e torna imediatamente mais visível a forma piramidal do ordenamento.

No final da guerra, Kelsen foi chamado pelo chanceler do governo provisório austríaco, Karl Renner, para colaborar na redação definitiva da Constituição da nova república, que foi aprovada em 1º de outubro de 1920. Como é notório, sua contribuição pessoal permitiu a inovação historicamente mais significativa daquela Constituição, isto é, a criação de uma corte suprema, chamada a controlar a legitimidade das leis ordinárias. Conforme relata seu biógrafo, Rudolf Métall, Kelsen era particularmente orgulhoso desta inovação, porque "na aplicação do princípio da conformidade à constituição da legislação e do princípio da legitimidade do poder executivo (jurisdição e administração), ele via a garantia mais eficaz da constituição e o traço característico da constituição federal austríaca".[38] De qualquer modo, é certo que a instituição de leis constitucionais hierarquicamente superiores às leis ordinárias, isto é, àquelas normas do sistema que tradicionalmente eram consideradas as normas últimas, introduzindo um grau ulterior no sistema normativo, permitia ver, mais nitidamente do que ocorrera até aí, também os outros graus. Não é por acaso que a um teórico do direito como Hart, que constrói a sua teoria sobre a base da Constituição inglesa, falta o grau superior das normas constitucionais, e se detenha na

---

38 R.A. Métall, *Hans Kelsen*, op. cit., p.36.

distinção entre normas primárias e normas secundárias, e deixa na sombra, sem aprofundar, o princípio da estrutura hierárquica do ordenamento (deste ponto de vista, a teoria de Hart constitui um passo atrás em relação à de Kelsen). Com maior razão, a teoria dinâmica do ordenamento jurídico dificilmente teria podido nascer da reflexão sobre a constituição de um Estado absoluto ou de uma sociedade primitiva. O que não impede que a representação do ordenamento jurídico como sistema hierárquico, em graus diversos, sirva para compreender melhor também os ordenamentos mais simples, isto é, sirva para compreender que também eles têm uma estrutura, e constituem um sistema, não sendo apenas uma coletânea de normas. (A anatomia do homem, diria Marx, serve para entender melhor a anatomia do macaco.)

Ao contrário, o que não foi observado até agora, pelo que sei, é que a teoria kelseniana sobre a estrutura interna de um sistema jurídico pode ser cotejada com a contemporânea teoria weberiana do processo de racionalização (formal) do poder estatal, de onde deriva aquele tipo de Estado administrativo ou burocrático cuja legitimidade é dada pela forma de poder que, com razão, Weber chama de "legal", pelo nexo que ele vislumbra entre racionalização e legalização. A construção em níveis do ordenamento jurídico bem pode ser considerada como a representação mais adequada daquele estado racional e legal, racional porque regulado pelo direito em todas as esferas, cuja formação constitui, segundo Weber, a linha tendencial do grande Estado moderno (capitalista ou não). Mais uma vez isso não significa que H. Kelsen, não obstante a sua pretensão de elaborar uma Teoria Geral do Direito, válida para todos os sistemas jurídicos de todos os tempos, na realidade teorize uma forma histórica de Estado: significa que uma teorização acabada do sistema jurídico enquanto sistema normativo complexo não podia nascer senão de uma contínua reflexão sobre a formação do Estado moderno em que a racionalização dos processos de produção jurídica torna mais evidente a estrutura piramidal do ordenamento, ou permite perceber com maior perspicácia que aquele ordenamento normativo, ao qual damos o nome de ordenamento jurídico, é um universo estruturado de um certo modo.

Aqui, convém sublinhar que, quando Kelsen descreve a juridização progressiva do Estado moderno, a ponto de atingir a famigerada redução do Estado ao ordenamento jurídico, releva o mesmo processo que Weber capta na formação do poder legal, que acompanha o desenvolvimento do Estado no mesmo período histórico. O Estado é o próprio ordenamento jurídico (Kelsen), enquanto o poder é completamente legalizado (Weber). O que distingue o Estado, enquanto ordenamento jurídico, de outros ordenamentos jurídicos, como aqueles das sociedades paraestatais ou o ordenamento internacional, é certo grau de organização ou a existência de órgãos "que trabalham segundo as regras da divisão do trabalho para a produção e a aplicação das normas das quais ele é constituído".[39] Quando Kelsen especifica que a presença desta organização para a produção e a aplicação do direito comporta a consequência de que a relação definida como poder estatal se diferencia das outras relações de poder pelo fato de ser ele mesmo regulado por normas jurídicas, parece descrever aquela forma de poder legítimo que é justamente o poder legal, cuja principal característica é a de ter aparatos especializados como o aparato judicial e o administrativo (Kelsen acrescentaria também o aparato legislativo) que agem nos limites de regras gerais e abstratas instituídas pelo sistema. Não duvido de que a descrição kelseniana se encontre num nível superior de abstração em relação à weberiana; mas Kelsen se propõe elaborar uma teoria geral do Estado, enquanto Weber descreve um tipo ideal de Estado, que não é o único tipo historicamente existente. Não diferentemente de Weber, Kelsen se dá conta da enorme importância dos grandes aparatos administrativos na formação

---

39   RRL2, § 41 a.

do Estado moderno. Porém, enquanto Weber identifica na buro-cratização da maior parte das atividades do Estado a tipicidade do poder legal, Kelsen aí vislumbra uma fase daquele processo de concentração progressiva das atividades de produção e da aplicação do direito que ele considera consistir a característica do ordenamento jurídico estatal (processo que ele chama de passagem do *Gerichsstaat* ao *Verwaal-tungsstaat*).[40]

'Pode-se acrescentar que, para além desta convergência entre a concepção teórica de Kelsen e a descrição weberiana do processo tendencial do Estado moderno, para Weber estava claro aquilo que igualmente estava claríssimo também para Kelsen, ou seja, que a ótica do jurista é diferente daquela do sociólogo. O que Weber diz sobre o Direito, como sociólogo, isto é, que existe um ordenamento jurídico quando se forma num determinado grupo social um aparato coercivo, pode ser literalmente subscri-to por Kelsen. Por outro lado, Weber teria podido referendar a tese kelseniana segundo a qual para entender o que é o Direito é preciso olhar não para as regras, mas sim para o seu conjunto, isto é, para o ordenamento em sua totalidade.[41]

4. O significado histórico da obra kelseniana está ligado à análise estrutural do Direito como ordenamento normativo específico, cuja especificidade consiste justamente não nos conteúdos normativos, mas no modo pelo qual as normas estão unidas umas às outras no sistema. Este tipo de análise constitui

---

40   RRL1, § 48 c. e RRL2, § 41 b.

41   Uma referência a Kelsen, mas só no que concerne ao *Wertrelativismus*, encontra-se no ensaio sobre o pensamento jurídico weberiano de K. Engisch, "Max Weber als Rechtsphilosoph und Rechtssoziologe", in *Max Weber. Gedächtnisschrift der Ludiwig-Maximilians-Universität München zum 100. Wiederkehr seines Geburtstages 1964*, Berlim, Duncker & Humblot, 1966, p.67-88. Pela mesma razão, Webwer e Kelsen são associados na crítica de G. Lukács: *Die Zerstörung der Vernunft* (1954), do qual cito a trad. it., *La distruzione della ragione*, Turim, Einaudi, 1959, p.617.

Direito e poder

também o limite da Teoria Pura do Direito. Não há dúvida de que o desenvolvimento da análise estrutural se fez em detrimento da análise funcional: comparado ao destaque dado por Kelsen aos problemas estruturais do Direito, é extremamente estreito o espaço que ele reservou para os problemas relativos à função do Direito. É significativo que justamente a passagem, já citada, em que afirma que a teoria pura estuda o Direito em sua estrutura, pertença a um contexto cuja finalidade é a de negar que ela deva ocupar-se das finalidades do ordenamento jurídico.

A razão pela qual Kelsen não se preocupou com a finalidade do ordenamento jurídico está no fato de que ele tem do Direito, entendido como forma de controle social, uma concepção meramente instrumental, o que, convém repetir, combina perfeitamente com o relativismo ético e o irracionalismo dos valores. Uma das afirmações recorrentes em toda a obra kelseniana é que o Direito não é um fim, mas um meio. Como meio pode ser usado para alcançar os fins mais diversos, como a história do Direito ensina. Mas, exatamente enquanto serve para alcançar os fins mais diversos, uma análise que parta dos fins ou pior, do fim (como a dos jusnaturalistas), não permitirá jamais captar a essência do Direito. Para Kelsen, o Direito é "uma técnica da organização social": sua especificidade consiste no uso dos meios coercitivos para induzir os membros de um grupo social a fazer ou não alguma coisa. O Direito é um "mecanismo coercivo". O que é comum a todos os ordenamentos sociais que chamamos de jurídicos é a presença de uma organização mais ou menos direcionada para obter, recorrendo em última instância à força, a execução de certas obrigações de fazer ou a observância de certas obrigações de não fazer. Deste ponto de vista, entende-se porque o Direito pode ter as mais diferentes finalidades: às vezes, tem todos os objetivos aos quais um grupo social atribui tanta importância a ponto de considerar que devam ser atingidos também pela força. Com a terminologia dos sociólogos, que, aliás, Kelsen não usa, o Direito é uma das formas possíveis de controle social, especificamente aquela forma de controle que se vale do uso da força organizada. Considerado o Direito como meio e não como fim, definido como técnica social específica, a análise funcional do Direito é logo esgotada. A função do Direito é permitir a obtenção daqueles fins sociais que podem ser alcançados com outras formas (mais brandas, menos constrangedoras) de controle social. Que fins sejam esses, isso varia de uma sociedade para outra: é um problema histórico, não um problema que possa interessar à teoria do Direito.

Não que o problema funcional seja totalmente eliminado. Mas nada mostra o quanto Kelsen queria não se empenhar muito no problema da finalidade do Direito quanto a correção "não leve"[42] acrescentada na segunda edição da *Reine Rechtslehre* aos dois parágrafos da *General Theory of Law and State*, onde deixara escapar a afirmação de que o Direito tem sim um objetivo, que é a paz social: "O direito – disse – é sem dúvida um ordenamento para a promoção da paz".[43] Uma frase destas abre um discurso teleológico: de fato, enquanto organização da força monopolizada, o Direito limita o uso indiscriminado da força; caso se defina a paz "como aquela condição em que não é usada a força", deve-se concluir que o Direito "assegura a paz da comunidade".[44] A correção "não leve" que ele introduz nesta passagem da última obra consiste em recusar a paz como finalidade do Direito e indicar em seu lugar um conceito muito mais genérico e menos comprometedor, como aquele de "segurança coletiva", expressamente derivado do direito internacional: como organização da força monopolizada, o Direito asseguraria não tanto a paz quanto a segurança coletiva, a qual não é ela própria a paz, porém, "visa à paz".[45] Neste sentido, parece que a paz não é a finalidade do Direito, mas uma espécie de ideal-limite ao qual o Direito tende. De fato, logo depois, Kelsen se apressa

---

42   RRL2, p.40, trad. it., p.51.

43   GTLS, p.21 trad. it., p.21.

44   GTLS, p.21 trad. it., p.21.

45   RRL2, p.39 trad. it., p.50.

Direito e poder

em precisar que nos ordenamentos jurídicos primitivos, baseados no princípio da autotutela (e o direito internacional é um deles), "não se pode falar seriamente de uma pacificação, mesmo que relativa, da comunidade jurídica".[46] Daí a conclusão: "Não se pode considerar com razão que o Estado de direito *é* necessariamente um Estado de paz, e que garantir a paz *é* uma função essencial do Direito".[47] Certamente o Direito tem um fim, mas é um fim mínimo, um fim intermediário, um fim com valor instrumental, enquanto serve de condição preliminar para alcançar outros fins. O Direito não tem uma finalidade última (como a justiça, o bem comum, o interesse coletivo). O seu fim não é sequer aquele hobbesiano da paz, o qual já é, expressamente, ele mesmo, um fim intermediário. Na busca por esta finalidade última, da paz à segurança coletiva, Kelsen mostra, em suma, a caça impiedosa que ele promove a toda tentativa de determinar, para usar a expressão jheringhiana, o "objetivo do direito".

Kelsen se dá conta perfeitamente que, do ponto de vista da análise funcional, as suas afirmações apenas reproduzem, embora de forma ainda mais drástica e de maneira ideologicamente cada vez mais esterilizada, um dos fundamentos do positivismo jurídico. Ao introduzir o discurso sobre a coação, na primeira edição da *Reine Rechtslehre,* adverte que "neste ponto a doutrina pura do direito continua a tradição da teoria positivista do direito do século XIX".[48] Sob tal aspecto, que é o funcional, parece que ele não tem nada de particularmente importante a dizer. Os problemas, aos quais o positivismo jurídico não tinha dado resposta, eram aqueles relativos à estrutura deste mecanismo coercivo em que consiste o Direito. Por isso, deixando de lado o problema da função, ele dirige sua atenção essencialmente para a análise estrutural. Mas acontece que, enquanto nesta análise a sua contribuição foi funda-

---

46 RRL2, p.39 trad. it., p.50.
47 RRL2, p.40 trad. it., p.51.
48 RRL1, § 12.

mental e só é contestada pelos jusnaturalistas atrasados (que estão desaparecendo), pelos jusnaturalistas soviéticos por preconceitos ideológicos duros de morrer, e por alguns dentre os mais radicais realistas americanos, por uma espécie de fobia contra qualquer tipo de teoria geral, a análise funcional permanece, na doutrina kelseniana, mais ou menos no mesmo ponto em que ele a encontrara, bem no momento em que a sociedade ia se transformando rapidamente nos países mais avançados industrialmente, e esta transformação teria feito emergir uma função diferente do Direito que os juristas do século passado não tinham previsto. Certamente não se pode criticar Kelsen por não ter percebido um processo em curso que, de resto, tampouco foi percebido por aqueles que vieram depois dele. Mas, tendo de fazer um balanço, não se pode deixar de constatar o quanto a velha doutrina do Direito como ordenamento coercitivo, acolhida *in toto* pelo fundador da Teoria Pura do Direito, é hoje inadequada.

Conforme tive ocasião de dizer alhures, Kelsen nunca teve dúvidas sobre o fato de que a técnica do controle social própria do Direito consistisse na ameaça e na aplicação de sanções negativas, isto é, daquelas sanções que infligem um mal àqueles que executam ações socialmente indesejáveis. Toda vez que repete sua definição do Direito como ordenamento coercivo, ele faz questão de precisar que o Direito é assim porque está em condições de provocar o mal, mesmo que seja sob a forma de privação de bens, ao violador das normas. Ordenamento coercivo e ordenamento baseado em sanções negativas são sinônimos em sua linguagem. Porém, cada vez se impõe mais, ao observador sem preconceitos, a constatação de que, desde que o Estado deixou de ser indiferente perante o desenvolvimento econômico, a função do Direito deixou de ser exclusivamente protetora-repressiva. O instrumento jurídico clássico do desenvolvimento econômico, numa sociedade em que o Estado não intervém no processo econômico, foi o negócio jurídico, do qual o Direito, justamente enquanto ordenamento coercivo, se limita a garantir a eficácia. Mas, desde que o Estado assume a tarefa, não só de controlar o desenvolvimento econômico, mas também de dirigi-lo, o instrumento idôneo para esta função não é mais a norma reforçada por uma sanção negativa contra aqueles que a transgridem, mas a diretriz econômica que, com frequência, é reforçada por uma sanção positiva em favor daqueles que a ela se conformam, como acontece, por exemplo, nas chamadas leis de incentivo, que começam a ser estudadas com atenção pelos juristas. Onde a função do Direito não é mais só protetora-repressiva, mas também, e sempre com maior frequência, promocional.[49] Hoje em dia, uma análise funcional do Direito que pretenda levar em conta as mutações ocorridas nessa "técnica específica da organização social", que é o Direito, tem de integrar o estudo da tradicional função protetora-repressiva do Direito com aquela de sua função promocional. Em minha opinião, esta integração é necessária caso se queira elaborar um modelo teórico representativo do Direito como sistema coercivo. Trata-se de passar da concepção do Direito como forma de controle social para a concepção do direito como forma de controle e de *direção* social.

Dito isso, é preciso acrescentar que as mudanças ocorridas na função do Direito não negam a validade da análise estrutural, como foi elaborada por Kelsen. Aquilo que Kelsen disse a respeito da estrutura do ordenamento jurídico permanece perfeitamente válido inclusive depois dos desdobramentos mais recentes da análise funcional. A construção do Direito como sistema normativo dinâmico não é minimamente atacada pelas relevações que concernem à finalidade do Direito. Para ela, uma norma é jurídica quando produzida nas formas previstas, isto é, em conformidade com outras normas do ordenamento, em

---

49 Sobre este tema, remeto a meus dois textos "La funzione promozionale del diritto" e "Le sanzioni positive", *Dalla struttura alla funzione. Nuovi studi di teoria del diritto*, Milão, Edizioni di Comunità, 1977, p.13-32, 33-43 (II ed. 1984). Voltei ao assunto com *La funzione promozionale del diritto rivisitata*, in "Sociologia del diritto", XI, n.3, 1984, p.7-27.

particular aquelas normas que regulam a produção das normas do sistema. Em relação à estrutura do ordenamento, não há qualquer relevância que uma norma vise a reprimir ou promover um determinado comportamento. Ao contrário, a especificidade do ordenamento jurídico em relação a outros ordenamentos sociais ainda permanece dependente da tipicidade de sua estrutura e não de sua função que, seja ela qual for, explica-se na forma que é própria de um ordenamento dinâmico. A virada que a Teoria Pura do Direito representou no desenvolvimento da jurisprudência teórica é, enfim, uma daquelas viradas que é possível superar, mas que não permite retroceder. Prova disso é que a maior obra de jurisprudência após Kelsen, a de Hart, prosseguiu no mesmo caminho, buscando na estrutura específica do ordenamento jurídico, identificada na "união de normas primárias e de normas secundárias", a determinação do "conceito de direito".

Segunda parte
As fontes do Direito em Kelsen

Capítulo 4
As fontes do Direito em Kelsen

Sumário
1 Teoria das fontes e produção jurídica
2 O costume na teoria das fontes kelsenianas
3 Normas gerais e normas individuais no sistema das fontes
4 O ordenamento jurídico como sistema normativo que se autoproduz

1. Um dos temas sobre os quais Kelsen se detém em todas as suas obras principais é a crítica da teoria tradicional das fontes do Direito. Pode se chegar à compreensão do sistema geral da *Reine Rechtslehre* por várias vias: uma delas é a crítica da teoria tradicional das fontes do Direito. Eu me proponho a destacar a importância que esta crítica tem para a compreensão e a reconstrução do sistema.

A primeira observação a ser feita é que no sistema kelseniano a teoria das fontes está estreitamente ligada à noção de produção jurídica (*Rechtserzeugung*), que é uma noção fundamental na Teoria Pura do Direito. Kelsen, que eu saiba, jamais deu uma definição explícita de "produção jurídica", mas um leitor assíduo de sua obra bem sabe que esta noção desempenha parte essencial em seu sistema de pensamento. Trata-se de uma noção que, melhor que qualquer outra, permite atribuir à teoria kelseniana o seu lugar na história geral do Direito neste século. Lendo a obra de Kelsen, depara-se com a noção de produção jurídica nos mais diversos capítulos, a propósito das fontes do Direito, da validade das normas jurídicas, da estrutura dinâmica do ordenamento jurídico, da hierarquia das normas, e até das várias formas de governo. "*Rechtserzeugung*" com todos os seu derivados "*rechtserzeugender Akt*", "*rechtserzeugende Funktion*", é um dos termos mais frequentes. Ousaria dizer que é onipresente.

Por que a noção de produção jurídica é tão importante? Minha resposta é muito simples e nítida. A Teoria Pura do Direito apresentou-se ela mesma como uma teoria do direito positivo, e de resto sempre foi interpretada como uma teoria positivista do direito, até como o positivismo jurídico levado às últimas consequências. Enfim, o que caracteriza o positivismo jurídico ao longo de toda a sua história é a consideração do Direito, sempre entendido como norma ou conjunto de normas, na condição de algo que foi *produzido*, de um objeto e de um efeito de uma produção humana, histórica, convencional, até artificial. O princípio originário do positivismo jurídico é "*auctoritas non veritas facit legem*". Se tivesse de exprimir

Direito e poder

com a fórmula mais breve qual a diferença entre a atitude perante o Direito de um positivista e o de um não positivista (seja um teórico do direito natural, um discípulo da escola histórica ou o defensor de uma concepção sociológica do Direito), responderia que a diferença pode ser reduzida à contraposição entre a consideração do direito como um *produto* e a consideração do direito como um *dado*. Positivista é aquele que acredita firmemente que o direito não existe *in natura*, não existe na sociedade e, portanto não se trata de descobri-lo e de revelá-lo, mas é sempre a expressão de uma atividade humana consciente (mas também inconsciente), e se trata no máximo de interpretá-lo, tendo presente de todo modo que também a interpretação é, por sua vez, uma obra de criação ou de recriação permanente.

Desse ponto de vista, não há dúvida quanto à inclusão de Kelsen entre os positivistas. Na escolha das passagens a serem citadas, existe só o embaraço da escolha. Porém, basta deter-se na primeira página do ensaio sobre o direito natural:

> Diversamente das regras do direito positivo, aquelas comuns no ordenamento natural que governa a conduta humana não têm vigência porque foram colocadas artificialmente por uma autoridade humana, mas porque se originam de Deus, da natureza ou da razão, e, assim, são boas, corretas e justas. É aqui que aparece a positividade de um sistema jurídico, diversamente do direito natural: este é um produto da vontade humana, um fundamento de validade completamente estranho ao direito natural porque este, como ordenamento natural, não foi criado pelo homem e por definição não pode ser criado por um ato humano.[1]

---

1 *La dottrina del diritto naturale e il positivismo giuridico*, anexo a *Teoria generale del diritto e dello stato*, op. cit, p.398. Ed. original *General Theory of Law and State*, op. cit., p.392.

Partindo exatamente dessa contraposição, Kelsen elaborou uma teoria geral dos sistemas normativos, segundo a qual existem duas espécies de sistemas normativos, os sistemas estáticos, constituídos por normas que se deduzem umas das outras, e os sistemas dinâmicos, constituídos por normas que se produzem umas por meio de outras, mediante uma relação de delegação de um poder superior a um poder inferior. Os sistemas jurídicos pertencem, segundo Kelsen, à segunda espécie. Isso mostra de novo o lugar central que a noção de produção jurídica ocupa na teoria kelseniana: um sistema normativo moral ou de direito natural é *deduzido*; um sistema normativo jurídico é *produzido*.

Nessa altura, posso retomar a afirmação inicial: na Teoria Pura do Direito, a teoria das fontes está intimamente vinculada à noção de produção jurídica. Se o Direito é um produto da atividade humana, é evidente que uma das tarefas de uma teoria geral do direito é a de analisar, descrever e classificar as diversas maneiras pelas quais esta produção se dá na sociedade. Esta análise, descrição e classificação constitui o objeto do capítulo que os tratados tradicionais de Direito chamam de "fontes do direito". Mas "fontes do direito" é uma expressão metafórica que deve ser eliminada num discurso rigoroso como é o de uma teoria do direito que pretende ser científica. Assim, acontece que "fontes do direito" é substituído, na teoria kelseniana, por "modos de produção do direito" (*Methoden der Rechtserzeugung*). Aquilo que os juristas tradicionais, os juristas "impuros" continuaram a chamar de "fontes do direito", a linguagem purificada de Kelsen chamará doravante de 'modos de produção jurídica'. Em outros termos, pode se dizer que a tarefa de uma teoria das fontes do Direito é descrever, analisar, classificar, os diversos procedimentos por meio dos quais ocorre a produção do Direito. Rapidamente, observo que tal redução da teoria das fontes à teoria dos procedimentos para a produção jurídica evidencia também o nexo entre Teoria Pura do Direito e formalismo, e qual é a razão pela qual a Teoria Pura do Direito foi considerada, tanto para o bem e como para o mal, uma teoria formal do Direito. O critério segundo o qual é possível distinguir aquilo que é Direito daquilo que não é Direito é, pura e simplesmente, o modo de sua produção: não se faz nenhuma referência ao conteúdo das normas, mas leva em conta exclusivamente procedimentos pelos quais as normas nascem e morrem.

2. Uma vez resolvido o problema das fontes do Direito no problema dos modos de produção jurídica, Kelsen precisa enfrentar dois problemas relativos à teoria tradicional das fontes. O primeiro diz respeito à extensão da noção de produção ao costume. Em geral, por "direito produzido" se entende o direito legislativo, o direito criado por uma vontade soberana. Mas é possível alargar a noção de Direito produzido também para o direito consuetudinário? Percebendo as dificuldades, Kelsen toma posição contra as teorias que negaram o caráter de ato produtivo de direito ao consuetudinário. São elas a teoria da escola histórica, segundo a qual o costume tem um valor declarativo e não constitutivo (*keinen konstitutiven sondern nur einen deklaratorischen Charakter*), e a teoria sociológica de Leon Duguit, segundo a qual fonte de direito é o princípio de solidariedade social e aquilo que os juristas chamam de fonte de direito tem uma função secundária e subordinada, a função de revelar ou, melhor, de *constatar* o direito preexistente. Não de constituí-lo.

Ao tomar posição contra estas duas teorias declaratórias do costume, Kelsen pretende reafirmar a tese de que também o costume é um modo ou método de produção jurídica e que em relação à categoria geral dos modos ou métodos de produção jurídica não se pode fazer diferença entre lei e consuetudinário. É interessante observar que, perante as teorias da escola histórica e a da solidariedade social, Kelsen não hesita em retomar a crítica já feita às teorias do direito natural:

> No fundo, as duas teorias são apenas variantes do jusnaturalismo, cujo dualismo entre um direito produzido pela natureza e

um direito produzido pelo homem se reflete no dualismo entre direito produzido pelo *Volksgeist* ou pela *solidarité sociale* e o direito reproduzido pela legislação ou pelo costume.

Para confirmar e reforçar a sua tese, acrescenta:

> Do ponto de vista de uma doutrina jurídica positivista, a qual não pode verificar a existência de um imaginário *Volksgeist* nem de uma igualmente imaginária *solidariedade social,* é indubitável a função constitutiva tanto do costume quanto da legislação.[2]

Mais que uma argumentação racional, esta última afirmação parece uma enunciação apodíctica. Pois é uma enunciação que se resolve nesta proporção simples: é preciso incluir o consuetudinário entre os modos de produção jurídica porque do ponto de vista do positivismo jurídico (em que o positivismo jurídico é reconduzido ao positivismo filosófico) não é possível admitir a existência de uma realidade precedente aos comportamentos que, em sua repetição e em sua convergência, dão origem a um costume. O costume é um fato, um fato normativo, e está no espírito de uma filosofia-positiva ater-se aos fatos, exclusivamente aos fatos. Para o positivismo jurídico, conforme vimos, o direito é um produto da atividade humana: em consequência, o consuetudinário pode ser considerado uma fonte do Direito somente se for interpretado como um modo de produzir o Direito (e não apenas de o declarar).

Se não se pode fazer nenhuma diferença entre lei e costume quanto à categoria geral dos modos de produção, a diferença deve ser procurada no interior da categoria. Não necessito chamar a atenção do leitor de Kelsen sobre a importância que

---

2   RRL2, p.257-8. Ed. original, p.233-4.

Direito e poder

ele atribui à distinção entre as duas noções de centralização e descentralização. É uma distinção que se encontra em diversos níveis: tendo esta distinção por base, por exemplo, ele distingue o ordenamento jurídico do Estado do ordenamento jurídico internacional. O direito internacional é um ordenamento jurídico em que o principal modo de produção jurídica é o consuetudinário. Assim, não é por acaso que o mesmo critério, a distinção entre produção centralizada e produção descentralizada do direito, seja adotado para identificar o elemento distintivo entre as duas maneiras principais de produzir o direito, a lei e o costume:

> Uma diferença politicamente significativa entre direito estatuído e direito consuetudinário consiste no fato de que o primeiro é produzido por meio de um procedimento relativamente centralizado, ao passo que o segundo é produzido por meio de um procedimento relativamente descentralizado. As leis são criadas por órgãos especiais, instituídos para esse fim e que funcionam segundo o princípio da divisão do trabalho. As normas do direito consuetudinário passam a existir por meio de certo comportamento dos sujeitos submetidos ao ordenamento jurídico.[3]

Este trecho não exige comentário, exceto a expressão inicial, em que a diferença é chamada de "politicamente significativa". Por que "politicamente significativa"? Considero que uma resposta à pergunta possa ser encontrada nas seguintes palavras:

> No primeiro caso, a autoridade que cria a norma e os sujeitos a ela submetidos não coincidem; no segundo caso, coincidem pelo menos em certa medida.[4]

---

3 RRL2, p.259. Ed. original, p.235.
4 RRL2, p.259. Ed. original, p.235.

Quem tiver certa familiaridade com os textos de Kelsen reconhece imediatamente, nesta especificação, outra dicotomia da qual o fundador da Teoria Pura do Direito lança mão amplamente, aquela entre autonomia e heteronomia, que reproduz a célebre distinção kantiana entre a lei na qual quem a concebe e quem a recebe são a mesma pessoa e a lei na qual quem a concebe é uma pessoa diferente daquela que a recebe. Esta segunda dicotomia é "politicamente significativa", no sentido de que é o critério fundamental para distinguir os dois tipos ideais de formas de governo, a democracia e a autocracia. Não é o caso de entrar em detalhes, tanto mais que o sistema conceitual de Kelsen se faz mais complexo pela introdução de uma subdistinção entre centralização e descentralização do ponto de vista estático e do ponto de vista dinâmico. Porém, detendo-me na distinção entre centralização e descentralização do ponto de vista dinâmico, sublinho que existe certa sobreposição entre a dicotomia, da qual Kelsen se serviu, para distinguir o direito consuetudinário do direito legislativo, e a dicotomia sobre a qual fundamentou a distinção entre democracia e autocracia. Dentre as diversas passagens que podem ser citadas para mostrar a sobreposição dos dois critérios, escolhi a seguinte, que me parece extremamente clara:

> Tomando por base o conceito dinâmico de centralização e descentralização, a democracia pode ser descrita como um método descentralizado de criação das normas ... enquanto a autocracia pode ser caracterizada como um método centralizado de criação das normas.[5]

---

5   GTLS, p.315. Ed. original, p.310.

Direito e poder

Para nossas finalidades, é ainda mais interessante a seguinte passagem, na qual há uma troca singular (historicamente sem fundamento) entre direito consuetudinário e democracia:

A distinção dinâmica entre centralização e descentralização certamente coloca sob uma nova luz a diferença entre direito estatuído e direito consuetudinário. A criação do direito consuetudinário, por obra do comportamento uniforme e contínuo dos mesmos indivíduos que devem estar sujeitos ao direito, tem caráter descentrado pelo mesmo motivo que tem o procedimento democrático; de fato, trata-se de uma forma de produção democrática do direito, sendo baseada numa autonomia real, embora inconsciente.[6]

Nesta passagem, a sobreposição entre as duas dicotomias descentralização-autonomia e centralização-heteronomia é perfeita, a tal ponto que, de um lado, descentralização e democracia se encontram reunidas na definição do direito consuetudinário, que é um direito ao mesmo tempo descentralizado e democrático e, de outro, centralização e autocracia convergem na formação do direito legislativo que é, pelo menos na origem, centralizado e autocrático, como resulta desta síntese histórica (para dizer a verdade, discutível):

O desenvolvimento técnico do direito consuetudinário ao direito estatuído, criado por órgãos especiais segundo o princípio da divisão do trabalho, significa uma centralização dinâmica e uma atenuação simultânea do método democrático de criação do direito.[7]

---

6 GTLS, p.316. Ed. original, p.310-1.
7 GTLS, p.316. Ed. original, p.311.

131

Bem entendido, Kelsen não quer dizer que o direito estatuído é, por definição, um direito autocrático. Também ele pode se tornar democrático, desde que seja reconhecido aos sujeitos o direito de participar, mesmo que indiretamente, da formação da lei, como acontece nas democracias representativas. A essa altura, a diferença entre direito consuetudinário e direito estatuído de um Estado democrático está no grau diferenciado de consciência com que o sujeito participa da formação de um e do outro.

3. A segunda questão que Kelsen levanta a respeito da teoria tradicional das fontes de Direito concerne à limitação, que ele considera indébita, da noção de fonte aos modos de produção de normas gerais.

De fato, quando a doutrina tradicional expõe as suas teses sobre as fontes, as duas fontes consideradas são a lei e o costume, ambos modos de produção de normas gerais. Porém, é preciso reconhecer que, também na linguagem comum, a palavra "norma" (como de resto a palavra "regra") é adotada no sentido de regulamento da conduta de uma categoria geral de sujeitos, tanto que a expressão "norma individual" parece quase uma *contradictio in adiecto*. Observo rapidamente que a questão é um pouco mais complicada, porque em geral uma norma jurídica é caracterizada por uma generalidade dupla, uma em relação aos destinatários, outra em relação ao comportamento considerado.

Em consequência, junto à norma jurídica típica que é geral nos dois sentidos, um sistema normativo pode compreender normas gerais em relação aos sujeitos e individuais em relação à ação, individuais em relação aos sujeitos e gerais em relação à ação, enfim, individuais em relação aos sujeitos e à ação. Considero esta especificação necessária porque, quando Kelsen opõe a norma individual às normas gerais e exemplifica com as sentenças dos juízes, as normas individuais de que se trata são duplamente individuais, no sentido de que uma sentença é, em geral, dirigida a uma pessoa determinada, visando ao cumpri-

Direito e poder

mento de uma ação determinada. Parece que o próprio Kelsen se dá conta desta dupla oposição entre as normas de lei e as sentenças, ao defender a sua tese sobre a jurisdição como fonte do Direito, como um dos modos da produção jurídica, fala de um processo duplo de individuação e de concretização da norma geral, operado pela sentença do juiz (*ein Prozess stetig zunehmender Individualisierung oder Konkretisierung*).[8] Não detalha a diferença entre os dois processos da individuação e da concretização, mas parece vislumbrar por trás do uso das duas palavras a dupla passagem de uma norma geral em relação aos destinatários para uma norma dirigida a uma pessoa singular, que é o processo de individuação, e aquele de uma norma geral em relação à ação para uma norma individuada em relação ao comportamento a ser executado, que é o processo de concretização.

Para compreender a razão pela qual Kelsen considerou estender a noção de fonte do Direito às normas individuais – e é exatamente esta extensão que representa a maior inovação da teoria kelseniana das fontes em relação à teoria tradicional –, é preciso retomar mais uma vez à noção de produção jurídica que considerei uma das pilastras do sistema. Já se viu que esta noção de "produção" é sempre adotada em oposição à noção de "declaração'. A essa altura, pode se acrescentar que Kelsen se serve desta mesma oposição, produção-declaração, sempre nos mesmos termos, para apresentar suas teses da jurisdição como fonte do Direito:

> A função jurisdicional não tem mesmo um caráter simplesmente declarativo, conforme é indicado pelos termos "jurisdição' e 'busca do direito" (*Rechtsfindung*) e como às vezes é admitido pela teoria, como se o direito já completado na lei, ou seja, na norma geral, só pudesse ser expresso ou encontrado no ato do tribunal. A chamada função jurisdicional é, antes, totalmente constitutiva,

---

8   RRL2, p.267. Ed. original, p.242.

é produção de direito no verdadeiro sentido da palavra ... Somente o preconceito segundo o qual todo o direito se esgotaria na norma geral, somente a errônea identificação do direito com a lei pôde ofuscar esta concepção.[9]

Creio que é supérfluo acrescentar que esta solução é a única possível numa concepção do Direito como a kelseniana, na qual a norma jurídica propriamente dita não é a norma primária dirigida aos cidadãos, mas é a norma secundária (que em Kelsen se torna primária) dirigida aos juízes, em uma concepção do Direito em que a norma jurídica estabelece uma relação de imputação entre condição e consequência, e a condição é o fato ilícito e a consequência é a sanção. Especificamente, a jurisdição não é só uma fonte do direito enquanto é um dos modos de produção do Direito, mas é a condição necessária para a existência de um ordenamento jurídico. Pode se imaginar um ordenamento jurídico sem legislação (exemplo histórico concreto é o ordenamento internacional, que, para Kelsen, é um ordenamento jurídico). Não pode existir um ordenamento jurídico sem juízes, isto é, sem os órgãos cuja função é aquela de individualizar e concretizar as normas gerais. Mesmo que não se possa imaginar um ordenamento jurídico sem normas individuais, pode se imaginar um ordenamento jurídico composto apenas de normas individuais, exceto, naturalmente, a norma fundamental que só pode ser geral. No caso específico de um ordenamento composto só de normas individuais, a norma fundamental seria a norma geral que estabelece que é Direito válido neste ordenamento determinado o Direito produzido caso por caso nos tribunais.

4. Entretanto, acompanhando a crítica kelseniana da teoria tradicional das fontes, chegamos ao umbral da teoria dinâmica do

---

9   RRL1. Ed. original, p.79.

Direito e poder

ordenamento jurídico, que constitui, em minha opinião, a maior contribuição de Kelsen à Teoria Geral do Direito. Mas temos de dar outro passo para superar este umbral e examinar todas as conexões possíveis entre a crítica das fontes e teoria dinâmica. Kelsen não perde a chance de dizer que a noção de fonte de Direito não somente é imprecisa, mas também ambígua. Tal ambiguidade depende do fato de que é usada indiferentemente em dois sentidos diferentes, para indicar diferentes maneiras de produzir Direito, e é o significado considerado até aqui, e ao mesmo tempo para indicar o fundamento do direito, por exemplo, quando se diz que a fonte do direito é a natureza ou Deus ou a razão ou o espírito do povo. Em consequência, uma crítica da teoria tradicional das fontes não pode dizer respeito apenas à confusão entre produção e declaração do Direito ou só a redução do Direito às normas gerais, mas deve investir também na noção de fundamento do direito. É exatamente neste ponto que a crítica da teoria tradicional das fontes encontra a sua justificação última e a sua conclusão na teoria dinâmica do ordenamento jurídico.

À pergunta sobre qual seria o fundamento do Direito (ou a fonte do Direito no outro sentido da palavra, segundo a teoria tradicional) Kelsen dá uma resposta aparentemente tautológica: se por fundamento do Direito se entende o fundamento do direito positivo (e de resto para uma teoria positivista do direito não existe outro direito além do positivo), não existe outro fundamento para o direito senão ele próprio. *"In einem positivenrechtlichen Sinn kann quelle des Rechts nur Recht sein"*.[10] Eu disse "aparentemente tautológica" porque tal afirmação parece tautológica só para quem a interpreta prescindindo totalmente da teoria dinâmica e não percebe que adquire um sentido correto só no âmbito da teoria dinâmica. Qual é o núcleo de verdade da teoria dinâmica? A característica de um ordenamento jurídico como ordenamento

---

10 RRL2, p.263. Ed. original, p.239.

dinâmico é aquela de produzir normas que têm a função de regular a própria produção de normas. Que o Direito regule a própria produção significa em termos kelsenianos que um ordenamento jurídico é um sistema normativo em que a produção das normas do sistema é ela mesma regulada por outras normas do sistema num processo que, remontando de norma inferior para norma superior, chega necessariamente (onde a necessidade deve ser entendida como necessidade lógica e não factual) à norma fundamental, que do ponto de vista de um positivismo rígido e rigoroso é o único fundamento possível do Direito: o único fundamento possível de um ordenamento que, regulando sua própria produção, se *autoproduz*. O próprio Kelsen usa a palavra "autoprodução" (*Selbsterzeugung*), por exemplo na passagem seguinte:

> A teoria da construção em graus (*Stufenbau*) do ordenamento jurídico compreende o direito em seu devir, num processo de autoprodução que se renova continuamente.[11]

Sejam quais forem as críticas à teoria kelseniana, não se pode negar que permitiu considerar o ordenamento jurídico como um processo, isto é, em seu movimento, e mais precisamente em seu duplo movimento, que é de alto para baixo, um movimento que procede de um poder superior a um poder inferior, de baixo para cima um movimento inverso que procede de uma norma inferior para uma superior. Metaforicamente, do vértice à base de uma cascata de poderes, da base ao vértice de uma gradação de normas. O próprio Kelsen gosta de representar este movimento duplo como uma concatenação de atos produtivos de Direito num sentido, e aplicativos ou executivos no outro, e tirar daí as consequências que todo ato nos níveis intermediários é ao mesmo

---

11   RRL2, p.311. Ed. original, p.283.

tempo produtivo e executivo. Em suma, é preciso reconhecer que ter tomado consciência do fenômeno da normatização, como fenômeno característico dos ordenamentos jurídicos, abriu o caminho para uma reflexão mais profunda sobre a estrutura do Direito[12] e ofereceu a base para fazer avançar a consciência dos sistemas normativos complexos, em que agem "mecanismos reflexivos".[13]

Para concluir, retorno ao ponto de partida, ou seja, ao positivismo jurídico e à conexão que acreditei poder relevar entre a crítica kelseniana da teoria tradicional das fontes e o positivismo jurídico. Não resta dúvida de que a tese assim formulada: "O direito não tem outro fundamento senão o próprio direito", é uma tese positivista; seria tentado a dizer que é a quinta essência do positivismo jurídico. Em que sentido? No sentido de que, para um positivista, o problema do fundamento do direito se resolve no problema do fundamento da *validade* das normas jurídicas. O positivista não se preocupa com a justificação axiológica das normas, do fundamento entendido como problema de *valor* das normas. *Jus quia iussum non quia iustum.* E então se torna perfeitamente natural, e perfeitamente compatível com a lógica do sistema, que uma norma seja considerada válida, se, e somente se, ela é criada por uma autoridade que recebeu o poder de emanar normas obrigatórias mediante uma autoridade superior, a qual por sua vez foi autorizada por uma autoridade ainda superior. Dado que para um positivista o problema do fun-

---

12 Refiro-me em particular à teoria de Hart sobre as normas secundárias, que ele chama também de *"rules about rules"*, e, entre estas, às *"rules of change"*, as normas que atribuem a órgãos especializados o poder de mudar e também de ab-rogar as normas do sistema (*The Concept of Law*. Oxford: Clarendon Press, 1961, p.93ss).

13 É a expressão usada por Niklas Luhmann para indicar um processo aplicado a si mesmo, do qual são exemplos falar de palavras, a produção de meios de produção, a aprendizagem do aprender, o ensino do ensinar, o decidir sobre o decidir e, enfim, a normatização da normatização. *Sociologia del diritto*. Bari: Laterza, 1977, p.200-1.

damento do direito se resolve no problema da validade, é legítima e compreensível a afirmação de que o fundamento do direito é o direito: a validade é uma pura e simples qualificação jurídica, diversamente do valor que pressupõe a presença de postulantes éticos ou de critérios de oportunidade política.

Estas últimas considerações me permitem enfim concluir com algumas precisões sobre a noção de produção jurídica que levantei desde o início como noção-chave da Teoria Pura do Direito, interpretada como uma teoria positivista do direito, até mesmo como o positivismo jurídico levado às últimas consequências. Há pouco, apelei para a noção de "poder jurídico". Trata-se de uma noção que os estudiosos da teoria kelseniana geralmente negligenciaram, mas que, em minha opinião, tem uma importância decisiva para a reconstrução do sistema e também das outras noções que se referem a situações subjetivas, como direito subjetivo e obrigação. Além disso, o próprio Kelsen, somente na segunda edição da *Reine Rechtslehre,* usa uma expressão específica para indicar o poder de produzir normas jurídicas. Tal expressão é *Rechtsmacht.* Só quem possui *Rechtsmacht* está em condição de produzir Direito. E possui *Rechtsmacht* quem a recebeu por um ato de atribuição de poder que Kelsen chama nesta última obra *Ermächtigung,* para distingui-la da *Berechtigung,* que indica ao contrário a atribuição de um direito subjetivo. Com as próprias palavras de Kelsen, *Ermächtigung* é definida como "atribuir a um indivíduo uma *Rechtsmacht,* isto é, atribuir-lhe o poder de produzir normas jurídicas" (*einem Individuum eine Rechtsmacht verleihen, das ist die Macht verleihen Rechtsnormen zu erzeugen).*[14]

Destas citações ressalta claramente a relação estreita entre a noção de poder jurídico e a de produção jurídica: alguém

---

14   RRL2, p.69. Ed. original, p.57. Outras citações, p.140 e p.175. Para a reconstrução da linguagem kelseniana, são úteis as informações do tradutor italiano de *La dottrina pura del diritto,* Mario Losano, na "Advertência terminológica" que antecede o texto, p.XCIss.

Direito e poder

está em condições de produzir Direito na medida em que tem o poder ou a força de fazê-lo. O que significa que a produção de normas jurídicas é o efeito do exercício de um poder; em outras palavras: que se pode falar corretamente de produção do Direito, e, portanto, se pode legitimamente reduzir o problema das fontes do Direito ao problema da *Rechtserzeugung*, na medida em que na origem de qualquer norma do sistema, seja superior ou inferior, geral ou individual, se supõe a existência de um poder que, não por acaso, Kelsen designa com o termo *Macht*. Aí se entende porque, segundo Kelsen, o Direito não é declarado, mas posto, imposto, produzido. A existência (ou a validade) do Direito depende exclusivamente da existência de um poder ou de uma força capaz de impor (ou de autorizar) comportamentos, e de obter o cumprimento, embora recorrendo em última instância à coação, que é a suprema manifestação do poder do Estado (*Statsgewlt*). Uma vez mais, para um positivista coerente, *"Auctoritas non veritas facit legem"*.

Capítulo 5
Kelsen e o problema do poder

Sumário
1 Esclarecimento terminológico
2 O direito subjetivo na *Reine Rechtslehre*
3 O direito subjetivo na *Teoria generale del diritto e dello Stato*
4 O direito subjetivo na segunda edição da *Reine Rechtslehre*
3 O direito subjetivo na *Allgemeine Theorie der Normen*
6 Da relação entre norma e poder
7 Norma e poder na teoria dinâmica do ordenamento jurídico
8 Ordenamento jurídico e quadrilha de bandidos
9 Norma fundamental e poder soberano
10 Norma fundamental e Estado de direito

1. Não me resulta que o problema do poder na Teoria Pura do Direito tenha sido objeto de atenção especial por parte dos diversos estudiosos do pensamento kelseniano. É verdade que para uma teoria normativa do Direito que resolve o Estado, tradicionalmente definido em termos de poder, no ordenamento jurídico, o problema do poder em geral é um problema secundário; mas não se pode deixar passar em silêncio que o problema do poder jurídico assumiu um relevo cada vez maior nas fases posteriores da obra kelseniana, até o livro póstumo, *Allgmeine Theorie der Normen*, no qual, pela primeira vez, o problema recebe um capítulo específico.

Não escondo as dificuldades terminológicas que derivam da não correspondência dos termos alemães relativos a "poder" com os italianos (em geral, também para outras línguas latinas). Kelsen usa principalmente dois termos, *"Gewalt"* e *"Macht"*, que podem ser traduzidos (e assim o foram) por "poder" (nos textos ingleses, *"power"*). Mas *"Gewalt"* também pode ser "potência" e *"Macht"*, "força". Assim, pode acontecer que os dois termos alemães sejam traduzidos em contextos diversos por "poder" ou por outros três termos em vez de dois, "potência", "poder", "força". Daí, inevitáveis confusões e a necessidade de indicar sempre o termo alemão correspondente.

No que concerne ao escopo que estabeleci com este novo investimento na teoria kelseniana do Direito, deixo claro que pretendo ocupar-me em particular do "poder jurídico", no sentido de que esta expressão é usada na Teoria Geral do Direito para conotar uma "situação jurídica subjetiva" (com direito subjetivo, faculdade, pretensão etc.), aquela situação segundo a qual, na última fase do pensamento kelseniano, é usado o termo específico *"Rechtsmacht"*; e não do problema da "força" como caráter do ordenamento jurídico, que aparece na bem conhecida definição de direito como "organização da força" (na qual o termo usado ainda é *"Macht"*). Se existe uma relação e de que tipo, entre o Direito como organização da força e a atribuição de um poder jurídico a alguns sujeitos para desempenhar certas funções (que veremos), é problema que não me coloco. De qualquer modo, trata-se de problemas diferentes, que o próprio Kelsen aborda em lugares diversos de sua obra, sem ligação aparente entre eles, e cuja diversidade não só justifica a tradução da mesma palavra "*Macht*" por duas palavras diferentes, "poder" e "força", mas a torna oportuna, pois evita possíveis confusões.

Este esclarecimento terminológico serve para explicar porque, no início, disse que o problema do poder foi negligenciado até agora: refiro-me não ao problema do poder como força, que, sendo um elemento constitutivo da definição kelseniana do Direito e do Estado, entra necessariamente em qualquer discussão geral sobre a Teoria Pura do Direito enquanto teoria do direito positivo, mas ao problema do poder jurídico no sentido técnico, ou seja, no sentido da teoria das situações subjetivas (à Hohfeld, para ser claro). Inútil agregar que, sobre o tema da relação entre Direito e força, Kelsen intervém em vários lugares estratégicos de sua Teoria Geral do Direito e do Estado, como:

a) a própria definição do Direito como organização da força;

b) a redução do Estado a ordenamento jurídico, portanto, errariam aqueles que fazem do Estado uma força ou um poder fora do Direito, dado que, segundo a Teoria Pura do Direito, toda ação imputada ao Estado é sempre uma ação regulada juridicamente;

c) a distinção entre validade e eficácia, pela qual "o chamado poder estatal (aqui *Staatsgewalt*) é a validade de um ordenamento jurídico efetivo";[1]

d) o próprio conceito de norma fundamental, cuja função é "transformar o poder em direito";[2]

e) a distinção entre direito privado e direito público, em cuja discussão Kelsen refuta a teoria que considera um verdadeiro direito somente o direito privado e interpreta o direito público como

---

1 RRL2, p.292, trad. it. op. cit., p.321.
2 RRL2, p.284, trad. it., p.314.

expressão do poder estatal (aqui *Staatsmacht)*. Ao contrário, para a teoria do poder jurídico em sentido estrito o ponto de partida é o tratamento do direito subjetivo, coisa que, no curso dos últimos anos, sofreu notáveis ampliações. Tomo em consideração quatro textos: a primeira edição da *Reine Rechtslehre*, 1934,[3] a *General Theory of Law and State*, 1945, a segunda edição da *Reine Rechtslehre*, 1960,[4] a *Allgemeine Theorie der Normen*, elaborada em seus derradeiros anos (ele morreu em 1973), publicação póstuma de 1979.[5]

2. Na primeira edição da *Reine Rechtslehre*, Kelsen dá uma definição de Direito subjetivo que permanece quase imutável em obras posteriores, mas ela é paulatinamente aperfeiçoada e ampliada. De resto, o grandioso edifício da Teoria Pura do Direito cresce por meio de ampliações sucessivas, mas tendo por base sólidos fundamentos que, uma vez lançados, não foram mais modificados. Refiro-me sobretudo à grande dicotomia *Sein-Sollen*, que constituiu até o final uma fonte perene de reflexões e revisões, sem ser jamais abandonada; antes: foi defendida ferrenhamente contra todas as críticas.

Assim, para o direito subjetivo em sentido técnico, Kelsen entende o efeito de uma autorização (*Berechtigung)* com a qual o

---

3   Parto da primeira edição da *Reine Rechtslehre*, porque nesta obra a teoria do direito subjetivo é apresentada na forma que assumirá nas obras sucessivas, não obstante algumas ampliações. Mas convém não esquecer que à noção de direito subjetivo é dedicada uma parte bem ampla nos *Hauptprobleme der Staatsrechtslehre*, op. cit., p.567ss. Sobre o tema, F. Weyer, "Die Begriffe der Pflicht und des Rechts", VV.AA., *Die Brünner rechtstheoretische Schule*. Viena: Manz Verlag, 1980, p.70-88.

4   Contemporâneo o ensaio "What is the Pure Theory of Law", publicado em *Tulane Law Review*, XXXIV, 1960, p.269-76, que agora pode ser lido em tradução italiana no volume H. Kelsen, *La teoria politica del bolscevismo e altri saggi*, R. Guastini (Org.). Milão, Il Saggiatore, 1981, p.178-88.

5   A propósito vide K. Opalek, *Überlegungen zu Hans Kelsen Allgemeine Theorie der Normen*, Viena, Manz Verlag, 1980, e P. P. Portinaro, "La teoria generale delle norme nell´opus posthumum di Hans Kelsen", *Nuovi studi politici*, XI, 1981, n.2, p.45-70.

Direito e poder

ordenamento jurídico "inclui entre as condições da consequência do ilícito uma manifestação de vontades por parte de quem foi lesado em seus interesses, manifestação de vontade que deve apresentar-se na forma da ação privada ou pública".[6] Nesta definição, não existe nada de particularmente novo: trata-se da teoria processual do direito subjetivo. O que é novo, em minha opinião, é o pressuposto dos desenvolvimentos ulteriores, é a ligação desta definição com a teoria das fontes do Direito, entendidas kelsenianamente como os diferentes modos pelos quais, num ordenamento jurídico, são produzidas as normas jurídicas, tanto as gerais quanto as constitucionais e as leis ordinárias, tanto as individuais quanto as sentenças e os contratos. A conexão acontece assim: o ordenamento jurídico, autorizando um indivíduo a agir para tutelar um interesse próprio, assume a vontade do interessado como parte constitutiva do procedimento com o qual se produz aquela norma individual que é a sentença. A essa altura, com uma daquelas passagens que são tão características do original construtivismo kelseniano, a noção de direitos subjetivos é estendida até englobar os direitos políticos. De fato, uma vez definido o direito de ação processual como uma forma de participação na criação do direito, outras situações podem entrar nesta definição: de modo especial, o direito que alguns ordenamentos reconhecem aos cidadãos de participar, mesmo que indiretamente, por meio de eleições dos membros das assembleias legislativas, na elaboração das leis. A diferença entre o direito de ação e o direito político está no fato de que, autorizando o primeiro, o ordenamento faz o indivíduo participar na produção de uma norma individual; e, autorizando o segundo, faz que participe da elaboração de uma norma geral. Note-se que todo este discurso sobre o direito subjetivo em sentido técnico se desenvolve sem usar o termo forte "poder jurídico" (*Rechtsmacht*), destinado a se

---

6 RRL1, p.48, trad. it.

tornar o termo chave nas obras posteriores e que, uma vez adotado, provocará a introdução do termo *"Ermächtigung")* por um correlato, que é o termo mais forte do que *Berechtigung,* usado nesta primeira exposição (um termo que embaraça os tradutores italianos que só têm à disposição uma palavra: "autorização").

O ponto de vista a partir do qual Kelsen considera a noção de direito subjetivo é, no início, altamente polêmico. Numa Teoria Geral do Direito, como a teoria normativa, em que a noção primária é a de obrigação, o direito subjetivo aparece não só como uma noção derivada, mas como um instituto característico somente de determinados ordenamentos jurídicos em particular, no que concerne aos direitos subjetivos privados, nos ordenamentos jurídicos capitalistas que tutelam de modo especial a propriedade privada e atribuem aos indivíduos certos direitos que outros ordenamentos e partes do mesmo ordenamento não reconhecem; no que concerne aos direitos subjetivos públicos, ordenamentos democráticos. Em geral, os primeiros não existem no direito penal em que a ação judicial é promovida pelos órgãos do Estado, e os segundos não existem nos regimes despóticos.

3. Na *Teoria generale del diritto dello Stato,* o tema do direito subjetivo *(legal right)* é retomado e ampliado, mas não mudado substancialmente. Resta a definição do direito subjetivo em sentido estrito enquanto "técnica jurídica específica", em particular como "possibilidade jurídica" de pôr em movimento a sanção, ao passo que, em determinados casos especificamente previstos e regulados, "a sanção passa a depender, dentre outras condições, do fato de que uma parte promoveu uma ação, o que significa que uma parte declarou a sua vontade de que se inicie o procedimento acima mencionado".[7] Esta possibilidade jurídica é redefinida como "participação na criação do direito objetivo" e

---

7   GTLS, p.82, trad. it. p.82.

a esta é equiparada a atribuição dos direitos políticos, enquanto também eles são de maneira ainda mais evidente uma forma de participação na elaboração do Direito. Também aqui a conclusão é que não existe nenhuma diferença essencial entre um direito subjetivo privado e um direito subjetivo público quanto às suas funções. Tampouco falta a tomada de posição polêmica perante as teorias precedentes do direito subjetivo, que consideram como um interesse protegido ou como uma manifestação de vontade tendo determinados efeitos jurídicos, e da teoria austiniana, a qual Kelsen havia redescoberto num famoso ensaio de 1941.

Insistindo sobre a definição do direito subjetivo em sentido estrito e técnico, chamo a atenção para o fato que, por direito subjetivo, a teoria normativa do direito entende algo de mais específico que não a situação subjetiva correlata ao dever de outro sujeito: o direito de um sujeito como situação correlata ao dever de outro sujeito não constitui uma situação específica, e naturalmente, não tolhe nada à tese da primazia do dever. Que exista um direito precedente ao dever, independente do dever, é uma tese jusnaturalista que uma teoria positivista do direito, como é a teoria pura, não pode aceitar.

No que concerne à terminologia, para definir o direito subjetivo em sentido técnico, Kelsen usa, conforme se viu, a palavra "possibilidade" e também "capacidade", por exemplo, na frase "ter um direito significa ter a capacidade jurídica de participar da criação de uma norma individual etc.".[8] Não ainda o termo "poder". Com isto não se quer dizer que o termo não seja amplamente usado, mas isso ocorre em contextos diferentes, em todos aqueles contextos em que aflora o problema da relação entre direito e força (*right* e *might*). Para encontrar um contexto em que o termo "poder" é usado num significado que antecipa o das duas últimas obras e que podemos chamar de definitivo, é preciso recorrer às

---

8   GTLS, p.87, trad. it., p.87.

páginas dedicadas à teoria do ordenamento jurídico enquanto ordenamento dinâmico. Aqui se lê que "a norma fundamental gera uma autoridade determinada, a qual por sua vez pode muito bem atribuir a qualquer outra autoridade o poder de criar normas" e pouco mais adiante "o poder de criar normas é delegado por uma autoridade à outra; a primeira é a autoridade superior, a segunda, a inferior".[9] Destas passagens resulta que a área em que surge a noção de "poder" é aquela dos conceitos ligados ao tema da criação do direito. Trata-se da mesma área à qual, como se viu, pertence a teoria do direito subjetivo em sentido técnico.

4. É preciso chegar à segunda edição da *Reine Rechtslehre* para encontrar denominado poder jurídico (*Rechtsmacht*), o direito subjetivo em sentido técnico e finalmente uma verdadeira teoria do poder jurídico definido como "capacidade de criar e aplicar normas jurídicas".[10] Esta definição permite ligar imediatamente a teoria do direito subjetivo em sentido técnico com o conceito de produção jurídica e a teoria relativa. Estreitamente ligada à definição do direito subjetivo em sentido técnico como poder jurídico é a introdução do termo *"Ermächtigung"* para indicar a atribuição de uma *"Rechtsmacht"* por parte do ordenamento jurídico. O capítulo sobre o direito subjetivo é intitulado: *Subjektives Recht: Berechtigung und Ermächtigung*; o parágrafo sobre o direito subjetivo em sentido técnico: *Das subjektive Recht als Rechtsmacht*.[11] Dado que o termo "poder jurídico" é o termo que indica em geral a capacidade atribuída a um sujeito de produzir normas jurídicas, não importa se gerais ou individuais, a definição do direito subjetivo em sentido técnico como poder jurídico faz da teoria do direito subjetivo, em sentido técnico, uma seção da teoria geral da produção jurídica, tradicionalmente das fontes do Direito.

---

9 GTLS, p.113, trad. it., p.114.

10 RRL2, p.156, trad. it., p.175.

11 RRL2, p.139, trad. it., p.157.

Mais claramente que nas obras precedentes, Kelsen encara, na segunda edição da *Reine Rechtslehre*, o tema dos diversos significados de direito subjetivo, enfrenta um dos temas mais polêmicos da Teoria Geral do Direito, ou seja, as situações subjetivas em que a expressão "direito subjetivo" serve para designar (e assim não permite distinguir nitidamente) as várias situações subjetivas ativas (que são diferenciadas das passivas). Este tratado representa um desdobramento da teoria pura e constitui certamente uma das novidades mais significativas da última fase do pensamento kelseniano. É o próprio Kelsen, em geral avesso a comentar mutações, às vezes imperceptíveis em seu pensamento, que, neste caso, alerta o leitor sobre a mudança, numa nota de pé de página que merece ser reproduzida por inteiro: "Em relação a este 'permitir' (*erlauben* no sentido de "atribuir o direito", ou de *berechtigen*), eu havia rechaçado a distinção entre direito imperativo e direito permissivo (*imperative* e *permissive law*). Porém, esta distinção deve ser mantida em relação ao outro significado do termo 'permitir', em especial quando, por permitir, entende-se também autorizar (*ermächtigen*)".[12] Esta nota aparece num parágrafo totalmente novo em relação à primeira edição, intitulado *Positive und negative Regelung: gebieten, ermächtigen, erlauben* (o tema será ulteriormente desenvolvido na obra póstuma). O que Kelsen entende por "regulamentação negativa" é dito logo: trata-se do caso em que um comportamento só é permitido porque não é vetado (ou da permissão no sentido fraco). Na regulamentação positiva, entram três situações: a do comportamento obrigatório (e proibido), a do comportamento autorizado (por *ermächtigen*), e a do comportamento permitido, quando a permissão for expressamente prevista (ou permitida em sentido forte) com o objetivo de limitar o âmbito da validade de uma norma proibitiva (o exemplo usado é a legítima defesa). Quanto à autorização, que aqui nos interessa

---

12   RRL2, p.16, trad. it., p.261. Refere-se a uma passagem de GTLS, p.77, trad. it., p.77.

particularmente, apresenta dois casos típicos de comportamento autorizado: um concernente à produção; outro, à aplicação de normas jurídicas. A propósito da autorização para produzir normas jurídicas, especifica que esta compreende também a autorização "a participar de sua produção".[13] Hoje sabemos que a participação na produção de normas jurídicas é característica do direito subjetivo em sentido técnico.

Com esta distinção entre o ato de autorizar, com o qual o ordenamento normativo atribui um poder, que é o permitir em sentido positivo, e o permitir em sentido negativo, Kelsen já colocou as premissas para distinguir os vários significados do direito em sentido subjetivo. As situações em que se fala de direito em sentido subjetivo são substancialmente as seguintes:

a) a liberdade de fazer ou não fazer algo porque não existe uma norma que veta aquele comportamento determinado (trata-se do caso da liberdade negativa ou da liberdade como não impedimento ou da liberdade de fazer tudo aquilo que a lei não veta, de uma situação que tem um significado político bem preciso, mas não enfatizado por Kelsen);

b) o reflexo do dever alheio, dever que pode consistir em um fazer, como a restituição de um débito ou num simples não fazer ou tolerar, como no caso de uma servidão de passagem;

c) o direito subjetivo em sentido técnico, que, conforme vimos, consiste em um poder;

d) os direitos políticos, que são direitos subjetivos em sentido técnico não privados, mas públicos;

e) o comportamento positivamente permitido (aqui Kelsen não dá mais o exemplo da legítima defesa, mas, curiosamente, da concessão ou licença para abrir um negócio e vender certas mercadorias, por isso usa o termo *Berechtigung*, além daquele, já usado no capítulo introdutório, *Erlaubnis*).

---

13 RRL2, p.15, trad. it., p.25.

Para as finalidades da presente análise do poder jurídico interessam os casos *c* e *d*, a respeito dos quais Kelsen retoma o tratado precedente, ampliando-o com precisões conceituais e com a introdução de novos casos. Dentre as precisões, a mais notável é a que concerne à diferença entre os direitos subjetivos privados e os públicos. Mesmo confirmando sua pertinência comum ao poder jurídico entendido como participação na produção normativa, o direito subjetivo privado contém algo mais, na medida em que sua função é a de fazer valer um dever jurídico quanto ao titular do direito subjetivo, enquanto isso não acontece em geral no exercício do direito político. "O sujeito do direito político, por exemplo, o eleitor, está autorizado (tem o poder jurídico) a cooperar na produção de normas jurídicas gerais; mas este poder jurídico não serve para fazer valer um dever jurídico de outro sujeito, existente em relação ao primeiro".[14] O poder de exprimir o próprio voto para contribuir na elaboração da norma jurídica não tem à sua frente nenhum dever do qual o titular do poder possa exigir o cumprimento. Certamente o exercício do poder político pode (mas não deve) ser garantido por outro indivíduo, a autoridade eleitoral, a quem cabe receber os votos com um determinado procedimento que garanta, por exemplo, seu segredo, contá-los, julgar sua validade etc., podendo estar sujeito a sanções em caso de omissão desta ou daquela obrigação. Mas se a autoridade que detém o poder de julgar estas omissões o exercita sem que venha atribuído ao eleitor singular o poder de promover a ação, então, no poder deste não está incluído o poder de conseguir o cumprimento de um dever, como acontece no direito subjetivo privado: "Diversamente do poder jurídico representado pelo direito subjetivo privado, [o poder jurídico constituído pelo direito político eleitoral] não serve para fazer valer o cumprimento de um dever jurídico individual, mas sim, indiretamente, para cooperar na

---

14 RRL2, p.144, trad. it., p.163.

Em relação à casuística, a inovação mais interessante é a que concerne aos direitos de liberdade. Não que os direitos de liberdade sejam por si mesmos direitos subjetivos em sentido técnico, mas eles consistem na proibição, imposta aos órgãos legislativos, de emanar normas que limitem ou suprimam esta liberdade. Mas no caso em que o dever de não emanar normas contrárias aos direitos de liberdade, imposto pelos órgãos legislativos, seja juridicamente garantido, mediante o controle de constitucionalidade que permite que se anulem normas contrárias aos direitos de liberdade, e no caso em que o ordenamento jurídico atribua ao indivíduo singular, vítima de uma lei inconstitucional, o ato de iniciar o procedimento que conduza à ab-rogação da lei inconstitucional, pode-se falar legitimamente de um direito subjetivo de liberdade em sentido técnico. E também este direito subjetivo, como todos os outros direitos subjetivos, pode ser definido como um poder de colaborar na produção do direito, porque com o próprio recurso contra uma lei inconstitucional o cidadão singular contribui para a emanação de um ato de uma autoridade pública voltada para ab--rogar a norma inconstitucional, ato que é, ele mesmo, uma norma. Claro que também este direito subjetivo político se diferencia do direito subjetivo privado, pela mesma razão pela qual se distingue o direito eleitoral. Contribui para a produção normativa, mas não serve para obter o cumprimento de um dever. O cidadão que tem o poder de promover uma ação contra um direito constitucional não tem, em geral, (e se o tivesse seria ineficaz) o poder de impor ao órgão legislativo o dever de emanar normas constitucional-mente válidas. Dado que o órgão legislativo que emanou normas constitucionalmente incorretas venha a sofrer sanções por isso, estas sanções são imputadas pelo ordenamento jurídico a outros

---

15 RRL2, p.145, trad. it., p.163.

Direito e poder

órgãos do Estado, com a consequência que, se o órgão legislativo tem um dever no sentido kelseniano da palavra, ele o tem em relação a este órgão superior e não sobre o cidadão singular, que tem o poder de contribuir para a derrogação da norma, mas não obter o cumprimento de um dever, como, ao contrário, tem o cidadão singular perante seu próprio credor no caso do direito subjetivo privado.

5. Até aqui se viu que o tema do poder jurídico abriu caminho através do tratado do direito subjetivo. É preciso chegar à obra póstuma sobre a teoria geral das normas para encontrar o tema tratado especificamente e colocado em seu lugar justo, que é aquele já presente na segunda edição da *Reine Rechtslehre,* mas não desenvolvido pelas diversas funções da norma jurídica. Diga-se logo que a atribuição de diversas funções às normas representa uma verdadeira inovação quanto ao distante ponto de partida da teoria normativa, segundo a qual a função predominante da norma jurídica é a de prescrever um comportamento e, no máximo, atribuir a um sujeito o poder ainda não identificado como *Ermächtigung* de contribuir para a produção de uma norma jurídica. Aqui, as funções das normas se tornam quatro: ordenar, permitir, autorizar (*Ermächtigung*), derrogar, e são analisadas com maior amplitude do que no parágrafo correspondente na segunda edição da *Reine Rechtslehre.* O capítulo sobre a *Ermächtigung* é intitulado (e o título é por si mesmo significativo, enquanto representa enfim a retirada do tema do tratado do direito subjetivo): *Ermächtigen: die Macht verleihen, Normen zu setzen und anzuwenden* (Autorizar: atribuir o poder de impor e aplicar normas). E logo no primeiro parágrafo se lê: "Dado que o direito regula a própria produção e aplicação, a função normativa da atribuição do poder desempenha uma parte especialmente importante no direito".[16]

---

16 *Allgemeine Theorie der Normen.* Viena, Manz Verlag, 1979, p.82. Doravante ATN.

O tratado desta função normativa se desenvolve sobretudo na tentativa de precisar a relação entre esta função e a de ordenar, e o desenvolve em três pontos. Em primeiro lugar, o ato autorizado pode ser ordenado ou não, enquanto o indivíduo ao qual é atribuído um poder pode ou não ser obrigado a exercê-lo. Só no primeiro caso o não exercício do poder constitui um ilícito. Kelsen acrescenta dois exemplos opostos: o legislador ordinário recebeu da constituição o poder de emanar normas jurídicas, mas, em geral, não é obrigado a exercê-lo; o juiz recebeu o poder de emanar normas individuais e, em geral, é obrigado a exercê-lo. Neste segundo caso se trata, como todos podem ver, da situação comumente chamada "poder-dever". Em segundo lugar, a autorização pode implicar um comando. Implica sempre quando se trata de uma autorização para impor normas. A norma que autoriza o pai a comandar o filho obriga ao mesmo tempo o filho a obedecer ao pai. O mesmo vale para a Constituição que atribui aos órgãos legislativos o poder de emanar normas jurídicas que vinculam os cidadãos: ela não só atribui um poder aos órgãos, mas impõe uma obrigação aos cidadãos de obedecer às leis impostas por meio daquele poder. Em consequência, a mesma norma tem duas funções, enquanto se dirige em simultâneo a dois sujeitos: respectivamente ao pai ou ao legislador a quem atribui um poder, ao filho ou aos cidadãos a quem atribui uma obrigação. Em terceiro lugar, enquanto o comando se observa ou se transgride, a autorização (e também a permissão) se aplica. A diferença está naquilo que uma ordem pode ser cumprida ou transgredida, e ambos os comportamentos têm consequências jurídicas. O poder ou a permissão só podem ser aplicados. Não os aplicar não implica nenhuma consequência jurídica, a menos que se trate de um poder-dever, caso em que a consequência jurídica está na não observância do dever. A propósito da permissão, Kelsen diz mais claramente que ela não pode ser nem cumprida nem violada, pois dela só se pode fazer uso ou não.[17]

---

17 ATN, p.79.

Neste capítulo, Kelsen aborda também o problema, que teria exigido maior desenvolvimento, do ato não autorizado. A Teoria Geral do Direito conhece bem a diferença entre o ato proibido e o ato não autorizado. O primeiro tem por consequência uma sanção, que é por sua vez um efeito jurídico; o segundo tem por consequência a nulidade, que é a falta de um efeito jurídico. Estranhamente, Kelsen não enfrenta nessa altura o problema, que provocou tantas discussões entre juristas, se a nulidade deve ser considerada uma sanção. Limita-se a dizer que um ato não autorizado não cria e não aplica direito, mesmo se for cumprido subjetivamente com tal intenção. Ele é objetivamente nulo, o que significa "juridicamente não existente" (*rechtlich nicht vorhanden*).[18] Ser não autorizado não quer dizer proibido. Podem existir atos não autorizados que também são proibidos, como aqueles de um indivíduo ou de um grupo que, sem autorização, quisesse impor aos sócios entregar-lhes uma parte do lucro sob a ameaça de um mal; e atos não autorizados que são proibidos, como o de um chefe de seita que ordene aos seus seguidores abster-se de relações sexuais. Um ato deste gênero não é juridicamente proibido, mas a norma que tal ato impõe não é uma norma jurídica, porque quem a impôs não estava autorizado a produzir normas jurídicas, mas havia sido investido de um poder jurídico.

Destacando o tratado do poder jurídico daquele do direito subjetivo – destaque que ocorre pela primeira vez na obra póstuma –, Kelsen demonstra reconhecer a importância que tem o conceito de poder jurídico no sistema em seu conjunto, importância bem maior que aquela que tem o direito subjetivo em sentido técnico, porque, enquanto este é um instituto particular de determinados ordenamentos jurídicos, e, portanto, uma teoria geral do ordenamento jurídico (geral no sentido de que vale para qualquer ordenamento) pode também não o considerar, o conceito de poder

---

18 ATN, p.82.

jurídico, entendido como poder de produzir normas jurídicas; é um conceito essencial para a representação de um ordenamento jurídico, e assim, uma teoria geral do ordenamento jurídico não só não o pode evitar, mas deve tê-lo no centro do sistema, bem como o conceito de norma. Kelsen não admite ter percebido esta centralidade. Mas deve se dar conta disso o comentador que queira não só expor o pensamento de Kelsen em suas diversas fases, mas tentar uma sua reconstrução, sobretudo na base do resultado final.

6. Uma vez definido o poder jurídico como o poder de produzir (ou aplicar) normas jurídicas, os dois conceitos de norma e poder remetem um ao outro. Um não pode ficar sem o outro. Considero que se possa dizer até que a Teoria Pura do Direito como teoria do direito positivo é, ao mesmo tempo, uma teoria do direito como norma e do direito como poder. Explico. Eu disse: "enquanto teoria do direito positivo". De fato, é inerente ao positivismo jurídico, ou seja, de uma teoria que considera direito no sentido próprio da palavra somente o direito positivo, considerar como conceito fundamental da teoria do direito o conceito de produção jurídica.[19] Para o positivismo jurídico, o direito é algo "produzido" pelo homem, não existe na natureza. O princípio fundamental do positivismo jurídico é *"auctoritas non veritas facit legem"*. O positivismo jurídico se distingue do jusnaturalismo justamente por isso: para o jusnaturalismo, o direito é algo dado e se trata de descobri-lo e revelá-lo; para o positivista, o direito é um produto artificial, convencional, e se trata de interpretá-lo tendo presente que também a interpretação é igualmente uma obra de criação e de recriação permanente. "À diferença das regras do direito positivo – escreve Kelsen – aquelas comuns no "ordenamento normal" que governa a conduta humana não têm vigência porque

---

19   Ocupei-me mais a fundo desse tema no artigo "Kelsen e le fonti del diritto", neste mesmo volume.

Direito e poder

são impostas artificialmente por uma determinada autoridade humana, mas porque se originam de Deus, da natureza ou da razão, e, portanto, são boas, corretas e justas. É aqui que surge a positividade do direito natural: ele é um produto da vontade humana, e tem um fundamento de validade completamente estranho ao direito natural porque este, enquanto ordenamento natural, não foi criado pelo homem e por definição não pode ser criado por um ato humano".[20] Na base desta contraposição, dentre outras coisas, Kelsen elaborou uma de suas teorias mais conhecidas, a distinção entre sistemas normativos estáticos e dinâmicos. Nos primeiros, como os sistemas morais e de direito natural, as normas se deduzem umas das outras pelo conteúdo. Nos segundos, entre os quais os ordenamentos jurídicos, as normas se produzem umas por meio de outras, e isso que as produz é um ato de poder.

Uma teoria jurídica rigorosamente positivista não pode excluir o conceito de produção jurídica, e o conceito de produção jurídica não pode excluir o conceito de poder. Para que se possa falar de um ordenamento jurídico, é preciso concebê-lo como um conjunto de normas *produzidas* pela vontade humana; e para que as normas possam ser produzidas é preciso que alguém tenha o *poder* de fazê-lo. Neste sentido, para uma teoria positivista do direito, a noção da norma não pode ser dissociada da noção de poder. Norma e poder são duas faces da mesma moeda.

Duas faces da mesma moeda. Trata-se de saber qual das duas é a frente e qual o verso. Para a teoria tradicional do direito público, alvo constante das críticas kelsenianas, a frente é o poder no sentido que em princípio existe a soberania que é a *summa potestas*, o poder superior a todos os outros e do qual os outros descendem, que enquanto tal não reconhece nenhum outro poder acima dele; para a teoria pura é a norma, no sentido que em princípio existe a norma fundamental, que, enquanto fundamental, não deriva de

---

20 *La dottrina del diritto naturale e il positivismo giuridico*, anexo a GTLS, p.398.

nenhuma outra norma e é o fundamento de validade de todas as normas do ordenamento. Para a teoria tradicional, é preciso partir do poder para justificar a existência do Direito (ou seja, de um conjunto de normas vinculantes e impostas pela força em caso de não observância); para Kelsen, é preciso partir das normas para justificar o poder (entende-se o poder jurídico). Nos dois sistemas, oposto é o ponto de partida, mas a lógica do sistema é a mesma. Trata-se de dois sistemas hierárquicos, isto é, de sistemas em que os entes que os compõem são colocados numa ordem que procede, se olhado de cima para baixo, do ente superior para o inferior, se olhado de baixo para cima, do inferior para o superior. Bem, no sistema tradicional, um poder inferior procede de um poder superior até chegar necessariamente a um poder acima do qual não existe nenhum outro poder; no sistema kelseniano, uma norma inferior procede de uma superior até que se chega necessariamente a uma norma acima da qual não existe nenhuma outra. A norma fundamental de Kelsen, sobre a qual foram feitas tantas discussões inúteis, tem a função de fechar um sistema com estrutura hierárquica de normas do mesmo modo e pela mesma exigência lógica segundo a qual *summa potestas superiorem non recognoscens* encerra um sistema hierarquizado de poderes.

Aquilo que pode merecer alguma reflexão é porque Kelsen tenha considerado, contrariamente à tradição do direito público, colocar no vértice do sistema não o poder supremo do qual extraem validade todas as normas do sistema, mas a norma suprema da qual extraem legitimidade todos os poderes do sistema. A uma questão deste gênero se pode responder antes de tudo tratando de entender o mecanismo do sistema, e, em segundo lugar, tentando dar uma interpretação ideológica sobre a escolha de um ponto de partida em vez de outro.

7. Para entender o mecanismo do sistema kelseniano, considero oportuno partir da tese segundo a qual a característica de um ordenamento jurídico é que ele regula a própria produção. O

que significa que o direito enquanto direito positivo é um conjunto de normas produzidas por atos de vontade, mas também que outros atos de vontade produzem normas para regular os atos de vontade que produzem normas. A consequência imediata desta tese, sobre cuja importância para a Teoria Geral do Direito não preciso chamar de novo a atenção, é esta: a fim de que uma norma seja jurídica, é necessário que seja produzida em conformidade com outra norma jurídica. Mas a norma que regula a produção de uma norma jurídica para ser por sua vez norma jurídica não terá ela própria de ser regulada por outra norma jurídica? Basta formular esta questão para se dar conta de que, com a teoria dinâmica do direito, está aberto um daqueles processos ao infinito que só se pode fechar com um princípio de autofundação, na linha do motor imóvel ou da *causa sui*. Num sistema normativo em que se considerem normas do sistema só as normas cuja produção deve ser regulada por outras normas do sistema, o princípio de autofundação do sistema só pode ser uma norma que fundamente todas as demais normas sem ser por sua vez fundada: propriamente a norma fundamental. O próprio Kelsen nos ofereceu a chave do sistema com uma afirmação aparentemente tautológica que "do ponto de vista do direito positivo, fonte do direito pode ser somente o direito".[21] Digo "aparentemente tautológica", pois assim parece só para quem a leia prescindindo da teoria dinâmica do ordenamento jurídico, pela qual uma norma só é jurídica se imposta e regulada por outra norma jurídica. Mas é preciso reconhecer que a consequência lógica desta afirmação é a posição de uma norma de fechamento do sistema, ou melhor, o fechamento do sistema mediante uma norma.

Não entro nos detalhes, aliás bem conhecidos, dos vários modos pelos quais, segundo Kelsen, o direito regula a própria produção. Mas é preciso ainda perguntar-se qual a razão da insistência de

---

21 RRL2, p.239, trad. it., p.263.

Kelsen na tese segundo a qual a característica do Direito é regular a própria produção normativa. A razão é afirmada logo: para Kelsen é esta característica que serve para distinguir um ordenamento jurídico do puro exercício de um poder de fato. Existe um tema recorrente em toda a história da filosofia do Direito: como se distingue a comunidade política de uma quadrilha de ladrões? A norma jurídica do comando do bandido? A ordem do legislador da intimação do bandido "a bolsa ou a vida"? A resposta é fácil para um jusnaturalista, para quem considera que uma norma, para ser jurídica, deve também ser justa e o que se deve entender por justiça deve ser pedido a um conjunto de princípios e de regras que não dependem do direito positivo, em suma, para aquele que, como Santo Agostinho, se pergunta *"remota iustitia"* que diferença existe entre Alexandre e o pirata. Mas, para um positivista, ou seja, para aquele que considera não existir outro direito além do positivo, o direito posto, produzido, por uma autoridade que consegue fazê-lo respeitar recorrendo inclusive à força? Para uma teoria do Direito pela qual o Direito nada é além de um ordenamento coercitivo ou a organização da força? E como? Uma quadrilha de bandidos não é um ordenamento coercitivo, não é uma organização da força? Observe-se que o mesmo problema foi colocado ao direito público moderno, que sempre considerou elemento constitutivo do Estado a soberania entendida como a titularidade e o exercício de um poder, independentemente de qualquer referência a postulados éticos. Não é casual que Jean Bodin, o grande teórico da soberania, definida como "governo justo" (na edição francesa, *droit*, na latina, *legitimus*) para "fixar a diferença – como diz logo depois – entre o Estado e as quadrilhas de ladrões e de bandidos".[22]

---

22 Trata-se das primeiras palavras do *De la Republique*: "Republique est um droit gouvernement de plusieurs mesnages et de ce qui leur est commun avec puissance souveraine". Pouco depois, o autor prossegue afirmando que é preciso explicar essa definição para fixar a diferença que existe entre os Estados e as quadrilhas de ladrões e bandidos.

Em um parágrafo da *Teoria generale del diritto e dello Stato*, Kelsen acrescenta que, dentre os outros argumentos a favor da redução do Estado a direito, do Estado como organização política e ordenamento jurídico, também aquele pelo qual o poder do Estado não é um poder qualquer, o poder de quem consegue induzir o outro a um comportamento desejado, mas é um poder autorizado, e um poder autorizado é possível "apenas na base de um ordenamento em virtude do qual alguém seja autorizado a comandar e outro seja obrigado a obedecer". E ainda: "O poder social é sempre um poder organizado, de uma ou de outra maneira. O poder do Estado é o poder organizado pelo direito positivo, é o poder do direito, ou seja, a eficácia do direito positivo".[23] Ainda mais claramente na segunda edição da *Reine Rechtslehre*, sempre a propósito da redução do Estado a direito, assim se exprime:

> Quase não precisa de explicação o fato de que o chamado poder do Estado (*Staatsgewalt*), exercido por um governo sobre a população inteira de um território, não é simplesmente aquele poder que qualquer homem tem efetivamente perante outro homem quando está em condições de induzir a um comportamento desejado ... O elemento que diferencia a relação definida como poder estatal das outras relações de poder é ser regulado juridicamente; ele consiste no fato de que os homens que exercem o poder como governo do Estado são autorizados por um ordenamento jurídico a exercer aquele poder, produzindo e aplicando normas jurídicas; ou seja, no fato de que o poder estatal tem caráter normativo.[24]

Também aqui surge logo depois a afirmação de que aquilo que se chama de poder estatal é a validade de um efetivo ordenamento

---

23 GTLS, p.190, trad. it., p.194-5.
24 RRL2, p.292, trad. it., p.321.

jurídico estatal. Finalmente, na obra póstuma, uma passagem análoga se encontra mais oportunamente no capítulo dedicado à teoria do ato que impõe as normas (*der normsetzende Akt*), em um parágrafo que convém transcrever inteiro:

> Quem impõe uma norma, ou seja, comanda um determinado comportamento, *deseja* que um homem (ou vários) tenha de se comportar de um modo determinado. Este é também o sentido de um ato de vontade, que se designa com a palavra "comando". Mas nem todo comando é, segundo o uso linguístico, uma ordem (*Gebot*), uma prescrição, uma norma. Se um bandido me ordena dar-lhe dinheiro, certamente o sentido de seu ato de vontade é que eu tenha de lhe dar meu dinheiro; mas o seu comando não é interpretado como uma ordem, uma prescrição, uma norma. Como norma só vale o sentido de um ato de comando num certo sentido, isto é, de um ato de comando *autorizado* pela norma de um ordenamento positivo, moral ou jurídico.[25]

Continua no parágrafo sucessivo uma interpretação desta diferença. O comando não autorizado só tem o senso subjetivo do ato de comando, enquanto é um comando só para quem o emana não para aquele a quem é dirigido. Só o comando autorizado tem também o sentido objetivo do ato de comando, o que significa que "só o comando autorizado é uma norma, vinculadora para os destinatários... Só assim se pode distinguir o comando de um bandido do comando de uma autoridade moral ou jurídica".[26]

8. A quantidade dos problemas levantados por tais afirmações é evidente, nem é necessário sublinhar isso. Porém, para nossos objetivos, é importante destacar de novo a importância que deve ser

---

25 ATN, p.21.
26 ATN, p.22.

atribuída à noção de poder jurídico (*Rechtsmacht*) ou, o que dá no mesmo, de poder autorizado (*ermächtigte Macht*), e, em consequência, o ato da autorização (*Ermächtigung*), em uma teoria do direito positivo que se proponha o problema (e não pode deixar de fazê-lo) de distinguir uma norma jurídica (ou moral) do comando de um bandido sem recorrer a postulados éticos. Mas o que é um poder autorizado se não um poder regulado por uma norma jurídica? Como pode ser jurídica a norma que atribui este poder se por sua vez não é ela própria regulada por uma norma jurídica superior? Como se vê, não apenas se coloca o problema do caráter distintivo do ordenamento jurídico, que é afinal o problema tradicional do conceito de direito, surge logo a teoria do ordenamento jurídico, a definição do ordenamento jurídico como "nexo de produção" (*Erzeugungszusammenhang*),[27] em outras palavras, a tese de que o ordenamento é um ordenamento normativo que regula a própria produção de normas.

Este conjunto de conceitos, um estreitamente ligado ao outro, resulta plenamente confirmado em um capítulo, que não tem precedentes, dedicado propositalmente ao problema da diferença entre uma comunidade jurídica e uma quadrilha de bandidos, com um apelo explícito a Santo Agostinho. Após ter distinguido o sentido subjetivo de um ato de comando do seu sentido objetivo e ter distinguido a ameaça do bandido do estabelecimento de uma sanção, por parte do órgão de um ordenamento jurídico, baseando-se neste critério, Kelsen se coloca ulteriormente o problema se, em um dos casos, o ato tiver, além do sentido subjetivo, também um sentido objetivo e não no outro caso. E o faz com esta pergunta:

> Por que supomos que, de ambos os atos que têm o sentido subjetivo de um dever ser, só um produz objetivamente uma norma válida, isto é, vinculadora?[28]

---

27 RRL2, p.228, trad. it., p.252. Também ATN, p.207.
28 RRL2, p.46-7, trad. it., p.58.

A resposta a esta pergunta é a enésima exposição do ordenamento jurídico como sistema dinâmico pelo qual de uma norma inferior se chega a uma norma superior e até a norma fundamental. É como dizer que a juridicidade de um comando e do poder do qual deriva (não existe comando sem poder), diversamente do comando do bandido, está assegurada em última instância pela pressuposição (pois de pressuposição se trata) da norma fundamental. Entende-se que o problema muda se for confrontado o comando jurídico não com o comando isolado de um bandido, mas com o comando de um bandido pertencente a uma quadrilha organizada, em que o bandido singular, ao intimar o transeunte ameaçando sua vida, obedece a uma norma da organização, razão pela qual se pode dizer que também o seu poder, como aquele de um órgão do Estado, é um poder autorizado. Porém, a essa altura, o critério para distinguir o comando jurídico do comando não jurídico é outro. Não é mais a pertença ao ordenamento cuja validade repousa na norma fundamental, mas é a própria validade do sistema. Conhecemos bem a solução que Kelsen deu a este quebra-cabeça: um ordenamento jurídico é válido só se for também eficaz, ou seja, se as normas que ele produz são, em linhas gerais (*im grossen und ganzen*), observadas. Aquilo que falta à quadrilha de bandidos, dado que os seus atos sejam habitualmente golpeados pelo ordenamento estatal como ilícitos, é a efetividade. E então, colocada a questão por que não se pressupõe que a organização da quadrilha tenha uma norma fundamental, segue-se a resposta: "Esta não é pressuposta *porque*, ou mais exatamente *se* este ordenamento não tem aquela eficácia contínua, sem a qual não se pressupõe nenhuma norma fundamental que a ele se refira e crie sua validade objetiva".[29] Pensando bem, o último termo do confronto é a eficácia, ou melhor, a eficácia *contínua*, mais exatamente, qual das duas é mais contínua. Daí deriva que o ordenamento da quadrilha de bandidos não é considerado no

---

29   RRL2, p.49, trad. it., p.61.

Direito e poder

mesmo patamar que o ordenamento jurídico unicamente porque este "é mais eficaz que o ordenamento coercitivo sobre o qual se baseia a quadrilha de bandidos".[30]

9. Mas, uma vez esclarecido que, para resolver o problema decisivo de toda teoria positivista do direito – o verdadeiro nó do positivismo jurídico –, o problema da relação entre direito e força, "se é a força que fundamenta em última instância o direito de comandar ou se é o direito de comandar que justifica o emprego da força", tão bem exemplificado pela difícil busca de um critério que permita distinguir o poder do soberano daquele do chefe de quadrilha, Kelsen é obrigado a recorrer ao critério da efetividade, entendida como generalidade e continuidade da obediência. Não se pode fugir da pergunta: a norma fundamental não acaba sendo uma solução fictícia? Como é sabido, a norma fundamental foi alvo de muitas críticas. Dentre todas, me parece que a mais pertinente seja aquela que a considera um expediente engenhoso, porém completamente inútil. De fato, não se entende por que razão, exceto por pura correção formal, seja necessário fechar o ordenamento jurídico com uma norma última, em vez de um poder último, quando, afinal, o que permite identificar um ordenamento como ordenamento jurídico não é a validade das normas, mas sua eficácia, o que vale dizer que aquilo que fecha o sistema não é uma norma, mas sim um poder. De uma ótica puramente formal, é perfeitamente indiferente num sistema de graus, quando se procede da norma inferior para uma superior, chegar à norma das normas, quando se procede do poder inferior para o poder superior, chegar ao poder dos poderes. Mas depois, ao chegar à norma das normas, esta remete ao poder dos poderes (no sentido de que um ordenamento jurídico só o é se for mais eficaz que a quadrilha de bandidos ou que o partido armado que

---

30 RRL2, ibidem.

procura tomar o poder e não consegue); é necessário reconhecer que aquilo que fecha o sistema não é a norma, mas o poder.

Decerto o fundamento de validade de uma norma inferior só pode ser uma norma superior, como Kelsen não se cansa de repetir sempre que pode e, portanto, caso não se queira regredir ao infinito, é preciso pressupor uma norma que não se baseia em nenhuma outra, mas é igualmente verdade que o fundamento de efetividade de um poder só pode ser um poder superior, e também neste caso, se não quisermos regredir ao infinito, é preciso pressupor um poder não derivado de nenhum outro poder. O problema é, caso se chegue à norma fundamental, aí permanecer. É o próprio Kelsen quem afirma que se pode falar de um ordenamento jurídico (diferente da quadrilha de bandidos) só se ele for efetivo em seu conjunto. Mas não agrega nenhum argumento em favor da tese de que este poder último receba a sua eficácia por ser, como todos os outros poderes inferiores, autorizado. Ao contrário, se a sua legitimidade deriva de sua efetividade, pressupor uma norma que desempenha a função de norma legitimadora é uma operação supérflua. Pode ser considerado *"elegantia iuris"*, mas sua utilidade é duvidosa. Se for verdade que os entes não devem ser multiplicados, a norma fundamental, sendo um destes entes, pode ser omitida sem que o conjunto sofra por isso. A norma fundamental teria tido sua função se tivesse conseguido evitar o obstáculo de toda teoria positivista do direito, que é a derivação do direito de fato. Mas uma teoria como a kelseniana, que resolve a validade de um ordenamento jurídico em sua efetividade, não só não evita este obstáculo, mas dele se utiliza para encontrar um sólido ponto de chegada. A teoria normativa do direito é a reiteração histórica mais convincente de que, uma vez descartada a solução jusnaturalista, segundo a qual é direito aquilo que é justo, não existe outra solução além daquela segundo a qual é direito aquilo que é de fato comumente observado (que é a velha tese de Austin): *ex facto oritur ius*. Em suma, a norma fundamental teria a função de transformar o poder em direito. Mas existe um

Direito e poder

direito sem poder? E se não existe direito sem poder, aquilo que transforma em última instância o poder em direito é a norma fundamental ou o poder efetivo?

10. Provavelmente, além de satisfazer uma exigência de correção formal, a norma fundamental espelha uma preferência prática. Por mais que Kelsen tenha reiterado o caráter científico da Teoria Pura do Direito e rechaçado toda interpretação ideológica, não se pode renunciar completamente a tentar captar o sentido de sua construção e de entender o porquê de certas teses por meio de suas opções políticas. Que sob a Teoria Pura do Direito esteja a ideologia do Estado burguês, considero incorreto, apesar de os marxistas inveterados terem continuado a repetir isso. Diria antes que, atrás da tese da primazia do direito sobre o poder, primado que se manifesta na suposição da norma fundamental, existe, mesmo que inconsciente, e também expressamente desmentido, o ideal do Estado de direito,[31] isto é, do Estado em que, para me exprimir com uma fórmula tradicional, usada durante séculos pelos legistas, "*lex facit regem* e não "*rex facit regem*". Sei bem que está fórmula é jusnaturalista, mas, em uma teoria positivista do direito, a norma fundamental é a única alternativa possível e funcional para esta fórmula tradicional. De resto, se a norma fundamental é teoricamente fraca, não é menos fraca que o princípio segundo o qual é a lei que faz o rei e não o rei quem faz a lei. Os reis fizeram e desfizeram as leis como quiseram pelo menos enquanto tiveram a força para fazê-las respeitar, ou seja, até que o poder deles foi, mesmo quando não era legítimo nem legal, efetivo.

---

31 Parece que posso me associar à tese defendida por M. Reale, "Law and Power: their Correlation", *Essays of Roscoe Pound,* New York, Bobs-Merrill Company, 1962, p.238-70, o qual observa que a redução do poder do direito (e a referência a Kelsen é explícita) representa uma confusão entre o esquema deontológico, segundo o qual o poder *deve* ser submetido ao direito, e os esquemas sociológicos e ontológicos, e conclui: "A identificação do direito com o poder é ... o escopo último para o qual tendem ao infinito os esforços e os sacrifícios contínuos da humanidade" (p.252).

Capítulo 6
Kelsen e o poder jurídico

Sumário
1 "Norma" e "poder": suas relações
2 "Poder" e "autorização"
3 Sociedade jurídica e quadrilha de bandidos
4 O poder nas diversas obras de Kelsen
5 Na obra póstuma
6 O problema do poder e o positivismo jurídico
7 Poder e costume
8 O poder e a teoria dinâmica do ordenamento jurídico
9 O poder em Kelsen, Hohfeld e Hart
10 Norma fundamental e poder soberano.

1. Na Teoria Geral do Direito e do Estado, "norma" e "poder" são duas faces da mesma moeda. Em que sentido? No sentido de que se entendendo por Direito, como o entende o positivismo jurídico, um conjunto de normas vinculadoras para uma coletividade inteira, enquanto vigoram recorrendo em última instância também à força, não se pode afirmar a existência de normas sem pressupor a existência de indivíduos ou entes coletivos que detenham e exercitem regularmente um poder. E vice-versa: se por Estado se entende, como a política tradicional sempre entendeu, uma organização do poder ou um poder organizado, não se pode fazer existir um poder (estatal) sem pressupor simultaneamente a existência de normas que regulem a titularidade e o exercício desse poder, e, enquanto tal, sirvam para definir os atributos respectivamente da legitimidade e da legalidade.[1]

Dessas duas faces da mesma moeda, algumas teorias do Estado põem em relevo a primeira e outras a segunda. É possível distinguir as teorias gerais do Direito e do Estado em duas grandes categorias, conforme afirmem o primado do poder sobre a norma ou, vice-versa, da norma sobre o poder. A teoria clássica do direito público moderno, que coloca no vértice de sua construção o conceito de soberania entendida como o poder supremo acima do qual não existe outro, considera o Estado antes de tudo do ponto de vista do poder. A teoria de Kelsen, que coloca no vértice do sistema não o poder soberano, mas a norma fundamental, considera o Estado (e qualquer outro poder organizado) do ponto de vista normativo. Ou melhor, pode ser interpretada como a tentativa mais radical e consequente (no sentido de conduzido às últimas consequências, o que não quer dizer bem sucedido) de reduzir o Estado a ordenamento jurídico ou normativo e de cancelar toda forma de dualismo entre Direito e Estado, cortando

---

1 No que concerne às duas noções de legalidade e legitimidade, pressuponho a análise que fiz no artigo "Sobre o princípio de legitimidade", 1967, publicado em *Studi per uma teoria generale del diritto*, op. cit., p.79-93.

assim, num único golpe, a disputa tediosa e estéril sobre se o Estado precede o Direito, ou vice-versa.[2]

Em uma teoria normativa rigorosa como a de Kelsen, a norma fundamental é o conceito exatamente simétrico ao de poder soberano. A norma fundamental é a norma das normas, assim como o poder soberano é o poder dos poderes. São perfeitamente simétricos esses dois conceitos, uma vez que a norma fundamental e o poder soberano têm a mesma função, a de fechar o sistema: a primeira em uma teoria jurídica; a segunda, em uma teoria política, do Estado. Entendido tanto quanto organização do poder, como Kelsen o entende, ou quanto poder organizado, conforme entendeu em sentido amplo o direito público, que reconheceu conceitualmente a realidade do Estado moderno (a de um Estado que se afirma pela máxima concentração e pela centralização máxima de poder sobre um determinado território nunca verificadas antes), o Estado é concebido como um sistema ordenado e hierarquizado, ou seja, como um sistema em vários planos ou níveis, colocados entre eles numa relação de superior/inferior, não justapostos, mas um acima do outro como os andares de um edifício ou, com uma metáfora mais adequada (que leva em conta não só a dimensão alto/baixo, mas também o fato de o poder se restringir em poucas mãos, quanto mais se dirige para o alto), como os diversos estratos de uma pirâmide.

Bem, se considerarmos os vários níveis concatenados um ao outro, no sentido de que um nível superior em relação ao seu inferior é, por sua vez, inferior em relação a outro, é evidente que, progredindo do plano inferior para o superior, chega-se necessariamente, caso não se queira progredir ao infinito, a um nível superior que não tem acima de si nenhum outro nível, e ao qual todos os outros são, embora em graus diferentes, inferiores.

---

2 Para uma posição clara dos termos do problema, remeto ao artigo de Miguel Reale, *Law and Power and their Correlation*, in *Jurisprudence in Honor of Roscoe Pound*, op. cit., p.238-70.

Observando a escada de baixo para cima, a teoria tradicional do direito público, que parte dos poderes inferiores, atinge, de poder em poder, o poder soberano, que é o fundamento da autoridade de todos os demais poderes. Já a teoria kelseniana, que parte das normas inferiores, atinge de norma em norma as outras normas. A duas escadas se erguem paralelamente, mas estão dispostas de modo tal que o degrau superior de uma corresponde ao degrau imediatamente inferior da outra. Para a teoria normativa, o grau superior é a norma, para a teoria tradicional, o grau superior é o poder.

Caso se tenha presente que Kelsen, toda vez que se propõe a fazer uma representação do ordenamento jurídico em graus, parte sempre da norma inferior para atingir a superior num processo "para trás" (*ein Regress*),[3] e, por outro lado, que a teoria tradicional do Estado parte sempre do plano superior, isto é, do poder soberano, pode-se afirmar que o mesmo ordenamento hierárquico, feito de poderes que criam normas e de normas que autorizam poderes, muda conforme seja olhado de baixo para cima ou de cima para baixo: na primeira direção, ele surge como uma gradação de normas, na segunda como uma cascata de poderes.

2. Dedicada ao desenvolvimento de uma teoria normativa do Direito e do Estado, que escolheu *a priori* o ponto de vista da norma, em vez daquele do poder, a obra kelseniana considerou secundário o problema do poder jurídico. Não por acaso ela se conclui com uma *Allgemeine Theorie der Normen* (o livro póstumo publicado em 1979) e não com uma teoria geral do poder, como a de Max Weber.[4] É necessário ainda reconhecer que o problema do poder jurídico veio assumindo um relevo cada vez maior nas

---

3   RRL2, trad. it., p.252.

4   Ao problema da relação entre Weber e Kelsen, dediquei minha comunicação no congresso sobre *Max Weber e o direito*, Roma, out. 1980, depois publicado em *Sociologia del diritto*, XII, 1981, n.1, p.135-54 e agora nesta coletânea, ver infra.

Direito e poder

últimas obras, como a segunda edição da *Reine Rechtslehre* e a citada obra póstuma, que ao poder jurídico (*Rechtsmacht*) dedica um capítulo inteiro. Também por isso considero chegado o momento de começar a enfrentá-lo com a atenção que merece (digo "começar" porque não me consta que o tema tenha sido tratado na imensa bibliografia kelseniana).

Não nego as dificuldades terminológicas derivadas da não correspondência entre os termos alemães e os italianos (das línguas latinas, em geral) para o poder. Em poucas palavras, Kelsen usa dois termos, *Gewalt* e *Macht,* que podem ser traduzidos – e efetivamente foram – ambos por "poder" (*power* nos textos ingleses). Mas *Gewalt* pode também significar "potência" e *Macht,* "força". Assim, pode acontecer que ambos os termos alemães sejam traduzidos em contextos diversos unicamente por "poder" ou por três termos e não dois, como "potência", "poder" e "força". Para dar um exemplo significativo, uma frase como *"In der ausübung der Staatsgewalt pflegt man eine Aüsserung der Macht zu erblicken"*[5] pode ser traduzida indiferentemente de dois modos: "No exercício da potência do Estado, costuma-se ver uma manifestação do poder" ou "No exercício do poder do Estado, costuma-se ver uma manifestação da força". Acontece que, conquanto possa ser indiferente traduzir *Staatsgewalt* por potência ou por poder estatal, não o é fazer o mesmo com *Macht,* *traduzindo-o* por poder ou força. Quando Kelsen enuncia o problema clássico da relação entre *Recht* e *Macht,* sustentando que *"das Recht zwar nicht ohne Macht bestehen kann, doch nicht identisch ist mit der Macht"*, e, portanto, pode ser definido como *"eine bestimmte Ordnung (oder Organisation) der Macht"*,[6] não há nenhuma dúvida de que *Macht* deva ser traduzido por "força" e que a definição kelseniana do Direito deva sê-lo como "ordenamento (ou organização) da força". Mas é igualmente duvidoso

---

5 RRL2, p.322.
6 RRL2, p.243.

que, quando analisa a *Rechtsmacht*, entendida como situação jurídica subjetiva, distinta do direito reflexo de um dever alheio e pela permissão, como aquela situação subjetiva que deriva de uma norma jurídica autorizada (ou *Ermächtigung*), se deva verter *Rechtsmarcht* por poder jurídico. Pode-se acrescentar que a dificuldade depende também do fato de que a terminologia kelseniana não foi constante: o uso de *Rechtsmacht* em sentido técnico pertence somente ao último período, ao passo que, na primeira edição da *Reine Rechtslehre*, o termo *Berechtigung* é usado numa acepção específica e daí, na segunda edição, exatamente como correspondente de *Rechtsmacht*, surge *Ermächtigung* (termo ausente na primeira edição).[7]

Esta última precisão é relevante para nossos fins porque o objeto do comentário que segue não é tanto o problema da relação entre direito e força (que em termos kelsenianos se resolve na relação entre validade e eficácia do ordenamento jurídico), problema de resto já amplamente discutido pelos críticos da teoria pura, quanto o do poder jurídico como situação jurídica subjetiva, que Kelsen chega a determinar só nas últimas obras.

3. Em uma teoria do Direito e do Estado que parte do primado da norma sobre o poder não pode existir outro poder que não seja poder jurídico, ou seja, regulado pelo direito, em que ser "regulado" deve ser entendido como autorizado por uma norma que atribui poderes (*ermächtigende Norm*) ou eventualmente vinculado por normas imperativas. Sobre esse ponto, Kelsen voltou várias vezes em todas as suas obras com uma constância inatacável por qualquer crítica. Essa passagem é exemplar: "O elemento que diferencia a relação definida como poder estatal (*Staatsgewalt*) das outras

---

7 A contribuição mais útil que conheço para a análise do léxico kelseniano é "Advertência terminológica", de M. Losano, que conclui o ensaio introdutório do mesmo autor ao volume *La dottrina pura del diritto*, op. cit., p.XCII-CI. Reeditado com o título *"Glossarietto kelseniano"*, no volume *Forma e realtà in Kelsen*, op. cit., p.213-25.

Direito e poder

relações de poder é ser juridicamente regulado (*rechtlich geregelt*); isto é, ele consiste no fato de que os homens que exercem o poder como governo do Estado estão autorizados por um ordenamento jurídico a exercer aquele poder, produzindo e aplicando normas jurídicas, ou seja, no fato de que o poder estatal tem caráter normativo".[8] O expediente que permite a Kelsen executar essa redução de todo poder exercido no âmbito de um ordenamento jurídico é a norma fundamental, a qual, entendida como norma que, por um lado, autoriza o poder supremo a produzir direito e, por outro, obriga aqueles a quem se dirige o poder supremo a obedecer às normas que dele emanará, tem a função, como o próprio Kelsen exprime incisivamente, de "transformar o poder em direito"[9] e, desse modo, permitir a distinção entre uma norma jurídica e a intimação de um bandido.

Ao problema tradicional da teoria jurídica e política, se existe e qual a diferença entre uma sociedade jurídica e uma quadrilha de bandidos, Kelsen dedicou um dos primeiros parágrafos da segunda edição da *Reine Rechtslehre*, e não é um acaso que justamente nestas páginas encontremos uma das primeiras referências à norma fundamental.

O problema é colocado nesses termos: do ponto de vista de seu "sentido subjetivo", o comando de um órgão do Estado e o dos bandidos não apresentam nenhuma diferença. Mas só o primeiro tem um sentido objetivo enquanto interpretamos "como norma objetivamente válida a ordem do órgão jurídico, mas não a do bandido". Mas por que, se pergunta Kelsen, interpretamos o sentido subjetivo do ato também como seu sentido objetivo num caso e não no outro? A resposta é que no caso do comando do órgão estatal ao qual atribuímos também um sentido objetivo, partimos de um *pressuposto*, ou seja, pressupomos que partindo de um poder regulado inferior para um poder regulado superior,

---

8 RRL2, p.321.
9 GTLS, p.444.

também o poder último, o chamado poder constituinte, seja regulado por uma norma, "com base na qual o ato constituinte deve ser considerado um ato que estatui normas objetivamente válidas e os homens que instituem tais atos autoridade constituinte".[10]

Levando às últimas consequências a tese de que, em relação a um ordenamento jurídico, não existe outro poder exceto o poder jurídico, Kelsen chega a negar o dualismo tradicional entre Direito e Estado e a formular a conhecida e discutida teoria da redução do Estado ao ordenamento jurídico. Ao chegar a essa conclusão, ele não perde a ocasião de polemizar com a teoria tradicional que identifica o Estado ao poder e coloca o poder como alguma coisa por trás do Direito, ou melhor, que institui o Direito. Para Kelsen, a existência deste poder se resolve no fato de que um determinado ordenamento jurídico é eficaz, ou seja, tal que os órgãos chamados a fazer respeitar as normas jurídicas em geral conseguem fazê-lo. "O poder do Estado é o poder organizado do direito positivo, é o poder do direito, ou seja, a eficácia do direito positivo." Conclusão: "É errado descrever o Estado como o poder que está por trás do Direito, pois essa definição faz supor a existência de duas entidades separadas, das quais só uma existe: o ordenamento jurídico".[11] A mesma polêmica retorna na crítica à distinção entre direito privado e direito público com base na distinção entre relações de direito privado entendidas como relações jurídicas e relações de direito público entendidas como relações de poder (*Macht*). Contra a tendência a assumir essa distinção como oposição entre direito e poder (*Gewalt*) extrajurídico e, em definitivo, entre direito e Estado, Kelsen reitera que "caso se considere mais de perto em que consiste propriamente o maior valor reconhecido a certos sujeitos, isto é, a sobreposição a outros, vê-se que se trata de uma diferença entre casos produtores de direito".[12]

---

10   RRL2, p.59.
11   GTLS, p.195.
12   RRL2, p.313.

Em que sentido? O direito pode ser produzido mediante normas heterônomas, em que aquele de quem emana a norma e aquele a quem é dirigida são sujeitos diferentes, ou de forma autônoma, na qual o sujeito a quem se destina a norma é o mesmo sujeito que a produz ou que colabora em sua produção. Um exemplo do primeiro tipo de produção jurídica é a ordem administrativa; do segundo, o contrato e, em geral, o negócio jurídico. Para Kelsen, a distinção entre direito privado e direito público se resolve na diferença entre esses dois modos de produzir o direito, numa diferença que se resolve totalmente no interior do ordenamento jurídico e não exige nenhuma referência a conceitos extrajurídicos. A Teoria Pura do Direito, em suma, vê um ato do Estado tanto no negócio jurídico, quanto na ordem da autoridade, em ambos os casos, numa situação concreta da produção do direito atribuível à unidade do ordenamento jurídico considerado em seu conjunto.

4. Retomando o trecho há pouco transcrito, segundo o qual por "poder juridicamente regulado" entende-se aquele atribuído pelo ordenamento a certos indivíduos para produzir e aplicar normas jurídicas, destaca-se que, para Kelsen, o campo de referência do conceito de poder jurídico é limitado (embora bastante expandido) aos fenômenos da produção e da aplicação do direito. Para existirem normas jurídicas (e não só essas) é preciso haver alguém que, com um ato de vontade, produza tais normas e faça-as vigorar. Em modo *definitivo*, só na segunda edição da *Reine Rechtslehre*, "poder jurídico" (*Rechtsmacht)* se torna, na linguagem kelseniana, um termo técnico para indicar a capacidade de produzir e aplicar normas jurídicas, atribuída pelo ordenamento jurídico a alguns sujeitos. Correspondentemente, o ato de atribuir este poder é chamado de *Ermächtigung*, definido como "atribuição de um poder jurídico, isto é, pela capacidade de produzir e aplicar normas jurídicas" (*"Erteilung einer Rechtsmacht, da ist der Fähigkeit, Rechtsnormen zu erzeugen und anzuenden"*).[13]

---

13   RRL2, p.175.

Nas obras precedentes à segunda edição da *Reine Rechtslehre*, essa definição do poder jurídico (e da atribuição correspondente), com os termos relativos usados como termos técnicos, *Rechtsmacht* e *Ermächtigung*, abre caminho pela análise do direito subjetivo. Desde a primeira edição da *Reine Rechtslehre* (1934), Kelsen havia entendido por direito subjetivo, em sentido técnico, a faculdade de promover uma ação em defesa do próprio direito ferido que alguns ordenamentos jurídicos (em particular os ordenamentos jurídicos capitalistas, voltados para a proteção da propriedade privada) atribuem ao indivíduo. De vez que o exercício dessa faculdade contribui para a produção daquela norma individual que é a sentença do juiz, o direito subjetivo assim entendido podia ser interpretado como uma forma de participação, embora restrita, na produção do direito. Daí derivava ser esse direito considerado uma espécie de um gênero mais amplo, que abrange também o direito eleitoral ou o direito que alguns ordenamentos jurídicos (em particular os ordenamentos democráticos) atribuem a alguns indivíduos de participar, mesmo indiretamente, por meio da eleição dos membros do órgão legislativo, na elaboração daquelas normas gerais que são as leis. Por meio dessa definição do direito subjetivo em sentido técnico, que compreende tanto o direito privado de ação quanto o direito público eleitoral, que se distinguem entre si unicamente porque o primeiro passa a vigorar em função da produção de uma norma individual e o segundo em função da produção de uma norma geral, Kelsen havia demonstrado a importância que ele atribui à associação de algumas figuras tradicionais de situações jurídicas subjetivas com o problema da produção jurídica (ou, segundo a doutrina tradicional,) das fontes de Direito.[14]

No entanto, é preciso chegar à segunda edição para encontrar denominado como poder jurídico (*Rechtsmacht*) o direito subje-

---

14   A esse problema me dediquei com mais detalhes no artigo *Kelsen e as fontes do Direito* neste mesmo volume.

Direito e poder

tivo em sentido técnico (num parágrafo intitulado *"Das subjektive Recht als Rechtsmacht"*) e *Ermächtigung como* a autorização correspondente. Mas então, e isso é o mais importante, Kelsen deu um passo além na determinação das situações subjetivas e o fez, como é natural, associando-as com as diversas funções da norma jurídica, a que dedica um dos primeiros parágrafos da segunda *Reine Rechtslehre*. Na primeira edição, Kelsen tinha distinguido a norma jurídica enquanto atribuição de uma obrigação, da norma jurídica enquanto autorização, mas entendera como autorização (*Berechtigung* e não *Ermächtigung*) somente a atribuição de um direito subjetivo no sentido técnico e havia logo explicitado que se tratava de técnica específica de determinados ordenamentos jurídicos, mais precisamente do ordenamento capitalista, em relação ao direito subjetivo privado, e ao ordenamento democrático, em relação ao direito subjetivo público. Na segunda edição, as funções da norma jurídica se tornam três, que são: comandar, permitir e autorizar (*gebieten, erlauben* e *ermächtigen*).

Conforme se define a função de autorização, que é a que nos interessa, podem ser citadas duas passagens, com breve distância entre elas, sendo uma mais restrita e a outra mais ampla. A primeira: "São (certos atos humanos) intencionalmente voltados para a conduta alheia não só quando, segundo seu sentido, eles prescrevem (ordenam) esse comportamento, mas também quando o permitem e, em particular, o autorizam, ou seja, quando se atribui ao outro um certo poder, em particular o poder de estatuir normas ele próprio".[15] Nessa passagem, a noção de poder jurídico que deriva de uma norma autorizadora está diretamente associada à noção de produção jurídica.

A segunda: "Um comportamento humano é regulado de modo positivo também quando um homem é autorizado pelo ordenamento normativo a causar, por meio de uma certa ação,

---

15 RRL2, p.13.

Norberto Bobbio

algumas consequências reguladas pelo ordenamento normativo, em particular, se o ordenamento regula sua produção, a produzir normas e a participar de sua elaboração; ou, tendo por base um ordenamento jurídico que estatui atos coercitivos, um homem é autorizado a executar tais atos coercitivos, respeitando as condições estabelecidas pelo ordenamento jurídico".[16] Nessa passagem, o significado de poder jurídico como poder de produzir normas de um ordenamento que regula a própria produção de regras (mas o ordenamento é um deles, como veremos adiante) se estende ao de poder jurídico como poder de fazer valer atos coercitivos para obter a aplicação das normas (atos coercitivos que caracterizam, entre os diversos ordenamentos normativos, o ordenamento jurídico como ordenamento coercitivo). Em conclusão, desde as primeiras páginas da obra do fundador da Teoria Pura do Direito, fica claro que num certo sentido final, por "poder jurídico" deve-se entender, em sentido técnico, o poder de propor e aplicar as normas do sistema que atribui a certos indivíduos um determinado ordenamento normativo, que regula a própria produção de normas e se vale de atos coercitivos, isto é, do recurso à força para obter o respeito das normas produzidas pelo próprio ordenamento (duas características próprias do ordenamento jurídico). Por essa série de definições feitas no início do tratado, a noção de poder jurídico se torna autônoma em relação àquela do direito subjetivo em sentido técnico. Prova disso, enquanto o direito subjetivo, como o define Kelsen, é um instituto característico de alguns ordenamentos jurídicos, e por conseguinte pode existir um ordenamento jurídico, por exemplo, um ordenamento nem capitalista nem democrático, que não prevê a atribuição de direitos subjetivos. O poder jurídico, entendido como o poder de produzir e aplicar normas, é um elemento constitutivo de todo ordenamento jurídico, uma vez definido o ordenamento jurídico como aquele que, por um

---

16 RRL2, p.25.

lado, regula a sua própria produção e, portanto, deve autorizar determinados indivíduos a praticar atos produtores de normas, e, por outro, regula a observância das regras produzidas mediante a organização das sanções, e por isso deve autorizar certos indivíduos a praticar atos coercitivos.

5. Que o tema do poder jurídico tenha adquirido autonomia e consistência só na última fase da obra kelseniana é algo que se confirma pelo lugar destacado que ele ocupa na obra póstuma surgida em 1979.[17] Aqui, um capítulo inteiro é dedicado à *Ermächtigung*, com um título por si só significativo enquanto revelador de que hoje o problema do poder é subtraído do tratado específico do direito subjetivo: *Ermächtigen: die Macht verleihen, Normen zu setzen und anzuwenden* (Autorizar: atribuir o poder de impor e aplicar normas). E o primeiro parágrafo começa com essa declaração: "Dado que o Direito regula sua própria produção e aplicação, a função normativa da atribuição do poder desenvolve um papel especialmente importante no Direito".[18] De fato, logo depois: "só indivíduos a quem o ordenamento jurídico atribui esse poder podem produzir ou aplicar normas jurídicas".

O grau de consciência atingido por Kelsen sobre a autonomia da função normativa da autorização quanto a ordenar e permitir o induz a se deter, sobretudo, na relação entre autorizar e ordenar. Antes de mais nada, o ato autorizado pode ser ordenado ou não, no sentido de que o indivíduo ao qual se atribui um poder pode ou não exercê-lo. Só no caso de ser obrigado, não fazê-lo constitui um ilícito. Trata-se, como se vê, da situação jurídica subjetiva que os juristas chamam poder/dever.

Em segundo lugar, a autorização pode implicar um comando e o implica de fato quando é uma autorização, como aquela

---

17 H. Kelsen, *Allgemeine Theorie der Normen*, trad. it. (Org.). M. Losano, Turim, Einaudi, 1985.

18 ATN, p. 82, trad. it., p.166.

que adquire relevo particular na obra kelseniana, para propor normas. A norma que autoriza o pai a governar o filho, ao mesmo tempo obriga o filho a obedecer ao pai. A Constituição que autoriza os órgãos legislativos a produzir normas jurídicas gerais impõe aos cidadãos obedecer às leis. Resultado: a mesma norma tem duas funções simultâneas: é norma autorizadora em relação ao pai e ao legislador, assim como é imperativa para o filho e os cidadãos. Em terceiro lugar, enquanto a ordem se observa e se transgride, a autorização somente se aplica. A diferença se revela no fato de que um comando pode ser executado ou transgredido, e ambos os comportamentos têm consequências jurídicas. O poder tem de ser exercido. Não o fazer não implica consequências jurídicas, a menos que se trate de um poder/dever, em que a consequência jurídica consiste na não observância do dever, ou seja, em um ilícito.

Mas, antes, uma coisa é não exercer um poder que nos foi autorizado, outra é exercer um poder que não nos foi autorizado. Duas situações que podem ser expressas sinteticamente por duas declarações como essas: "Podia, mas não quis" e "Não podia, mas quis" e que se opõem respectivamente às duas situações regulares, expressas por "Podia e quis" e "Não podia e não quis". No caso do não exercício de um poder (quando se trate de um poder não obrigatório), o efeito previsto pela atribuição do poder não prossegue porque falta o ato que deveria produzi-lo; no caso do exercício de um não poder, o efeito continua, mas é juridicamente nulo. Kelsen, brevemente, se detém também no ato não autorizado. Limita-se a dizer que o cumprimento de um ato não autorizado não produz nem aplica Direito, mesmo que seja subjetivamente executado com tal intenção. Ele é objetivamente nulo, o que significa "juridicamente não existente" (rechtlich nicht vorhanden).[19]

E acrescenta que não ser autorizado não significa ser proibido. Podem existir atos não autorizados que também são proibidos,

---

19 Ibidem.

Direito e poder

como o de um indivíduo que quisesse impor a outro uma ordem ameaçadora de lhe entregar dinheiro; e atos não autorizados que não são proibidos, como o de quem ordena a seus seguidores de abster-se de relações sexuais. Um ato desses pode não ser juridicamente proibido, mas a norma que ele impõe não é uma norma jurídica, caso quem a estabeleceu não estivesse autorizado a produzir normas jurídicas, não houvesse sido investido de um poder jurídico. Porém, aqui Kelsen se detém, não enfrenta o problema da nulidade ou anulabilidade sobre o qual se deteve em outra instância.

Como é notório, na Teoria Geral do Direito se discute se a nulidade é ou não uma sanção. Para Kelsen, e também para Hart, a nulidade não pode ser incluída entre as sanções. Trata-se, em minha opinião, principalmente de uma questão de terminologia, já que a solução, num sentido ou em outro, depende de uma definição mais ampla ou mais restrita de sanção. Se entendermos por sanção uma consequência não desejada e não solicitada por um comportamento, pode ser considerada como tal tanto a pena, enquanto efeito não desejado e não pretendido de um comportamento não permitido, quanto a nulidade, que é elemento não desejado e não pretendido de um comportamento não autorizado. A diferença está em que a pena é uma consequência diferente daquela que o agente se tinha proposto e a nulidade consiste pura e simplesmente em não alcançar um objetivo, que é a sanção típica, se assim a quisermos chamar, das normas técnicas, ou das normas que prescrevem não uma ação em si mesma, mas uma ação boa para a obtenção de um fim, por exemplo o testamento, expediente que o Direito expressa para permitir a uma pessoa declarar suas últimas vontades.

6. Na obra póstuma, Kelsen finalmente reconheceu que a função normativa da atribuição de um poder desempenha um papel "particularmente importante" no Direito. E fundamenta a afirmação com o argumento de que o Direito é um ordenamento normativo que regula a sua própria produção. Mesmo reconhe-

cendo a importância do argumento, ao qual voltarei adiante, considero útil sublinhar que, para mostrar a importância da noção de poder jurídico, entendido no sentido kelseniano de capacidade de produzir normas, pode ser acrescentado outro argumento preliminar àquele proposto por Kelsen.

A Teoria Pura do Direito é uma teoria positivista do direito, não só no sentido de que é uma teoria do direito positivo, mas também no sentido ainda mais forte de que não reconhece outro direito fora do direito positivo. Ora, aquilo que, segundo Kelsen, caracteriza o positivismo jurídico em relação à doutrina do direito natural é a consideração do direito como um produto do homem. Certamente não é o caso de aqui reconsiderar a polêmica kelseniana contra o direito natural. Tome-se uma das primeiras frases do ensaio *Die philosophischen Grundlagen der Naturrechtslehre und des Rechtspositivismus* (1929). A contraposição entre um direito "artificial", porque produto do homem, e o suposto direito natural não poderia ser mais nítida: "Diversamente das regras do direito positivo, as do 'ordenamento natural' que governam a conduta humana não têm vigência porque foram 'artificialmente' impostas por uma autoridade humana qualquer, mas porque se originam de Deus, da natureza ou da razão, e, assim, são boas, corretas e justas. É aqui que aparece a positividade de um sistema jurídico, diversamente do direito natural: ele é um produto da vontade humana – fundamento totalmente estranho ao direito natural porque este, enquanto ordenamento natural, não foi criado pelo homem e, por definição, não pode ser criado por um ato humano".[20] Exatamente a partir dessa contraposição Kelsen elabora uma teoria dos sistemas normativos, segundo a qual existem duas espécies de sistemas normativos, os sistemas estáticos, constituídos por normas que se deduzem umas das outras tendo por base seu conteúdo, e os sistemas dinâmicos,

---

20 GTLS, p.398.

Direito e poder

constituídos por normas que se produzem umas por meio das outras, mediante uma relação de delegação de um poder superior a outro inferior. Os sistemas jurídicos pertencem, segundo Kelsen, à segunda categoria. Nada mostra o lugar central que a noção de produção jurídica ocupa na teoria kelseniana mais do que a interpretação do ordenamento jurídico como sistema dinâmico. Um sistema de direito natural é deduzido, um sistema de direito positivo é produzido.

Enquanto teoria do direito positivo, entendido como direito produzido pelo homem e não existente na natureza ou produzido por Deus, a Teoria Pura do Direito não pode dar a máxima importância aos atos produtores de normas jurídicas. Um ordenamento jurídico, um ordenamento composto de normas, existe enquanto é produzido e continuamente reproduzido, enquanto existem indivíduos que, sob diversas formas, sob a forma de normas gerais ou individuais, e com várias funções, com a função imperativa ou com aquela permissiva ou com aquela autorizadora, produzem direito. Ora, uma vez que Kelsen chegou a reunir todos os atos produtivos de direito na categoria geral do poder jurídico, não podia deixar de reconhecer a essa categoria um lugar central no sistema. As normas jurídicas são um produto do homem: a fim de que tais normas sejam produzidas, é necessário que o próprio ordenamento atribua a certos indivíduos o poder de produzi-las. Portanto, a existência de um ordenamento jurídico não pode prescindir do cumprimento de certos atos, nos quais consiste o poder jurídico.

7. Permanece aberto e descoberto o problema do direito consuetudinário, que pode perfeitamente ser considerado positivo no sentido de direito produzido pelo homem, mas não pode ser assimilado em tudo e por tudo ao direito posto ou imposto às partes pelas normas gerais aprovadas por um parlamento ou por normas individuais emanadas de um juiz na decisão de uma controvérsia. A favor da consideração do consuetudinário como direito produzido no mesmo nível do produzido por uma

vontade soberana, Kelsen toma posição nítida, criticando aquelas teorias, como a doutrina da Escola histórica do direito e a teoria sociológica de Léon Duguit, segundo as quais o costume tem valor declarativo, não constitutivo; tem a função de revelar um direito preexistente, não de produzi-lo. A objeção que Kelsen faz a essas duas teorias não é diferente daquela que moveu à doutrina do direito natural. Observando que as duas teorias são apenas duas variantes do direito natural, afirma que "do ponto de vista de uma doutrina jurídica positivista, que não pode verificar a existência de um imaginário *Volksgeist*, nem de uma igualmente imaginária *solidarité sociale*, é indubitável a função constitutiva tanto do consuetudinário quanto da legislação".[21] Assim, não há diferença entre costume e legislação quanto à definição do direito positivo como direito produzido, artificial ou convencional, e não existente *in natura*. A teoria das fontes do Direito, que Kelsen chama coerentemente "modos de produção do Direito" (*Methoden der Rechtserzeugung*), é unitária. Enquanto fonte do direito, o consuetudinário é também um dos modos da produção jurídica, um "fato produtor de direito" (*ein rechtsserzeugung Tatbestand*).[22]

Contudo, como vimos, a teoria do poder jurídico como poder de produzir normas jurídicas está intimamente associada à teoria das fontes ou da produção jurídica, na última fase do pensamento kelseniano. Se o costume pode ser incluído justamente entre os fatos produtores de direito, pode também ser compreendido na definição do poder jurídico? Pode-se dizer que a formação de um costume é o efeito de um poder jurídico ou que o reconhecimento do costume como fonte de direito num determinado ordenamento jurídico, em virtude de uma lei, ou ainda só da norma fundamental (como acontece no direito internacional), resolve-se na atribuição de um poder jurídico, é comparável à autorização, e a norma que reconhece o costume como fonte de

---

21   RRL2, p.257.
22   RRL2, p.242.

direito é uma *ermächtigende Norm* no nível da norma constitucional que autoriza o parlamento a emanar normas gerais e o juiz a emanar normas individuais? O nexo entre produção de normas jurídicas e poder jurídico permite falar de poder constituinte em relação às normas constitucionais, de poder legislativo em relação às leis ordinárias, de poder administrativo em relação às ordens da autoridade administrativa, de poder judiciário em relação às sentenças dos juízes, de poder negociador em relação à produção de normas contratuais e em geral negociadoras. Pode-se falar corretamente de poder consuetudinário? Ali onde se introduz a expressão "poder jurídico", Kelsen não faz nenhuma referência específica ao costume. No capítulo dedicado a esse tema na obra póstuma, os exemplos de poder normativo concernem a todos os indivíduos singulares ou órgãos, ao passo que o consuetudinário é o produto de uma coletividade indistinta. Por outro lado, nas páginas dedicadas ao costume como fonte de direito não aparece a expressão "poder jurídico". O problema de o consuetudinário, além de ser um fator produtor de normas jurídicas, poder ser abrangido na categoria geral do poder jurídico, permanece, dizia eu, descoberto porque Kelsen não o coloca de modo explícito e aberto. A solução é incerta.

8. Enfim, não se pode deixar passar em branco a afirmação feita por Kelsen em sua última obra, segundo a qual a função normativa da atribuição de poderes desempenha um papel particularmente importante num ordenamento normativo como o jurídico, que regula a sua própria produção.

Que o Direito regule sua própria produção significa, em termos kelsenianos, que um ordenamento jurídico é um ordenamento normativo em que a produção das normas do ordenamento é ela própria regulada por outras normas do sistema, num processo que, partindo das normas inferiores para as superiores, chega necessariamente (onde por necessidade se deve entender a necessidade lógica e não factual) à norma fundamental. Enquanto se produz e se reproduz continuamente por meio das normas do sistema, o ordenamento jurídico, segundo uma expressão característica de Kelsen, "se autoproduz". "A doutrina da estrutura hierárquica do ordenamento jurídico agarra o direito em seu devir, no processo continuamente renovado de sua autoprodução".[23] Dado que a regulamentação da própria produção de normas por um ordenamento normativo como o jurídico, que contém regras para a produção de regras, acontece por meio da atribuição de poderes, começando pela norma fundamental até chegar aos negócios jurídicos, resulta que, num ordenamento assim concebido, a figura do poder jurídico tem efetivamente, como Kelsen afirmou, uma importância particular. A existência de tantos poderes jurídicos concatenados uns aos outros mediante relações de delegação permite aquela autoprodução do ordenamento que é a característica de um sistema normativo dinâmico.

9. Falta dizer que a figura do poder jurídico, sempre definida por Kelsen quanto à produção e aplicação das normas, pode parecer restrita se comparada à figura do poder jurídico, de que com frequência se vale a Teoria Geral do Direito na determinação das situações jurídicas subjetivas, uma das quais é o poder. Refiro-me de modo particular à tabela de conceitos jurídicos fundamentais de Hohfeld, aceita por Alfred Ross, cuja noção de poder (*power*) se estende conforme a interpretação de Manfred Moritz até compreender todos os atos que têm por efeito uma mudança numa relação jurídica.[24] Na realidade, a definição kelseniana de poder é menos restrita do que parece numa primeira leitura, quando se pensa no significado amplo que, na linguagem da teoria pura, tem o termo "norma jurídica". Por "norma jurídica" Kelsen entende

---

23 RRL2, p.311.

24 Refiro-me à obra de M. Moritz, traduzida no anexo de W. N. Hohfeld, *Concetti giuridici fondamentali*, Losano, M. G. (Org.). trad. it., Turim: Einaudi, 1969, em especial p.215ss.

Direito e poder

não só as normas gerais, mas também as individuais, como as sentenças dos juízes; não só as normas de direito público, como as leis ou os atos administrativos, mas também as normas de direito privado, como os contratos. A quem quer que o ordenamento jurídico atribua o poder de executar um negócio jurídico, estipular um contrato, atribui também, segundo Kelsen, o poder de produzir normas jurídicas prescritivas. Já que a função das normas prescritivas é modificar o comportamento dos sujeitos a que se dirigem, ordenando uma ação ou exigindo uma omissão, a atribuição de um poder, sempre em sentido kelseniano, tem a função de tornar possível a mudança das relações jurídicas, quer ocorra essa mudança por meio de normas de caráter geral impostas por órgãos legislativos, quer ocorra mediante acordo entre cidadãos.

Mais próxima da noção kelseniana de poder é aquela proposta por Hart, o qual, como se sabe, distingue duas grandes categorias de normas, as que impõem obrigações e as que conferem poderes, e descreve essas últimas como normas que "estabelecendo os modos de formação de contratos, testamentos, matrimônios válidos, não impõem às pessoas agir de certo modo independentemente de seus desejos".[25] E depois as amplia até abranger as normas que atribuem poderes públicos, como o poder de um órgão legislativo de introduzir novas normas ou de modificar ou extinguir normas precedentes, ou o poder do juiz de dirimir uma controvérsia. "Nem todas as normas – afirma Hart – ordenam às pessoas fazer ou deixar de fazer determinadas coisas. Será que não é um desvio classificar desse modo as normas que conferem a cidadãos o poder de fazer testamentos, contratos, matrimônios, e as normas que atribuem poderes a funcionários, por exemplo, a um juiz para dirimir controvérsias, a um ministro para emitir decretos, a um conselho local para

---

25 Hart, H. L. A. *Il concetto del diritto*, trad. it. M.A. Cattaneo, Turim: Einaudi, 1965, p.35.

emanar atos administrativos?".[26] A diferença entre Hart e Kelsen é que, para o primeiro, as normas que impõem obrigações e as que atribuem poderes pertencem a duas classes distintas e uma é autônoma em relação à outra. Para o segundo, as normas autorizativas são normas não autônomas, enquanto sua função é apenas de estabelecer uma das condições a que se liga em última instância o ato coercitivo, o qual depende da única norma verdadeiramente primária e como tal autônoma, que é a norma que estabelece a um dado ato (ilícito) dever seguir um outro por obra de funcionários públicos (a sanção).[27] Hart toma posição repetidamente contra a teoria kelseniana das normas não autônomas, sustentando que o preço da uniformidade derivante do reducionismo kelseniano é a distorção da realidade.[28]

10. Afirmei que, sendo norma e poder duas faces de uma mesma moeda, o problema do direito e do Estado pode ser considerado principalmente pela ótica da norma, como faz Kelsen, ou do ponto de vista do poder, como sempre fez a teoria tradicional do direito público. Mas agora é o caso de dizer, para concluir, que dos dois pontos de vista, nenhum consegue ser exclusivo, de tal modo se acham entrelaçados e independentes. Jean Bodin, o teórico por excelência da soberania, após ter definido o poder soberano como um poder absoluto no sentido de *legibus solutus*, não pôde deixar de precisar que este caráter absoluto deve ser entendido como independência das leis positivas, mas não das leis naturais e divinas, como se corrigisse a ideia de que se possa separar completamente, mesmo alcançando o vértice do sistema, o poder do direito (um poder que, para ser um poder adequado e como tal separável do poder do tirano, deve ser legítimo quanto à titularidade e legal quanto ao exercício). E o fundador da teoria normativa do direito e do Estado?

---

26 Ibidem, p.33.
27 RRL2, p.68ss.
28 H.L.A. Hart, op. cit., p.47ss.; p.283-4.

Como se sabe, chegando à norma fundamental que fecha o sistema, Kelsen não deixa de precisar que, não obstante a norma fundamental, o ordenamento jurídico é válido em seu conjunto só se for também eficaz, ou seja, se aqueles que têm o poder de produzir as normas do sistema têm o poder de fazê-las cumprir e, em consequência, as normas do sistema são em grandes linhas (*im grossen und ganzen*) observadas.

Desse modo, contrária e simetricamente à teoria tradicional, a Teoria Pura do Direito deixa entender que, quando se alcança o vértice do sistema, não se pode mais separar o Direito do poder, e se torna cada vez mais difícil entender onde acaba um e começa o outro. A máxima dos legisladores *"Lex facit regem"* se converte continuamente na máxima oposta, sempre apoiada pelos políticos realistas, *"Rex facit legem"*.

Capítulo 7
Do poder ao direito e vice-versa

Sumário

1 Teoria do Direito e teoria política diante do problema do poder
2 Poder e direito no positivismo jurídico
3 Direito e poder na doutrina do Estado de direito
4 Soberania e norma fundamental.

1. O conceito principal que os estudos jurídicos e políticos têm em comum é, em primeiro lugar, o conceito de poder. Tendo trabalhado com ambos por ter ensinado ora filosofia do direito, ora filosofia (ou ciência) política, tive de constatar com certa surpresa que os juristas e os politólogos usam o mesmo termo, "poder", do qual não podem abrir mão, embora ignorando-se quase completamente. Na interminável literatura politológica sobre o conceito de poder, raramente me aconteceu de encontrar referências à teoria do direito.[1] Do mesmo modo, na Teoria Geral do Direito, raramente, poderia dizer nunca, aconteceu de encontrar uma referência às milhares de sutis e sofisticadas variações que sociólogos e politólogos desenvolveram sobre o conceito de poder nos últimos trinta anos.[2] Porém, a julgar pelas conexões íntimas que os dois conceitos de direito e de poder tiveram na secular história do pensamento jurídico e político, das duas formas de fechamento é mais grave a primeira do que a segunda. A conexão é muito estreita tanto se por "Direito" entendermos o Direito em sentido objetivo, isto é, um conjunto de normas vinculadoras, que passam a vigorar recorrendo em última instância à coação, quanto se entendermos o Direito em sentido subjetivo, pelo menos numa de suas inúmeras acepções. Em relação ao direito objetivo, o poder, entendido, segundo

---

1 Como exemplo, cito uma coletânea de escritos sobre o poder, muito cuidada, *Power and Political Theory. Some European Perspectives* (Org.). Brian Barry, Londres, John Wiley, 1976, na qual não aparece nenhuma referência a obras jurídicas na lista dos "livros e artigos citados", sequer a uma conhecidíssima como a de Hart, *The Concept of Law*, 1961, fundamentada na distinção entre normas que impõem obrigações e normas que conferem *poderes*. Na mesma linha, a última obra que vi sobre o tema: F. Oppenheim, *Political Concepts. A Reconstruction*, Oxford, Blackwell, 1981, em que a segunda e a terceira partes são dedicadas ao tema do poder e às suas diferentes interpretações.

2 Exceto na obra de Niklas Luhmann, de quem vale ler um dos últimos escritos, *Macht* (1975), traduzido em italiano e organizado por D. Zolo, com o título *Potere e complessità sociale*, Milão, Il Saggiatore, 1979. Porém, sobre o tema específico, M. Reale, *Law and Power and their Correlation*, in *Essays in Honour of Roscoe Pound*, op. cit., p.238-70.

Direito e poder

a definição mais comum, que remonta a Bertrand Russell, como "produção de efeitos desejados", intervém tanto no momento da criação, quanto no de aplicação das normas. Na teoria do direito subjetivo, os juristas em geral chamam de "poder" uma forma específica de situação subjetiva ativa que consiste na capacidade, atribuída a certos sujeitos pelo ordenamento, de produzir efeitos jurídicos. A unificação dos dois conceitos, ou melhor, dos dois usos de poder na linguagem jurídica ocorreu graças a Kelsen que, inserindo o direito subjetivo em sentido técnico e específico, na teoria das fontes de direito, cancelou qualquer diferença entre o poder do qual sempre se falou no direito público e o poder do qual se fala no direito privado (sendo justa a eliminação que a doutrina pura do direito fez com a tradicional distinção entre direito público e privado).[3]

Uma vez esclarecido que, no âmbito da Teoria Geral do Direito, o campo de referência do poder é a produção e a aplicação de normas jurídicas, disso decorre que norma jurídica e poder podem ser considerados, e de fato o foram mais ou menos conscientemente, como as duas faces de uma mesma moeda, e consequentemente que o problema da relação entre Direito e poder, que é objeto dessas observações, pode ser examinado tanto do ponto de vista da norma quanto do ponto de vista do poder. De acordo com a ótica, variam a frente e o verso. Para quem se coloca do lado do poder, como fizeram a partir de longa tradição os escritores de direito público, para os quais em princípio existe a soberania, isto é, o poder supremo, o poder acima do qual não existe nenhum outro, e o ordenamento jurídico só existe se tem como fundamento um poder capaz de mantê-lo vivo, primeiro vem o poder e depois o Direito. Ao contrário, para um jurista como Kelsen, que leva às últimas consequências a redução do Estado a ordenamento jurídico, iniciada pelos autores de direito

---

3 Deste problemas nos ocupamos amplamente em dois artigos, *Kelsen e il problema del potere* e *Kelsen e il potere giuridigo*.

público da segunda metade do século XIX, para quem o Estado não é outra coisa além do conjunto das normas que são efetivamente observadas num determinado território, primeiro existe o Direito e depois vem o poder.

Por outro lado, que se trata apenas de dois pontos de vista diferentes, que não eliminam o nexo indissolúvel dos dois conceitos, pode-se provar pelo fato de que o problema fundamental dos teóricos da soberania sempre foi o de apresentá-la não como um poder despojado, como um poder de fato, mas sim como um poder de direito, ou seja, como um poder autorizado e regulado, como os poderes inferiores, por uma norma superior, seja ela de origem divina, natural, ou uma lei fundamental (hoje diríamos constitucional), derivada da tradição ou do direito consuetudinário.

O problema fundamental do normativista, ao contrário, é o de mostrar que um ordenamento normativo pode ser considerado direito positivo só se existirem, em vários níveis, órgãos dotados de poder em condições de fazer respeitar as normas que o compõem. O poder sem direito é cego, mas o direito sem poder é vazio. Assim, o direito público tradicional, partindo do poder, sempre seguiu o direito, para conseguir distinguir o poder de fato do poder legítimo, assim como a teoria normativa do direito – Kelsen ensina – teve de seguir o poder para chegar a distinguir um ordenamento jurídico só imaginado de um ordenamento jurídico efetivo. Em outras palavras, para a primeira, o nó a ser desatado é o problema da legitimidade do poder, para a segunda, é o problema da efetividade do sistema normativo.

Para ilustrar essa contraposição de dois pontos de partida, que, aliás, conduzem ao mesmo ponto de chegada, recorro a dois escritores cuja autoridade no campo dos estudos de teoria do direito e do Estado está fora de discussão, Weber e Kelsen.[4] O primeiro parte da distinção fundamental entre poder de fato

---

4 Ao problema da relação entre Weber e Kelsen, dediquei um ensaio específico, publicado em *Sociologia del diritto*, VIII, 1981, p.135-54, agora aqui incluído.

(*Macht*) e poder legítimo (*Herrschaft*) e atinge a conhecida teoria das três formas de poder legítimo. Ao contrário, o segundo parte da pressuposição do ordenamento jurídico como esfera do *Sollen*, como conjunto de normas que são válidas independentemente de sua eficácia, e chega pouco a pouco a considerar cada vez mais relevante para a completude de sua teoria o problema do poder jurídico (*Rechtsmacht*),[5] porque só pelo exercício do poder em diversos níveis o ordenamento de normas válidas se torna também efetivo e só um ordenamento que seja, além de válido (em sentido formal), também efetivo pode ser considerado um ordenamento jurídico. No fundo, ambos chegam à mesma conclusão, quer dizer, a de que existe um poder legítimo distinto do poder de fato, enquanto colocam o problema tradicional de toda teoria privatista do Estado, que deve encontrar de algum modo um critério de distinção entre o ordenamento coercitivo do Estado e o ordenamento igualmente coercitivo de uma quadrilha de bandidos ou da máfia ou de sociedades secretas revolucionárias. Mas segundo dois percursos opostos: o primeiro parte em busca daquilo que torna legítimo o poder (e é o direito) o outro, daquilo que torna efetivo o direito (que é o poder).

Ampliando a análise para além dos dois autores, tomo em consideração dois blocos de conceitos (falo de "blocos de conceitos" em vez de sistemas conceituais para adotar uma terminologia menos comprometedora): o que vem se formando ao redor da concepção do positivismo jurídico e o que vem se formando em torno da concepção do Estado de direito. Trata-se de duas concepções que se buscam e se entrelaçam ao longo de toda a história do pensamento jurídico e são muito mais antigas do que faz pensar a sua formulação recente. Aqui, as adoto por seu valor paradigmático, pois servem muito bem para exemplificar o

---

5   A ponto de dedicar-lhe um capítulo específico na obra póstuma que resume e completa sua longa pesquisa sobre o tema das normas: *Allgemeine Theorie der Normen*, op. cit., p.82-4.

contínuo e complexo embate entre direito e poder, entre o poder que produz as normas do ordenamento que, por sua vez, regulam o poder (e, só regulado, o poder é poder jurídico) e as normas que regulam o poder que, por sua vez, impondo-lhes respeito, as faz ser habitualmente obedecidas (e só enquanto habitualmente obedecido, segundo a expressão de Austin, ou eficaz em grandes linhas, como se exprime Kelsen, um ordenamento normativo é um ordenamento jurídico).

2. Como princípio fundamental do positivismo jurídico pode-se assumir a máxima que, no *Diálogo entre um filósofo e um estudioso do direito comum na Inglaterra*, Hobbes põe na boca do filósofo: "Não é a sabedoria, mas a autoridade quem cria a lei". Essa máxima pode ser completada pelas palavras que, pouco depois, Hobbes faz pronunciar o legislador: "Quando falo das leis, trato das leis vivas e armadas ... Não é a palavra da lei, mas o poder daquele que tem nas mãos a força de uma nação que torna eficazes as leis. As leis atenienses não foram feitas por Sólon, que as havia projetado, mas sim pelo supremo tribunal do povo; tampouco o Código imperial da época de Justiniano foi feito por jurisconsultos romanos, mas pelo próprio Justiniano".[6]

Durante séculos, os juristas tiveram que fazer as contas com um fragmento de Ulpiano que fazia calar com um único golpe todas as belas, mas vazias e escassamente úteis, definições do direito natural como direito constituído pela razão natural ou ensinado pela natureza a todos os seres vivos (incluindo os animais): *"Quod principi placuit legis habet vigorem"* (D.I. 4, I). Verdade é que logo depois vinha a afirmação segundo a qual o príncipe tem esse poder porque lhe foi conferido pelo povo. Mas uma afirmação desse gênero não exclui, antes confirma, que o direito é produto do poder, não importa se esse poder era oriundo do

---

6 Cito da trad. it., Th. Hobbes, *Opere politiche*, Turim, Utet, 1959, p.397 e 402.

Direito e poder

povo ou derivado do príncipe (a questão que dividiu os intérpretes, segundo seu posicionamento político, foi, como se sabe, se o poder do príncipe era revogável ou não, e não que o direito tivesse uma fonte diversa do poder). Que depois, no decorrer dos séculos, esse poder de fazer leis, isto é, de criar Direito, o único Direito válido em um determinado território, coubesse ao rei com parlamento ou ao parlamento sem rei, ou ao juiz, quando as normas impostas pelo poder supremo são obscuras ou lacunares, mesmo assim nada tolhe a força e a continuidade da ideia da qual nasceu, no século passado, o bloco de conceitos que se afirmaram com o nome de "positivismo jurídico", de uma doutrina segundo a qual, em polêmica direta com os defensores do direito natural, não existe nenhum direito além do direito positivo, o que equivale a dizer que não podem existir normas jurídicas sem pressupor a existência de indivíduos ou de coletividades que detenham e exercitem legítima e regularmente um poder.

Um defensor ferrenho e coerente do positivismo jurídico como Kelsen explica a razão pela qual só o direito positivo, e não o direito natural, é para os juristas aquilo que corretamente se pode chamar direito (sem provocar confusões ou até contradições teóricas insolúveis e conflitos práticos) desse modo: "Diversamente das regras do direito positivo, aquelas comuns ao ordenamento natural que governa a conduta humana não vigoram porque foram impostas artificialmente por uma dada autoridade humana, mas porque se originam de Deus, da natureza ou da razão, e, assim, são boas, corretas e justas. É aqui que aparece a positividade de um sistema jurídico, diversamente do direito natural: este é um produto da vontade humana, um fundamento totalmente estranho ao direito natural porque este, como ordenamento natural, não foi criado pelo homem e, por definição, não pode ser criado por um ato humano".[7] Baseado nessa distinção, Kelsen estabelece a dis-

---

7 H. Jelsen, *La dottrina del diritto naturale e il positivismo giuridico*, anexo a GTLS, p.398.

tinção entre sistemas normativos estáticos e sistemas normativos dinâmicos, nos primeiros como nos sistemas normativos morais, as normas se deduzem umas das outras tendo por base o conteúdo, e nos segundos, como nos ordenamentos jurídicos, as normas se produzem umas por meio de outras, e aquilo que as produz é um ato de poder. Nesse sentido, uma teoria rigorosamente positivista, como é certamente a kelseniana, não pode prescindir da noção de produção jurídica, porque num sistema jurídico as normas não são deduzidas, como nos sistemas morais ou de direito natural, mas são produzidas, e a noção de produção jurídica não pode prescindir da noção de poder. Desde que se sustente poder-se falar de direito somente ao concebê-lo como um produto da vontade humana, como faz a doutrina do positivismo jurídico, é preciso que, para as normas serem produzidas, alguém tenha o poder de fazê-lo.

Assim, uma vez resolvido todo o direito em direito positivo, em direito imposto por uma autoridade, o positivista tem de encarar a velha objeção que foge ao jusnaturalista: "Como se distingue uma comunidade jurídica, como o Estado, da quadrilha de ladrões, a norma de direito do comando do bandido, a ordem do legislador da intimação do bandido, "a bolsa ou a vida?". Tal dificuldade não existe para o jusnaturalista, para aquele que pensa que uma norma só pode ser considerada jurídica se for justa, se corresponder a princípios éticos cuja validade não depende da autoridade a quem é atribuído o poder de emanar normas jurídicas. Mas, para quem considera Direito somente a norma imposta por uma autoridade que tem o poder de fazê-la respeitar, recorrendo em última instância também à força, em suma, para uma teoria do direito pela qual o direito é nem mais nem menos, segundo a definição kelseniana (e não só), um ordenamento coercitivo, ou seja, com uma precisão ulterior devida também ao fundador da teoria pura do direito, uma organização da força? Mas como? Uma quadrilha de bandidos não é um ordenamento coercitivo, não é uma organização da força? Em outras palavras, uma vez reduzido o Direito não

Direito e poder

mais a conjuntos de normas derivadas de princípios éticos, mas a produto de um poder capaz de impor regras de conduta a um grupo social, como se pode ainda evitar a redução do Direito a poder, do poder jurídico a poder de fato, do direito do Estado a direito do mais forte?

Nessa altura, o positivista é obrigado a virar a moeda, mesmo com o risco de inverter sua perspectiva: o Direito é produto do poder desde que se trate de um poder, por sua vez, derivado do Direito, onde por "derivado do direito" deve entender-se regulado pelo menos formalmente, senão também em relação ao conteúdo, por uma norma jurídica. Também nesse caso, é exemplar a resposta de Kelsen: "Quase não necessita explicação o fato de que o chamado poder do Estado (*Staatsgewalt*), exercido por um governo sobre uma população no interior de um território, não é simplesmente aquele poder que qualquer homem efetivamente tem perante outro, quando está em condições de induzi-lo a um comportamento desejado ... O elemento que diferencia a relação definida como poder estatal das outras relações de poder é ser regulado juridicamente. Este consiste no fato de que os homens que exercem o poder como governo do Estado são autorizados por um ordenamento jurídico a exercer aquele poder, produzindo e aplicando normas jurídicas, ou seja, no fato de que o poder estatal tem caráter normativo".[8] Num parágrafo da segunda edição da *Reine Rechtslehre,* dedicado ao problema da diferença entre a "comunidade jurídica" e a "quadrilha de bandidos", com um apelo explícito, em nota à famosa disputa entre Alexandre, o Grande, e o pirata, registrada por Santo Agostinho, Kelsen tenta resolver o problema distinguindo o sentido subjetivo do sentido objetivo de um comando. O comando do bandido tem apenas o sentido subjetivo do comando, enquanto o considera assim quem o profere, mas não tem seu sentido objetivo, enquanto não pode ser interpretado como uma norma *objetivamente* válida. Para

---

8　RRL2, p.292, trad. it. op. cit., p.321.

mostrar que o comando emanado de um órgão do Estado pode ser interpretado como um comando objetivamente válido, Kelsen expõe pela enésima vez a teoria do ordenamento jurídico como ordenamento dinâmico para o qual uma norma inferior remonta a uma superior até a norma fundamental. Então é como dizer que a validade objetiva de um comando e do poder do qual o comando deriva (não existe comando sem poder), diversamente do comando do bandido, é assegurada em última instância pela pressuposição (porque de pressuposição se trata) de uma norma última que fecha o sistema.

Não é o caso de retomar o tema, sobre o qual foram derramados rios de tinta, do significado, da amplitude, do valor heurístico ou substancial da norma fundamental. O fato é que, se a diferença entre o comando do bandido e o comando do órgão do Estado se baseia na diferença entre comando não autorizado e comando autorizado, e se, por comando autorizado se entende uma ordem de uma pessoa ou de um órgão cujo poder de emanar comandos foi atribuído por uma norma, como pode essa norma conferir um poder de comando se quem a impôs, por seu lado, não derivou o poder de impô-la de uma norma superior? Em outras palavras, como pode um poder ser interpretado como poder jurídico, enquanto é regulado por uma norma, se essa mesma norma não é jurídica? E como pode esta segunda norma ser jurídica se não for também produzida por um poder jurídico? Como se vê, não apenas se coloca o problema do caráter distintivo do ordenamento jurídico quanto à quadrilha de bandidos; quando se rechaça o pressuposto jusnaturalista, entra logo em cena a estrutura dinâmica do ordenamento normativo, do ordenamento como "nexo de produção" (*Erzeugungszusammenhang*), que acaba inevitavelmente numa norma superior a todas as demais, numa norma que, enquanto superior, não tem outra acima dela e é, portanto, a norma fundamental.

Para um positivista jurídico, o amálgama entre norma e poder e a contínua remissão entre um e outro não termina aqui. Sem

Direito e poder

dificuldade, é possível admitir que a característica do comando jurídico em relação ao comando do bandido se encontre no fato de o primeiro ser autorizado por uma norma jurídica, o que significa em última instância ser a conotação do conceito de direito feita por meio da qualidade específica da norma em vez do poder (trata-se de escolher um ponto de vista). Mas essa conotação é ótima para distinguir a ordem de um órgão do Estado do comando de um bandido isolado. Se o bandido pertence a uma quadrilha organizada e intima o transeunte a entregar-lhe dinheiro, obedece a uma norma da organização que o instruiu na tarefa que recebeu, e exige que parte do butim seja entregue aos chefes, de modo que dela possam dispor para a própria sobrevivência da organização, e daí se poder afirmar que também o seu poder é autorizado, onde vai parar a distinção? O mesmo problema se coloca, com maior razão, para um grupo de terroristas ou para um partido revolucionário sobre cuja organização férrea não existem dúvidas, e em que ninguém age a partir de uma autorização (justamente no sentido da *Ermächtigung* kelseniana) do grupo ou de seus chefes.

Não é sem surpresa que, diante de tal dificuldade, a moeda é novamente virada: aquilo que, na estrutura dinâmica do ordenamento, tinha se tornado a frente (o poder) volta a ser o verso. É notória a solução que Kelsen dá ao problema da validade não da norma singular, mas do ordenamento em seu conjunto: um ordenamento jurídico em seu conjunto é válido (e em consequência são válidas todas as suas normas) só se as normas que ele produz são cumpridas amplamente (*im grossen und ganzen*), isto é, se o ordenamento em seu conjunto é efetivo. Mas, para que as normas de um ordenamento sejam eficazes e o ordenamento em seu conjunto desfrute do benefício da efetividade, é preciso que exista um poder capaz de obter o respeito pelas normas, inclusive contra os recalcitrantes (o chamado poder coercivo). A um ordenamento jurídico é necessário que, junto com o poder de produzir normas, exista o poder de aplicá-las. Se é verdade que uma norma só produzida, mas não aplicada, pode ser, ao menos durante um período, válida (mas a solução do problema varia de um ordenamento para outro, conforme se admita ou não a lei consuetudinária *contra legem*), é igualmente verdade que um ordenamento capaz só de produzir normas mas não de fazê-las cumprir não é, segundo Kelsen (mas quem poderia sustentar tese diferente?), um ordenamento jurídico. Bem, o que falta à quadrilha de bandidos, e com maior razão ao grupo terrorista ou ao partido revolucionário, dado que seus atos são habitualmente incriminados e punidos como atos ilícitos, é a efetividade. Perante a pergunta de por que a organização ilícita não repousa sobre uma norma fundamental, a resposta de Kelsen é: "Ela não é pressuposta *porque*, ou mais exatamente *se* este ordenamento não tem aquela eficácia contínua, sem a qual não se pressupõe uma norma fundamental que a ela se refira e fundamente sua validade objetiva".[9] Desse modo, o verdadeiro termo do confronto que permite estabelecer qual das duas organizações é um ordenamento jurídico acaba sendo a eficácia, ou melhor, a eficácia *contínua*, mais exatamente qual das duas seja mais contínua (tanto é verdade que é justamente a continuidade do poder exercido por um partido revolucionário num determinado território que o constitui como poder de direito). O ordenamento ilícito não é considerado no mesmo patamar do ordenamento normativo do Estado porque "este é mais eficaz que o ordenamento coercitivo em que se baseia a quadrilha de bandidos".[10]

3. A história do positivismo jurídico está permeada por esse movimento do poder ao Direito e do direito ao poder. Ao contrário, a história do segundo bloco de conceitos que me propus analisar, a doutrina do Estado de direito, é perpassada pelo movimento inverso do direito ao poder e do poder ao Direito. A premissa é que falo aqui de Estado de direito em sentido muito

---

9   RRL2, p. 49, trad. it., p.61.
10   Ibidem.

amplo para indicar não tanto a doutrina do moderno constitucionalismo quanto a doutrina tradicional, que remonta à Antiguidade clássica, da superioridade do governo das leis sobre o governo dos homens: extensão legítima porque – assim penso – existe continuidade entre uma e outra. Enquanto pode ser levantado como princípio do positivismo jurídico a máxima *"Non sapientia sed auctoritas facit legem"*, no princípio, como foi repassado ao longo da Idade Média, do Estado de direito, no sentido amplo em que eu o entendo, os dois termos são invertidos: não é a autoridade que faz a lei, mas sim "a lei que faz o rei", que confere autoridade à pessoa que dela é investida e age em conformidade com ela. O texto canônico em que se encontra enunciado o princípio é uma passagem do *De legibus et consuetudinibus Angliae*, de Henri Bracton, que soa assim: *"Ipse autem rex non debet esse sub homine, sed sub Deo et sub lege, quia lex facit regem"*. Pouco adiante: "Non est enim rex dominatur voluntas et non lex".[11] Onde domina a *voluntas* e não a *lex*, temos não um rei, mas um tirano, na dupla acepção do príncipe não legítimo, o usurpador, e do príncipe que exerce o poder ilegalmente não respeitando as leis que estão acima dele (como são as leis divinas, as naturais, aquelas transmitidas pelos antepassados, pelo menos na tradição da *common law*, e aquelas fundamentais, que se distinguem das leis ordinárias e impostas pelo príncipe em virtude da autoridade que as leis fundamentais lhe atribuíram).

A controvérsia sobre se é o melhor o governo das leis ou o governo dos homens remonta à Antiguidade clássica.[12] Em favor do primeiro caso, podem ser citadas passagens platônicas, aristotélicas e ciceronianas. O governo das leis é um dos dois critérios principais que permitem distinguir o bom governo do

---

11 Bracton, H. *De legibus et consuetudinibus Angliae*, Woodbine, G. E (Org.). Harvard University Press, 1968, v.II, p.33.

12 Ver ilustrada A. Passerin d' Entrèves, *Dottrina dello Stato*. Turim, Giappichelli, 1962(?), parte II, cap.I, p.103-10.

mau governo (outro é o bem comum contraposto ao bem próprio de quem comanda), como decorre da tipologia das formas de governo proposta por Platão em *O político* (aliás, logo corrigida com o elogio do homem régio). Aristóteles, após afirmar que é preferível o domínio da lei ao domínio de um dos cidadãos e que, se existem cidadãos aos quais convém dar o poder, é preciso fazer deles não os senhores, mas os "custódios' e "ministros" da lei, conclui com a célebre afirmação de que a "lei é o intelecto sem paixão",[13] querendo dizer que a lei, por sua generalidade, impede ao regente julgar parcialmente segundo suas amizades e inimizades. Desde a Antiguidade clássica, a ideia da primazia do governo das leis passa ao pensamento jurídico medieval, segundo a interpretação de Gierke, ampla retomada e detalhadamente ilustrada pelos irmãos Carlyle, em sua monumental história do pensamento político medieval (exemplar a passagem de Bracton citada há pouco). Assim, sem aparentes e dilacerantes soluções de continuidade, no constitucionalismo moderno, segundo o qual o poder político em cada uma de suas formas e em todos os níveis, inclusive o mais alto, é limitado pela existência de direitos naturais, aí incluído o direito de resistência ao poder tirânico, do qual são titulares os indivíduos antes da instituição da sociedade civil, e das leis constitucionais, garantidas pela separação e pelo controle recíproco dos poderes que exercem as funções principais do governo da sociedade.

Como a doutrina do positivismo jurídico, que parte do primado do poder, teve de levar em conta a distinção entre poder de fato e poder de direito e não pôde deixar de enfrentar o problema do poder jurídico, assim também a doutrina do Estado de direito, que parte do primado do direito, teve de levar em conta a existência necessária de um poder soberano que, exatamente porque soberano, sem se contradizer não pode ser limitado por

---

13 Aristóteles, *Política*, 1286a.

Direito e poder

um poder superior, e portanto, de acordo com a lógica, tampouco por obrigações necessariamente derivadas da pressuposição de uma lei vigente e tal que tenha o dever de obedecer a ela. Os únicos limites que pode encontrar o poder soberano são limites objetivos derivados não de uma necessidade moral, como é a que pressupõe uma norma, mas de uma necessidade natural, pela qual o parlamento pode fazer tudo, exceto transformar um homem numa mulher, ou conforme Spinoza, nem o soberano mais poderoso pode fazer que uma mesa coma capim. Tanto mais que a tese oposta, ou aparentemente oposta, da primazia do poder do soberano sobre as leis havia sido modificada numa passagem do *Digesto* que, fora do contexto, tornou-se durante séculos um verdadeiro princípio geral do direito público europeu: *"Princeps legibus solutus est"* (D. I. 3, 34). Ademais, exceto nas teorias absolutistas extremas, como a de Hobbes (mas também esta suscetível de várias interpretações), a passagem nunca foi considerada em contraste com a doutrina do primado da lei.

Contra a interpretação absolutista de que teria invertido o primado da lei com o do poder do príncipe, foram levantados dois argumentos: primeiro, o príncipe está desvinculado das leis que ele próprio impôs porque ninguém pode ser obrigado a obedecer a si mesmo, o que significa que, constituindo o conjunto das leis por ele estabelecidas o direito positivo, não lhe é obrigatório obedecer ao direito positivo. O que não impede que seja obrigado, como qualquer mortal, a obedecer às leis divinas, às leis naturais, e também às leis positivas, como as leis fundamentais do reino das quais deriva a ele, diversamente do usurpador, o direito de comandar e de emanar leis. Um autor como Bodin, que passa justamente como defensor da monarquia absoluta (monarquia absoluta não significa de fato governo acima das leis, mas sim governo não limitado pelo direito dos parlamentos de tomar decisões gerais independentemente do rei ou em colaboração com o rei), acrescenta às leis que o soberano deve levar em conta também as leis do direito privado, aquelas que regulam a propriedade e os contratos. O segundo argumento se baseia na distinção entre obrigação externa e interna: somente a primeira pode ser reforçada pela coação. Em consequência, que o soberano seja desvinculado das leis significa, conforme este argumento, que não pode ser constrangido a obedecer pela força, dado que ele próprio ou as pessoas delegadas por ele são as únicas titulares do direito de exercê-la, mas deve respeitá--las conscientemente. O bom soberano se distingue do tirano também segundo esse critério: João de Salisbury, autor da obra política medieval mais importante antes da descoberta da *Política* de Aristóteles, escreve, a propósito da diferença entre rei e tirano, à qual dedica a parte mais interessante de seu tratado: "única vontade máxima" a diferença está em que o príncipe *"legi obtemperat"*;[14] e onde se propõe a explicar o que se deve entender por *"princeps legibus solutus"* afirma que esta máxima significa não que o príncipe possa ser injusto, mas sim que deve ser justo não por temor da pena, não havendo ninguém acima dele que tenha o poder de puni-lo, mas pelo amor da justiça. Analogamente, São Tomás, que conhece e comenta a *Política* de Aristóteles, escreve que o príncipe pode ser chamado de *"legibus solutus"* só no que concerne à *vis coactiva,* nenhum podendo ser constrangido por si mesmo e a lei adquirindo força coercitiva só em virtude do poder do príncipe, e não pelo que concerne à *vis directiva.*[15]

A história da doutrina do primado do governo das leis desemboca e se completa, embora mediante duas rupturas revolucionárias, a primeira no século XVII, na Inglaterra, a segunda no século XVIII, na França, no moderno constitucionalismo, por meio do qual também o poder dos governantes é regulado, como o dos cidadãos, pelo direito natural, ou por pactos, como o *pactum subiectionis,* formalmente entre iguais, mas substancialmente entre desiguais, por meio da emanação

---

14 Ioannes Saresberiensis, *Policraticus,* VI, 2, Migne, P.L., CIX, 1855, p.379-822.
15 São Tomás, *Summa theologica,* I, II, q. 96, a. 5.

Direito e poder

de constituições escritas com força de leis fundamentais e, de modo paulatino, garantidas também por órgãos delegados para o controle de seu cumprimento por parte do poder legislativo. O resultado final desse processo é um sistema jurídico inspirado no princípio da responsabilidade não só religiosa ou moral, mas também política e jurídica dos órgãos de governo. Desse modo, o ideal clássico do governo das leis encontrou num sistema de poder que, ampliando a categoria weberiana, poderíamos chamar de legal-racional (um poder cuja legitimidade consiste em ser exercido nos limites e em conformidade às leis positivas), a sua forma institucional e em definitivo a sua primeira atuação. São aqueles institutos do direito público aos quais um moderno Estado democrático não pode renunciar sem cair nas formas tradicionais de governo pessoal, em que o homem está acima das leis, e o governo, para usar as palavras de Platão, tantas vezes repetidas como máxima política, é senhor das leis em vez de ser seu servidor.[16]

4. Enquanto a doutrina do positivismo jurídico considera o direito do ponto de vista do poder, a doutrina do Estado de direito considera o poder do ponto de vista do Direito. Aí se correspondem, conforme vimos, duas máximas fundamentais, que representam exemplarmente o dilema que se propagou por séculos nos cursos de filosofia jurídica e política: *"Auctoritas facit legem"* ou *"Lex facit regem"*? O contraste nasceu e se perpetuou por causa da perspectiva diferente em que os escritores políticos, interessados de modo particular no tema do poder, se colocam perante o Direito, e os juristas, interessados de modo particular no problema do Direito, se colocam perante o problema do poder. Para os primeiros, o direito, sempre entendido como direito positivo, não pode deixar de lado o poder; para os segundos, o poder, sempre entendido como domínio ou senhorio (*Herrschaft*, segundo Max

---

16 Platão, *Leggi*, 715d.

Weber), não pode deixar de lado o Direito. As duas perspectivas dependem do fato de que uns e outros tratam de responder a duas questões (essencialmente práticas) diferentes; os primeiros, à pergunta sobre a efetividade de um sistema normativo, os segundos, à pergunta acerca da legitimidade ou legalidade do poder supremo. A resposta à primeira pergunta serve para distinguir o direito positivo do direito natural e, enquanto tal, está na base de uma doutrina do direito, como é a doutrina do positivismo jurídico; a resposta à segunda permite distinguir o poder legítimo do poder de fato, e, como tal, fundamenta uma doutrina do poder político, como é a do Estado de direito.

Os dois conceitos-limite, respectivamente do positivismo jurídico e da doutrina do Estado de direito, são a *potestas* suprema, ou soberania, e a norma fundamental. É bem sabido quantas (inúteis) discussões suscitou a teoria da norma fundamental kelseniana. Só tomando em consideração, como é feito aqui, o entrelaçamento entre doutrina do poder e doutrina do Direito, é possível superar isso. A norma fundamental tem numa teoria normativa do Direito a mesma função que a soberania numa teoria política ou, caso se queira, potestativa do direito: tem a função de fechar o sistema. Com essa diferença: a norma fundamental tem a função de fechar um sistema fundado na primazia do direito sobre o poder; a soberania tem a função de fechar um sistema fundado na primazia do poder sobre o direito. Enquanto o poder soberano é o poder dos poderes, a norma fundamental é a norma das normas. Objeta-se que a norma fundamental não é uma norma como todas as outras e é uma simples hipótese da razão. Mas o poder supremo não é também ele uma hipótese da razão?

Tanto a hipótese da norma fundamental quanto a do poder supremo derivam de conceber o Direito e o Estado, respectivamente, como um sistema de normas ou como um sistema de poderes dispostos em ordem hierárquica, ou seja, como sistemas em vários planos ou níveis, relacionados entre eles numa base superior-inferior ou numa relação de subordinação, não um ao lado do outro, mas um sobre o outro, como os andares de um edifício ou, com uma metáfora mais apropriada, como diversos estratos de uma pirâmide (mais apropriada por levar em conta a dimensão alto/baixo, mas também o fato de que, enquanto se vai de baixo para o alto, o número das normas e dos detentores do poder diminui). Ora, caso se considerem os vários níveis concatenados uns aos outros, no sentido de que um nível superior em relação ao seu inferior é, por sua vez, inferior em relação ao superior, é evidente que, progredindo do plano inferior para o superior chega-se necessariamente, caso não se queira progredir até o infinito (mas a progressão ao infinito está excluída pela necessidade prática de fechar o sistema), a um plano superior que não tem nenhum plano acima dele e ao qual todos os demais são, embora em graus diferentes, inferiores.

Propondo o problema nesses termos, logo nos damos conta de que o tema kelseniano da norma fundamental é perfeitamente simétrico ao tradicional do poder soberano. Enquanto a teoria tradicional, observando a escada de baixo para cima, parte dos poderes inferiores e, de poder em poder, chega ao poder soberano, que é o fundamento da autoridade de todos os outros poderes, a teoria kelseniana, que parte das normas inferiores, só pode chegar, passando de norma em norma, até a norma fundamental, entendida como o fundamento da validade de todas as outras normas do sistema. As duas escadas encontram-se uma ao lado da outra, mas estão dispostas de um modo que ao degrau superior de uma corresponde o degrau imediatamente inferior da outra. Para a teoria normativa, o degrau superior é sempre representado por uma norma, e para a teoria política tradicional, o degrau superior é sempre representado por um poder. Exemplificando, para a teoria normativa é a norma fundamental que institui o poder de produzir normas jurídicas válidas num determinado território e em relação a uma determinada população. Para a teoria política, é o poder constituinte que cria um conjunto de normas capazes de vincular o comportamento dos órgãos do Estado e, em segunda instância, dos cidadãos.

Caso se tenha presente que Kelsen, toda vez que descreve o ordenamento jurídico em graus, parte sempre da norma inferior (por exemplo, os contratos entre privados) para chegar à norma fundamental num processo que ele chama de retrocesso e o qual, por outro lado, a teoria tradicional do Estado parte sempre do plano superior, ou seja, do plano soberano (enquanto é o poder soberano um dos elementos constitutivos do Estado) para descer pouco a pouco até os planos inferiores, pode-se dizer que o mesmo ordenamento hierárquico, constituído por normas que instituem poderes e por poderes que criam normas, se apresenta em dois modos diferentes segundo seja olhado de baixo para cima ou de cima para baixo: na primeira direção, surge como uma subida de normas, na segunda, como uma descida dos poderes. Para a teoria normativa, embaixo existe um poder que não segue mais nenhuma norma (trata-se dos "atos executivos simples" de Kelsen); para a teoria tradicional do Estado, no alto existe um poder que precede todas as normas (ao passo que, na teoria normativa, é precedido pela norma fundamental). Se as duas escadas terminam na norma fundamental ou no poder soberano depende manifestamente uma vez mais do ponto de partida. Mas a escolha de um ou de outro ponto de partida é apenas questão de oportunidade.

Retomando e adaptando ao nosso tema a fórmula de uma célebre tese filosófica, pode-se dizer que, no vértice do sistema normativo, *lex et potestas convertuntur*.[17]

---

17 Assim em um artigo de 1964, *Sul principio di legittimità*, agora in *Studi per una teoria generale del diritto*, op. cit., p.89.

Terceira parte
Confrontos

Capítulo 8
Max Weber e Hans Kelsen

Sumário

1 Entre Weber e Kelsen uma relação não recíproca
2 A relação dos dois com a sociologia jurídica do período
3 Validade empírica e validade formal
4 Primazia do ponto de vista normativo em Kelsen
5 Relação entre Direito e Estado em Weber e Kelsen
6 Weber e Kelsen perante o Estado moderno.

Norberto Bobbio

1. Minha premissa: essas considerações concernem à relação entre Weber e Kelsen quanto ao problema da sociologia do direito ou, mais precisamente, a respeito do problema da relação entre sociologia do direito e teoria do direito. Essa delimitação é necessária pelo fato de que a relação entre Weber e Kelsen pode ser considerada de outros pontos de vista, por exemplo, do ponto de vista do problema da democracia e do parlamentarismo.[1]

Preliminar é a observação de que, entre Weber e Kelsen, a relação não é recíproca. Mesmo Weber tendo escrito a sua sociologia do direito, e com essa expressão se entende a obra que constituirá o capítulo VII de *Wirtschaft und Gesellschaft*, intitulado *Wirtschaft und Recht (Rechtssoziologie)*, entre 1911 e 1913,[2] quando Kelsen já havia publicado sua primeira grande obra, *Hauptprobleme der Staats-rechtslehre*, que aparece em 1911, com o editor Mohr de Tübingen (que é o mesmo editor de Weber), nada indica que a tenha conhecido. Kelsen cita Weber no Prefácio, datado de fevereiro de 1911, mas não o citará mais no longo Prefácio à segunda edição, que surge em 1923.[3] Ele é citado no Prefácio, mas não no

---

1 Para esse tipo de relações ver, por exemplo, R. Racinaro, *Hans Kelsen e il dibattito su democrazia e parlamentarismo negli anni Venti-Trenta*, introdução à edição italiana de Hans Kelsen, *Socialismo e Stato. Una ricerca sulla teoria política del marxismo*. Bari, De Donato, 1978.

2 A primeira edição da grande obra weberiana foi publicada pelo editor Mohr de Tübingen, em 1922, depois da morte de Weber. Seguiram-se as edições de 1925, 1947 e 1956. A sociologia do direito foi reeditada pela primeira vez diretamente do manuscrito reencontrado, como livro autônomo, por Johannes Winckelmann: M. Weber, *Rechtssoziologie*, Neuwied, Luchterhand, 1960. A última edição de *Wirtschaft und Gesellschaft*, da qual extraio as citações, apareceu em 1976, em três volumes, sendo um de notas, sempre organizado por Winckelmann, com o editor Mohr de Tübingen. Ali, a *Rechtssoziologie* ocupa as p.387-513.

3 H. Kelsen, *Hauptprobleme der Staatschtslehre enwickelt aus der Lehre vom Rechtssatzes*, Tübingen, Mohr, 1911, p.IX, trad. it. cit., p.7. A importância desta citação já foi destacada por G. Calabrò, no ensaio *La giurisprudenza come "scienza dello spirito" secondo Hans Kelsen*, Prefácio da tradução italiana de H. Kelsen, *Über Grenzen zwischen und soziologischer Methode*, 1911 (*Tra metodo giuridico e sociologico*, Nápoles, Guida, 1974, p.11). A maior parte

Direito e poder

interior da obra. Porém, essa única citação é importante como sinal da consideração que o jovem e já notório jurista, crescido na escola de Jellinek, demonstra pelo autor daqueles ensaios metodológicos das ciências sociais que já tinham obtido a maior repercussão na Alemanha. Após dizer que a obra que está para publicar tem caráter predominantemente metodológico, pois visa a liberar a construção dos conceitos jurídicos de elementos sociológicos e psicológicos, especifica que suas pesquisas estão sob o signo de duas grandes antíteses, uma entre *Sein* e *Sollen* e outra entre forma e conteúdo. A propósito da segunda, cita o ensaio weberiano sobre a objetividade das ciências sociais (1904) e escreve:

> Se posso ... precisar meu ponto de vista com as palavras de Weber, a característica do fim cognitivo de meu trabalho consiste em que ele não quer ir além de um tratado puramente formal das normas jurídicas porque, segundo minha opinião, nessa limitação se propõe de novo a essência do tratado formal/normativo da jurisprudência.[4]

---

das citações de Weber desaparecem também na passagem da primeira edição de *Vom Wesen und Wert der Demokratie*, 1920, para a segunda, 1929, conforme destacado por R. Racinaro na Introdução citada.

4 Kelsen cita, sem transcrevê-lo, um trecho do ensaio weberiano, *Die Obiektivität sozialwissenschaftlicher und Erkenntinis*, "Archiv für Sozialwisssenschaft und Sozialpolitik", IX, 1904, p.45. Trata-se do trecho: "Não existe nenhuma análise científica puramente 'objetiva' da vida cultural ou ... dos 'fenômenos sociais', independentemente de pontos de vista específicos e 'unilaterais', segundo eles ... sejam escolhidos como objetos de pesquisa, analisados e organizados na exposição. O fundamento daquilo que está no caráter específico do fim cognitivo de cada trabalho de ciência social, que pretenda ir além de uma consideração puramente formal das normas, jurídicas ou convencionais, da subsistência social" (da trad. it. de Pietro Rossi, in M. Weber, *Il metodo delle scienze sociali*, Turim, Einaudi, 1958, p.84).

Que a referência a Weber esteja totalmente correta pode-se discutir. O que é certo é: a dívida que Kelsen tem ou demonstra, ou acredita ter, em relação às teses metodológicas weberianas, a ponto de incluir uma afirmação weberiana no núcleo fundamental de sua teoria.

Quando, em 1921, sai *Wirtschaft und Gesellschaft*, que contém a sociologia do direito weberiana, até então inédita, Kelsen submeteu-a imediatamente a uma análise crítica profunda num artigo, *Der Sttatsbegriff der "verstehende Soziologie"*, que aparece na *Zeitschrift für Volkswirtschaft und Soziologie*, em 1921, e se torna um capítulo do livro *Der soziologische und der juristische Sttatsbegriff*, publicado em 1922, constituindo um momento decisivo na passagem entre os *Hauptprobleme* e a *Allgemeine Staatslehre* de 1925.[5] Para conhecer e compreender a relação entre Kelsen e Weber quanto ao problema da sociologia do direito e de sua contraposição à teoria do direito, como Kelsen a concebe, esse artigo é fundamental. Quando, na *General Theory of Law and State*, que é de 1945, retomar, embora brevemente, o tema da sociologia jurídica weberiana, vai repetir mais ou menos os mesmos conceitos. A obra de Weber é apresentada como a obra mais significativa depois da sociologia de Simmel.

Convém não esquecer que, no mesmo período em que Kelsen publicava os *Hauptprobleme* e Weber escrevia a sua sociologia do direito, o problema da sociologia do direito e naturalmente de suas relações com a jurisprudência andava na ordem do dia. Em 1910, Hermann Kantorowicz havia apresentado sua célebre conferência sobre *Rechtswissenschaft und Soziologie*, e, em 1913, Eugen Ehrlich publicava sua obra fundamental, *Grundlegung der Soziologie des Rechts*, que permaneceu como uma das contribuições principais e mais fascinantes para o desenvolvimento da disciplina. Durante os 25 anos em que Kelsen construiu seu sólido

---

5 Na revista, o artigo se encontra entre as p.104-19; no livro, o capítulo correspondente se encontra entre as p.156-70 (trad. it. de A. Carrino *Sociologia del diritto*, 1987, 3, p.47ss).

Direito e poder

castelo teórico, entre 1919 e 1934 (ano da publicação da *Reine Rechtslehere* em sua primeira e sintética redação), a sua capacidade de entrar em discussão crítica com as principais correntes e doutrinas do tempo tem algo de prodigioso. A sua crítica das teorias do direito socialista e comunista é bem conhecida, embora nestes últimos anos tenha sido redescoberta e levada mais a sério do que acontecera no tempo da excomunhão. Só recentemente nos demos conta de que aquele "puro" teórico do direito ("puro" usado com frequência no sentido pejorativo de vazio") tinha se ocupado, pioneiramente entre os juristas, da psicanálise. Bem, não lhe escaparam nem o ensaio de Kantorowicz, nem o livro de Ehrlich. Ao primeiro dedicou um artigo publicado em 1912;[6] ao segundo, um longo ensaio em 1915.[7]

---

6 A crítica a Kantorowicz se encontra na nota *Zur Sociologie des Rechts. Kritische Bemerkungen*, "Archiv für Sozialwissenschaft und Sozialpolitik", XXXIV, 1912, p.601-14, no qual Kelsen se posiciona perante Kantorowicz, p. 601-7, e o livro de Kornfeld, *Soziale Machtverhältnisse*, 1911, p.607-14, trad. it. Kelsen. *Sociologia della democrazia*. (Org.). A. Carrino, Nápoles, Edizioni Scientifiche Italiane, 1991, p.85-102.

7 À crítica da sociologia do direito de Eherlich, Kelsen dedicou um longo ensaio, *Eine Grundlegung der Rechtssociologie*, "Archiv für Sozialwissenschaft und Sozialpolitik", XXXIX, 1915, p.839-76. Essa crítica suscitou uma reação ressentida de Ehrlich, que respondeu com uma *Entegnung*, eodem, XLI, 1916, p.844-9, seguida de uma *Replik* de Kelsen, p.850-3. A polêmica recomeçou no ano seguinte com uma *Replik* de Ehrlich, eodem, XLII, 1916-7, p.609-10, e com um *Schlusswort* de Kelsen, p.611. A crítica de Kelsen a todas as teses sustentadas por Ehrlich é detalhada, insistente e severa: não se pode falar da sociologia do direito como de uma ciência do Direito porque a ciência do Direito é uma só e é a ciência normativa do Direito; a Sociologia do Direito não é uma disciplina autônoma, porque é uma simples seção de uma ciência explicativa da vida social; a sua demarcação só pode ser feita na base de uma definição do direito cuja determinação deriva do conceito normativo do Direito. Kelsen dirige a Ehrlich a mesma crítica que dirigirá a Weber: a Sociologia do Direito não tem condições de definir o que é Direito e, portanto, deve pressupor o conceito elaborado pela ciência normativa do Direito. Todos os textos da controvérsia estão agora publicados: trad. it. E. Ehrlich, H. Kelsen, *Scienza giuridica e sociologia del diritto*. (Org.). A. Carrino, Nápoles, Edizioni Scientifiche Italiane, 1992.

Norberto Bobbio

2. Como as relações entre os dois autores são não apenas diretas, mas também indiretas, convém ter em mente ainda os escritores em que ambos se inspiraram, considerando-os relevantes para suas finalidades. Embora não se trate de pesquisa fácil, pois nem Weber nem Kelsen fazem muitas citações (Weber menos ainda), deve-se lembrar, pelo menos para o nosso tema, de que Weber também escreve uma resenha crítica do ensaio de Kantorowicz[8] e mostra conhecer a sociologia de Ehrlich, que cita mesmo reprovando-lhe o erro de confundir o ponto de vista sociológico com o jurídico (que é a mesma crítica feita por Kelsen).[9] Não é aqui o lugar de ficar procurando as fontes comuns de nossos dois autores. Mas, sempre a propósito da relação entre direito e sociedade, não se pode deixar de citar duas obras surgidas poucos anos antes que frequentemente constituem uma referência crítica, tanto para o primeiro quanto para o segundo: *Wirtschaft und Recht nach der materalistischen Geschichtsauffassung*, de Rudolf Stammler, 1896, e *Allgemeine Staatslehre* de Georg Jellinek, 1900.

Em relação a Kantorowicz e a Ehrlich, Weber e Kelsen se encontraram do mesmo lado da barricada. Os dois sociólogos tendiam a reduzir a jurisprudência a disciplina sociológica, a não reconhecer a distinção entre validade ideal e validade real, teses que Weber considerou sempre, e Kelsen com ele, senão a partir dele, uma fonte de confusão. Além disso, ambos, o primeiro defensor militante do direito livre, o outro crítico igualmente tenaz da jurisprudência formalista e estatizante em nome do "direito

---

8 Em uma *Diskussionrede* às jornadas sociológicas alemãs de Frankfurt, promovidas pela Sociedade Alemã de Sociologia, em outubro de 1910, em que Kantorowocz havia apresentado o seu discurso sobre a ciência do direito e a sociologia. A intervenção de Weber foi publicada nas *Schriften der deutschen Gesellschaft für Soziologie*, Tübingen, Mohr, 1911, p.323-30, depois *Gesammete aufsätze zur Soziologie und Sozialpolitik*, Tübingen, Mohr, 1924, p.471-6.

9 M. Weber, *Wirschaft und Gesellschaft*, 5.ed., Tübingen, Mohr, 1976, trad. it., Milão, Edizioni di Comunità, 1961, II, p.18.

Direito e poder

vivo", haviam concebido seus textos também como armas de uma batalha política do direito, ao passo que Weber e Kelsen, fiéis ao ideal da ciência avaliadora, da distinção entre a esfera do conhecimento e a esfera da ação, enfrentaram o problema de fundo da relação entre sociedade e direito, ou melhor, entre a tarefa da sociologia e a da jurisprudência quanto ao fenômeno jurídico, essencialmente como um problema metodológico, como um problema que se inseria na disputa em torno da distinção entre ciências naturais e ciências do espírito, e, mais particularmente, segundo a notória distinção kelseniana, entre ciências explicativas e ciências normativas.

Muito mais complexa e também metodologicamente mais interessante é a relação crítica de Weber e Kelsen com Stammler: interessante também porque as críticas são em grande parte comuns e revelam algumas notáveis afinidades de impostação, tanto de método quanto de conteúdo. Em sua ampla obra sobre direito e economia do ponto de vista do materialismo histórico, que já havia sido criticada por Croce, quando apareceu, Stammler sustentava sobretudo duas teses: a distinção entre as ciências causais da natureza e as ciências teleológicas da sociedade (que era a tese metodológica) e a distinção entre o direito como forma e a economia como conteúdo (que era uma tentativa de reconstrução conceitual global do sistema social). As duas teses são objeto de crítica por parte de Weber[10] e de Kelsen: as críticas de Kelsen não se diferenciam substancialmente das de Weber. De clara inspiração weberiana é a crítica que Kelsen dirige à primeira distinção nos *Hauptprobleme*, embora recorrendo à au-

---

10 Ver sobretudo o texto *Überwindung der materialistischen Geschichtsauffassung*, 1907, in *Gesammelte Aufsätze zur Wissenschaftslehre*, 3.ed., Tübingen, Mohr, 1968, p.291-359. As referências sempre polemicamente muito ásperas às teorias de Stammler são frequentes também em *Wirtschaft und Gesellschaft*, a começar pela primeira página, onde se cita "o livro assaz desviante" (*stark irreführendes*) de R. Stammler.

toridade de Sigwart, o qual declarou em sua lógica que a relação causa/efeito e a relação meios/fim não passam da mesma relação considerada de dois pontos de vista diferentes, e não podem ser assumidas como categorias gerais para a distinção de dois tipos de ciências. Também Wundt sustentou que os dois princípios não se excluem, que a aplicação do princípio de escopo é possível só com o pressuposto da validade simultânea do princípio causal. Para Kelsen, a distinção entre dois tipos de ciência passa pela distinção não entre o causal e o teleológico, mas entre o causal e o teleológico, de um lado, referindo-se à esfera dos fatos, e o normativo, que concerne à esfera do dever-ser.

Quanto à segunda tese, a distinção entre direito/forma e economia/conteúdo, Weber critica Stammler não só por não ter distinguido a validade empírica da validade normativa (mas sobre isso vou me deter mais adiante), mas também por não se ter dado conta de que o agir social não se orienta apenas na base de ordenamentos e, portanto, também admitindo que se possa definir um ordenamento como forma do agir social (o que Weber não admite).

> o regulamento normativo é um componente importante, mas apenas um componente causal, do agir de consenso: não é – como gostaria Stammler – a sua forma universal.[11]

Poder-se-ia pensar que Kelsen, defensor de uma teoria formal do direito e considerado, para o bem e para o mal, um formalista, esteja mais próximo de Stammler do que de Weber quanto à concepção do direito como forma. Na realidade não é assim. A grande dicotomia kelseniana, aquela que serve para distinguir as duas esferas cognitivas, não é forma/conteúdo, mas *Sein/Sollen*. Uma coisa é dizer que o direito é forma da sociedade, outra é afir-

---

11 *Wirtschaft und Gesellschaft* , op. cit., p.194, trad. it., op. cit., I, p.330.

Direito e poder

mar, como faz Kelsen, que a tarefa da Teoria Pura do Direito, ou seja, de uma teoria que se pretende científica, é estudar o direito em sua estrutura formal. Como de resto disse desde o início, na passagem há pouco citada, Kelsen não se propõe em sua primeira grande obra de conjunto apresentar o direito como forma, ou até como *a* forma da sociedade, mas "não ir além de um tratado puramente formal das normas jurídicas". Uma frase desse gênero deixa entender, além de tudo, que se possa fazer um tratamento não formal do direito, o que vem a ser a sociologia jurídica.

3. Nos anos imediatamente anteriores à obra de sociologia jurídica de Weber e aos primeiros escritos de Kelsen, havia ocorrido um encontro fecundo entre sociólogos e juristas. Mais do que no nascimento da sociologia do direito como disciplina autônoma (que acontece mais tarde) assiste-se, de um lado, ao reconhecimento que alguns grandes sociólogos, como Durkheim, fazem das estruturas jurídicas da sociedade; do outro, ao reconhecimento que alguns grandes juristas, como Hauriou, fazem da importância do estudo da Sociologia para a compreensão do fenômeno jurídico.[12] Esse encontro entre sociólogos e juristas não podia deixar de suscitar o problema da determinação das linhas de demarcação das respectivas disciplinas. Mas não se tratava do mesmo *Methodenstreit*, do qual Max Weber havia participado intensamente, acerca da distinção entre ciência da natureza e ciências do espírito, entre ciências generalizantes e individualizantes, porque a jurisprudência não era nem uma ciência social a ser contraposta às ciências naturais, nem uma ciência idiográfica a ser contraposta às ciências nomotéticas, e, assim, não se inseria em nenhuma daquelas ciências cujo *status* epistemológico fora objeto de disputa.

Por parte dos sociólogos e dos juristas que olhavam o direito do ponto de vista da sociedade houve a tentação de re-

---

12 *Wirtschaft und Gesellschaft*, op. cit., p.194, trad. it., op. cit., I, p.330.

solver a dificuldade negando o status de ciência, no sentido em que se falava de ciências sociais ou do espírito ou da cultura, à jurisprudência, considerada uma dogmática como a teologia, isto é, um conjunto de regras para a interpretação de textos (hoje se diria uma hermenêutica), sustentando que então, uma vez fixado o lugar e descoberto o papel das ciências sociais no universo do saber científico, a única disciplina jurídica ou pertinente ao Direito que poderia exibir o *status* de ciência era a sociologia do direito. Mas houve também quem se preocupasse em encontrar um critério de distinção entre a sociologia do direito, que cabia plenamente na categoria das ciências sociais, e a jurisprudência: esse critério naturalmente não podia ser o que havia permitido a distinção entre ciências da natureza e ciência do espírito, embora houvesse permitido atribuir à jurisprudência o status de ciência.

Nunca será suficientemente enfatizado que em *Allgemeine Staatslehre*, sua obra destinada a ser um dos monumentos do direito público, Jellinek havia resolvido a disputa que contrapunha sociólogos e juristas, dividindo salomonicamente a doutrina do Estado em duas partes, que chamara respectivamente de doutrina "sociológica" e doutrina "jurídica" do Estado: uma solução que Kelsen incluiria na história, criticando-a, com o nome de *Zweiseitentheorie* (ver adiante). Jellinek fundamentava essa divisão da teoria do Estado numa tipologia das ciências que não coincidia com aquela mais discutida. Distinguia a ciência das causas da ciência das normas, reconduzindo-a à distinção entre conhecimento causal que se utiliza das leis naturais, e conhecimento normativo que se refere às regras de conduta. Quanto à distinção ente leis naturais e normas, o critério que Jellinek trazia era aquele, destinado a ter um destino imprevisível graças a Kelsen, da distinção entre regras que exprimem aquilo que é e as regras que exprimem aquilo que deve ser. Essa distinção lhe permitia definir a ciência do Direito como ciência de normas, isto é, como "uma ciência não das leis daquilo que é, mas das normas" e distingui-la, enquanto tal, da Sociologia do Direito, que é uma ciência das causas. Referida

Direito e poder

à doutrina do Estado, a distinção permitia, por seu lado, distinguir a doutrina social do Estado "que tem por conteúdo a existência objetiva, histórica ou... natural do Estado" da doutrina jurídica que tem por conteúdo "as normas jurídicas que naquela existência real devem manifestar-se" e que "não são sem dúvida algo de real", mas "algo realizável mediante uma atividade humana ininterrupta"; e em definitivo "evitar de uma vez por todas a confusão entre as duas partes da doutrina do Estado".[13]

Não pretendo valorizar em excesso a distinção de Jellinek que, examinada atentamente, se demonstra um tanto aproximativa, nem conjeturar que tenha sido considerada por Weber,[14] que cita, sim, Jellinek, mas em outros contextos, ou por Kelsen, embora não se deva esquecer que, no final do prefácio da primeira edição de *Hauptprobleme*, exprime a gratidão ao mestre, morto enquanto o livro estava para ser publicado, escrevendo entre outras coisas que o livro mostrará a influência decisiva que ele exerceu no desenvolvimento da doutrina do Estado. Mas é um fato que Jellinek se dera perfeitamente conta do problema levantado pela transformação do direito público numa disciplina jurídica cada vez mais rigorosa e, assim, da necessidade de distingui-la nitidamente da Sociologia do Direito.

---

13 G. Jellinek, *La dottrina generale dello Stato*, Milão, Società Editrice Libraria, 1921, v.i, p.73.

14 Para a relação entre Weber e Jellinek, é importante a *Gedankenrede auf Georg Jellinek*, que Weber pronunciou em 21 de março de 1911, por ocasião do casamento da filha de Jellinek, pouco depois da morte do pai, publicada no volume *Max Weber zum Gedächtnis*, R. König e J. Winkelmann (Orgs.) como suplemento da "Kölner Zeitschrift für Soziologie und Sozialpsychologie", Sonderheft, 7, 1963, p.13-7. Weber enumera as dívidas seguintes com Jellinek: a distinção entre pensamento naturalista e pensamento dogmático no *Sistema dei diritti soggettivi*, a respeito do problema metodológico; a formação do conceito de doutrina social do Estado, sobre o esclarecimento das tarefas da Sociologia; a prova da derivação religiosa na gênese dos direitos do homem, sobre a busca da relevância do fenômeno religioso em geral nos campos onde comumente não é procurada (p.15).

Na mesma altura em que se prepara para elaborar uma sociologia do direito, Weber também se preocupa com a *actio finium regundorum* entre ponto de vista sociológico e ponto de vista jurídico. O tema é tratado no início do capítulo I da parte II de *Wirtschaft und Gesellschaft* com essas palavras: "Quando se fala de 'direito', 'ordenamento jurídico', 'norma jurídica', é necessário um rigor especial para diferenciar o ponto de vista jurídico do sociológico".[15] A diferença é direcionada por Weber para a distinção entre validade ideal e validade empírica de uma norma ou de um ordenamento: uma distinção entre o plano do dever ser, sobre o qual se coloca a ciência do direito, e o plano do ser, sobre o qual se coloca a sociologia jurídica. Quando nos situamos do ponto de vista da validade ideal, temos de encarar o problema, segundo Weber, de qual é o "sentido normativo" a ser atribuído a uma proposição que se apresenta como norma jurídica, tarefa que é própria do jurista ou do juiz, o qual busca o sentido "logicamente correto" de uma norma e tende a reconduzi-lo a um sistema logicamente sem contradições. Ao contrário, quando nos situamos do ponto de vista da validade empírica, temos de encarar o que acontece de fato numa comunidade em que os indivíduos, considerando um determinado ordenamento como válido, orientem seu comportamento perante tal ordenamento. Aos dois pontos de vista correspondem dois significados diversos de "ordenamento". De acordo com o primeiro, "ordenamento" é um conjunto de regras válidas cujo nexo deve ser interpretado com o intuito de aplicá-las a este ou àquele caso. Segundo o outro, "ordenamento" indica um conjunto de motivos efetivos que determinam a ação humana,

---

15 *Wirtschaft und Gesellschaft*, cit., p.181, trad. it., cit., p.309. Para uma discussão sobre o conceito de direito e sobre a distinção entre o direito dos juristas e o direito dos sociólogos em Weber, é preciso retomar pelo menos o texto de Stammler já citado, *Überwindung der materialistischen Geschtsauffasung*, cit., p.323ss.

Direito e poder

e daí se deveria extrair a compreensão do porquê de um indivíduo agir de um certo modo num determinado contexto social. Não nos esqueçamos de que, para Weber, é tarefa da Sociologia compreender o agir social e que por "agir" ele entende uma ação à qual o indivíduo atuante atribui um sentido objetivo. Isso explica porque o ponto de vista sociológico quanto ao direito deveria consistir em analisar as ações que são determinadas pela existência de um ordenamento jurídico ou, em outras palavras, aquelas ações cujos motivos e, portanto, o sentido subjetivo, é a representação da existência de um ordenamento que por isso mesmo, ou seja, pelo fato de constituir uma referência para a ação dos associados, deve ser considerado um ordenamento válido (empiricamente).

Não é o caso de dizer se aquilo que Weber chamou de Sociologia do Direito corresponde a tal intento. Para mim, seria difícil dar uma resposta positiva. Alguns temas, como o da distinção entre direito e convenção, sobre o qual retorna várias vezes, ou o da definição de ordenamento jurídico, são temas tradicionais da filosofia do direito. Boa parte do capítulo VII, citado, faz parte da história do direito, mesmo que seja numa história que dedica atenção especial à relação entre formação do direito e ordenamento econômico, entre transformação do direito e as diversas formas do poder político.[16] O que nos interessa desta-

---

16 Se o capítulo VII de *Wirtschaft und Gesellschaft* for propriamente uma Sociologia do Direito e, em que sentido o é de "Sociologia do Direito", é tema ainda hoje discutido, sem solução fácil porque no final das contas é um problema de definição. De qualquer modo, sobre a Sociologia do Direito weberiana, além do capítulo V da *Introduzione alla sociologia del diritto* de Treves, já citada (p.85-98), podem ser consultadas tanto à Introdução de M. Rheinstein, à edição norte-americana, *Law in Economy and Society*, Harvard University Press, 1954, p.XXV-LXII, quanto a Introdução de J. Kwinckelmann à edição alemã, já citada, p.15-49. E mais: M. Rehbinder, *Max Webers Rechtssoziologie*, in *Max Weber zum Gedächtnis*, op. cit., p.470-88, e K. Engisch, *Max Weber als Rechtsphilosoph und Rechtssoziologe*, in *Max Weber. Gedächtnisschrift der Ludwig-Maximilians Universität zum 100. Wiederkehr seines Geburtstags*, op. cit., p.67-88. J. Freund, *La rationalisation du droit selon Max*

car é a distinção nítida que Weber introduz entre validade ideal e empírica. Assim, nos interessa pôr a tônica no fato de que, inserida essa distinção, Weber, como sociólogo, se detém para esclarecer o conceito de validade empírica, enquanto é essa, e não a validade ideal, que interessa à sociologia do direito. Contribuem para esse esclarecimento sobretudo duas observações:

a) para a validade empírica de um ordenamento não é necessário que todos e sequer a maioria daqueles que orientam seu comportamento com base naquele ordenamento se comportem de tal modo porque esse comportamento é prescrito pelas normas do ordenamento; muitos podem comportar-se daquele modo por mero hábito ou por receio de desaprovação alheia, não por uma obediência sentida como dever jurídico;

b) sequer é necessário que o ordenamento seja de fato cumprido por todos, pois aquilo que caracteriza a validade empírica de um ordenamento não é sua observância, mas o agir orientado em sua direção, e não há dúvida que também quem o viola age orientando a própria ação no sentido daquela norma cuja presença deve ter em conta para que possa eludi-la.

As duas observações tendem a mostrar que a validade empírica de um ordenamento não coincide com a obediência às normas dos participantes, porque aí estão incluídos tanto aqueles que se enquadram sem propriamente obedecê-lo (no sentido forte de sentir-se obrigados por aquelas normas) quanto aqueles que o desobedecem (mas sabem de sua existência).

Interessa-nos destacar a análise weberiana da validade empírica por constituir o ponto de encontro e de divergência com Kelsen. O ponto de encontro porque na *General Theory of Law and State*, num capítulo em grande parte novo em relação à *Reine Re*

Weber, "Archivies de philosophie du droit", 1978, p.69-92. Na Itália: M.A. Toscano, *Evoluzione e crisi del mondo normative. Durkheim e Weber*, Bari, Laterza, 1975, e A. Febbrajo, *Per uma rilettura della sociologia del diritto weberiana*, "Sociologia del diritto", III, 1976, p.1-28.

chtslehre, enfrentando o problema da relação entre jurisprudência normativa e sociológica, Kelsen afirma que a "tentativa até agora mais feliz para definir o objeto da sociologia do direito é aquela feita por Max Weber".[17] A divergência, já que o problema que pressiona Kelsen, enquanto defensor da Teoria Pura do Direito, não é a validade ideal ou pura e simplesmente validade. Na Teoria Pura do Direito, o termo "validade" coincide com a expressão weberiana "validade ideal". Os temas weberianos da validade empírica correspondem na Teoria Pura do Direito ao problema da eficácia do ordenamento jurídico, do qual, aliás, Kelsen não trata particularmente, mesmo não lhe negando relevância nem legitimidade. Porém, mesmo na diversidade do objeto de análise por parte de Weber sociólogo e de Kelsen jurista, e mesmo com a diferença de terminologia, Weber e Kelsen concordam num ponto muito importante, ou seja, a distinção dos dois pontos de vista, do sociólogo e do jurista, e respectivamente das duas esferas, a esfera do ser e a do dever ser, sobre a qual se colocam as duas ciências: distinção que é negada ou não reconhecida pelos maiores expoentes da jurisprudência sociológica. Com aquele elogio inicial a Weber, transcrito há pouco, Kelsen conclui a crítica aos juristas sociologizantes que, com a teoria preditiva do direito, sustentando, por exemplo, que existe uma obrigação quando se pode prever com probabilidade ampla que uma determinada ação terá uma certa consequência, consideram ter resolvido totalmente a validade ideal na validade empírica e, portanto, não admitem a legitimidade de uma jurisprudência normativa além da jurisprudência sociológica. Seguindo Weber, Kelsen considera ao contrário que a distinção é necessária, e que o critério proposto por Weber para a distinção é justo, embora Weber acabasse depois por cair no mesmo erro em que caiu Austin ao dar uma definição sociológica do direito subjetivo ou uma definição que se refere à probabilidade (previsibilidade) de um determinado acontecimento.[18]

---

17 GTLS, p.178.
18 Kelsen se refere à passagem em que Weber define o Direito subjetivo nestes termos: "Que uma pessoa tenha, por causa do ordenamento jurídico estatal,

4. De qualquer modo, os pontos em comum acabam aqui. Kelsen não se detém em Weber. Vai além. Não se limita a firmar a existência dos dois pontos de vista contra os sociólogos que a negam, mas em relação aos sociólogos, ao contrário de Weber, muda completamente a relação entre os dois pontos de vista, apoiando a prioridade do ponto de vista jurídico sobre o sociológico. E essa tese ele a sustenta em polêmica direta contra Weber (embora valha não só contra Weber, mas contra todos os sociólogos do direito que presumem poder dispensar a teoria do direito assim como foi reconhecida pela teoria normativa).

O argumento principal de Kelsen é o seguinte: nenhum sociólogo do direito está em condições de desenvolver uma pesquisa sobre os comportamentos jurídicos de uma dada sociedade se não possuir um critério que lhe permita distinguir um comportamento jurídico de um não jurídico. Mas só a teoria do direito lhe fornece esse critério. "Só referindo o comportamento humano ao direito como sistema de normas válidas, ou seja, ao *direito como é definido pela jurisprudência normativa*, a jurisprudência sociológica pode distinguir o seu objeto específico do da sociologia geral".[19] Pode ser útil transcrever o exemplo. Kelsen expõe esses três casos:

a) a exigência de pagar uma taxa sob ameaça de pena;

b) a exigência da mesma soma feita por um bandido mais ou menos com a mesma ameaça;

c) o pedido da mesma soma feita por um amigo para o próprio sustento.

---

um direito (subjetivo), significa para a sociologia ... que tal pessoa tem a possibilidade garantida de fato ... de exigir ajuda de um aparelho coercitivo já existente para a tutela de determinados interesses (ideais ou materiais)", *Witschaft und Gesellscahft*, op. cit., p.184, trad. it. op. cit., I, p.314.

19 GTLS, p.179.

Sob qual aspecto, se pergunta Kelsen, a ordem fiscal difere da ordem do bandido e ambas do pedido do amigo? É claro que no caso em que o indivíduo submetido às três exigências as satisfaça, a ação ou o agir social dotado de sentido, para usar a terminologia de Weber, é o mesmo do ponto de vista sociológico. Contudo, só um destes três atos é um comportamento jurídico e como tal objeto da sociologia jurídica. O segundo é objeto da sociologia jurídica desde que seja considerado um ato de extorsão. O terceiro não é um objeto da sociologia jurídica. A sociologia jurídica não pode descrever a diferença entre os três casos sem se referir ao direito como conjunto de normas válidas, como sistema normativo, assim como é descrito pela teoria jurídica. Não que Weber não tenha procurado definir o comportamento jurídico, com o intuito de determinar o objeto da sociologia jurídica. Mas quando define esse objeto como o comportamento humano orientado para um ordenamento por ele considerado válido, essa definição é, para Kelsen, não satisfatória porque demasiado restrita. O exemplo que Kelsen dá a esse propósito é o do ilícito praticado sem que o culpado esteja consciente da existência de uma norma jurídica que o pune. Neste caso, encontramo-nos perante um comportamento que não é orientado para um ordenamento e que a sociologia do direito também não pode renunciar a tornar objeto de suas próprias pesquisas. A conclusão é ainda uma vez a dependência necessária da sociologia do direito da teoria normativa. Com as próprias palavras de Kelsen: "A jurisprudência sociológica pressupõe o conceito jurídico de direito, quer dizer o conceito de direito como é definido pela jurisprudência normativa".[20]

5. O confronto entre Weber e Kelsen feito até aqui concerne ao problema do método, a respeito do que se pode repetir a afirmação de Max Rheinstein, ao concluir a introdução da

---

20 GTLS, p.182.

edição americana da sociologia jurídica weberiana, segundo a qual, como a mistura dos dois métodos, jurídico e sociológico, só pode criar confusão, as obras de Weber e Kelsen, nos respectivos campos, devem ser consideradas complementares.[21] Outro confronto merece ser feito quanto a uma importante questão de conteúdo. Refiro-me ao problema, realmente central de toda teoria do direito, da relação entre direito e Estado. O modo de argumentar de Kelsen quanto aos conceitos weberianos de Direito e Estado e de sua relação é análogo àquele usado a propósito do método. A sua principal argumentação, quando enfrenta o problema da relação entre Direito e Estado em Weber, é aproximadamente dessa natureza: Weber deu um passo adiante, levando em conta a tradição, mas se deteve muito cedo. Na tradição, Direito e Estado são sempre considerados dois conceitos distintos, apesar de conexos: distintos no sentido de que o Estado sempre foi considerado como uma forma de poder (a soberania é *summa potestas*), ao contrário, o Direito como um tipo de norma ou regra de conduta (daí os problemas clássicos dos diversos tipos de poder na teoria do Estado, das diversas espécies de normas na teoria do direito); conexos, no sentido de que o poder estatal cria Direito, embora nem todas as normas jurídicas sejam de origem estatal, e que o Direito regula também o poder de Estado, se bem que nem todo o poder estatal, ao menos segundo uma tradição bem consolidada, possa ser regulado pelo Direito. Com o avanço do positivismo jurídico, que significou limites cada vez mais rígidos entre direito e moral, de um lado, e direito e política, do outro, e encaminhou um processo de tecnicização cada vez maior do direito público, tem se acentuado a tendência para tratar o Estado do ponto de vista do Direito ou, se me for permitido designar essa tendência com uma única palavra, a "juridificar" o Estado. Essa tendência é clara, segundo Kelsen, em Weber. No livro que já citei, *Der*

---

21 M. Weber, *Law in Economy and Society,* op. cit., p.LXXI.

Direito e poder

soziologische und der juritische Staatsbegriff, Kelsen distingue as dou-trinas que consideram o Estado como um pressuposto do Direito das que consideram o Direito como um pressuposto do Estado. Weber é colocado (junto com Stammler e outros) na segunda categoria. Ou melhor, Kelsen reconhece a Weber o mérito de ter considerado o Estado como ordenamento jurídico e, assim, de ter se contraposto de maneira radical às doutrinas sociológicas do Estado que o consideram e o tratam como uma "realidade social".

Certamente, em Weber, os conceitos de Direito e de Estado remetem um ao outro, embora não se reduzam um ao outro. O termo comum a ambos é *coação,* termo que tem um lugar central também na teoria kelseniana. O conceito de coação tem uma parte importante, essencial, tanto na definição de Direito, enquanto serve para distinguir o Direito da convenção, quanto na definição de Estado, enquanto serve para distinguir o Estado como grupo político da Igreja, por exemplo, como grupo hierocrático. Todavia, convém acrescentar logo que a característica do Direito e do Estado não é só a coação. Para a definição do Direito também é essencial o conceito de aparelho, no sentido de que se tem o Direito, segundo Weber, quando "a sua validade é garantida do exterior mediante a possibilidade de uma coerção (física ou psíquica) por parte do agir, destinada a obter o cumprimento ou a punir a infração, de um aparelho de homens expressamente disposto a tal finalidade".[22] Para a definição do Estado, é essencial o conceito de monopólio da força (e, portanto, da possibilidade de coação), pois o Estado, para Weber, só pode ser definido recorrendo ao meio específico, que é exatamente o monopólio da coerção física, e não mediante a finalidade, sendo que os fins dos Estados históricos são e po-dem ser dos mais diferentes. Sendo o aparelho essencial para o Direito, parece inconcebível um Estado que não seja também um ordenamento jurídico, ao passo que, uma vez definido o Estado

---

22 *Wirtschaft und Gesellschaft,* op .cit., p.17, trad. it., op. cit, I, p.31.

só mediante a organização do monopólio da força, é concebível, no sistema conceptual weberiano, um ordenamento jurídico que não seja um Estado. "Nem todo direito (objetivo) garantido é garantido mediante a força (isto é, mediante uma ameaça de coerção física)". Para que se possa falar de direito basta ao sociólogo constatar se, pelo uso da coerção jurídica (*Rechtszwang*), que prescinde do uso da força,

> é [seja] ordenado um aparelho coercitivo, e se ele possui [possua] de fato um peso tal que deixe subsistir, em medida praticamente relevante, uma possibilidade que a norma em vigor seja observada em consequência do recurso a tal coerção jurídica.

A identificação do Estado com o Direito num determinado território é um fenômeno característico do Estado moderno, ou seja, um fato histórico. O que aconteceu porque "hoje a coerção jurídica mediante o uso da força é monopólio da instituição do Estado", e continua verdadeiro que se possa falar de "direito estatal", o que significa "garantido estatalmente", "se e enquanto para sua garantia seja usada a coerção jurídica mediante os meios coercitivos-específicos – e no caso normal, diretamente físicos – da comunidade política".[23]

Quem tiver alguma familiaridade com o pensamento kelseniano não demora a perceber a conexão bem estreita entre a teoria weberiana e a kelseniana do direito e do Estado quanto à impostação geral, à posição central do conceito de coação, e à definição meramente estrutural do Direito e do Estado, quanto à recusa de qualquer referência aos fins, embora para Kelsen o Direito, e não o Estado, deva ser definido não teleologicamente (como "técnica social específica"), quanto à concepção do Estado como monopólio da força e assim por diante.

---

23 *Wirtschaft und Gesellschaft,* op. cit., p.183, trad. it., I, p.312.

Direito e poder

Seria muito fácil observar que tais analogias dependem de os dois pertencerem ao movimento do positivismo jurídico, por meio do qual ocorre o processo de juridificação do Estado e de estatização do direito, e por obra de qual o Direito é cada vez mais identificado com o conjunto de normas ligadas direta ou indiretamente com o aparelho coativo (que em sua forma mais completa é próprio do Estado). Além disso, enquanto Kelsen é um positivista declarado e elabora uma verdadeira teoria do positivismo jurídico, Weber pode ser considerado positivista só no sentido de que reconhece, no processo de formação do Estado moderno, um processo de progressiva positivização do direito e, portanto, de progressiva eliminação de qualquer forma de direito que não seja imposta pelo Estado (trata-se do *gesatzes Recht*), isto é, das três outras formas de direito vigente em outras épocas, dentre as quais, justamente, o direito natural, cuja validade emerge sobretudo nas épocas revolucionárias, quando as demais formas de direito, que são, além do direito estatuído, o direito revelado e o direito tradicional, entram em crise.

A distinção entre direito positivo e direito natural repousa na Teoria Pura do Direito sobre diferenças essenciais, das quais as duas principais são a distinção entre validade formal, própria do direito positivo, e validade material, própria do direito natural, e a distinção entre sistema dinâmico próprio de um ordenamento jurídico e sistema estático próprio dos ordenamentos éticos. A diferença é tal que o direito natural não pode ser chamado de "direito" no mesmo patamar em que se chama de "direito" o direito positivo, e afinal, levando o raciocínio kelseniano às últimas consequências, o direito natural não é direito, no qual a Teoria Pura do Direito se coloca justamente como teoria do direito positivo. Para Weber, ao contrário, a positivização do direito é um fenômeno histórico, é um processo característico do Estado moderno, ou seja, do Estado legal-racional, em que o direito estatuído pelo poder soberano domina todas as outras formas tradicionais de direito, incluindo o direito natural, o qual permanece como forma legítima específica dos ordenamentos criados mediante revoluções. Em outras palavras, o advento do Estado moderno assinala a era da preeminência, para não dizer da exclusividade, do direito estatuído, que é o direito imposto pelo legislador, a respeito das formas mais arcaicas de direito, que são o direito revelado e o direito tradicional, e também quanto ao direito natural, definido como "o tipo mais puro de validade racional segundo o valor",[24] o qual, por outro lado, "sempre constituiu a forma de legitimidade específica dos ordenamentos em que as classes que se rebelavam contra o ordenamento existente conferiam uma legitimidade às suas aspirações de criação jurídica, quando não se apoiavam em normas e revelações de uma religião positiva".[25]

Em que sentido se pode sustentar, como eu disse, que, para Kelsen, Weber se formou muito cedo? Nos termos mais breves possíveis, pode-se dizer assim: Weber reconheceu que o Estado é um ordenamento jurídico, mas não chegou a reconhecer que o Estado não é nada fora do ordenamento jurídico, ou que, uma vez definido o Estado como ordenamento jurídico, o Estado desaparece como entidade diversa do Direito, como ente possuidor de uma realidade diversa daquela do ordenamento jurídico que não regula as várias atividades. Na obra várias vezes lembrada, Kelsen, recorrendo a uma ousada analogia com as disputas teológicas, compara a disputa entre deístas, que contrapõem Deus e mundo, e panteístas, que tornam Deus imanente ao mundo, à disputa entre juristas dualistas que, ao distinguir o Direito do Estado, atribuem ao Estado uma realidade distinta daquela do Direito, e juristas monistas que não admitem nenhuma transcendência do Estado em relação ao Direito, reconhece em Weber o mérito de ter construído, mesmo não intencionalmente, uma teoria do Estado como ordenamento jurídico, na qual premissa, nas primeiras linhas da *Auseinandersetzung*, de que as pesquisas

---

24 *Wirtschaft und Gesellschaft*, op. cit., p.19, trad. it., I, p.34.
25 *Wirtschaft und Gesellschaft*, op. cit., p.497, trad. it., op. cit., II, p.175.

weberianas confirmam "que todos os esforços para determinar a essência do Estado em via extrajurídica, em particular com viés sociológico, chegam sempre a uma identificação meio mascarada do conceito procurado com o conceito de ordenamento jurídico";[26] e a conclusão, no final da análise ponto a ponto, de que "a sociologia do Estado se revela como uma doutrina do direito (*Rechtslehre*)".[27] Porém, o reconhecimento deste mérito não basta para fazer considerar a doutrina do Estado de Weber como idêntica à teoria do Estado própria da teoria pura do direito. Só a teoria pura do direito chega à consciência plena de que, uma vez definido o Estado como ordenamento jurídico, não existe nada no conceito tradicional de Estado que já não esteja naquele de direito, assim como, uma vez resolvido Deus na natureza, à maneira dos panteístas, não existe no conceito de Deus nada mais que já não se contenha no conceito de natureza. Em outras palavras, que o Estado seja um ordenamento jurídico, significa que todos os atos atribuíveis ao Estado são atos jurídicos, enquanto atos de produção ou de execução de normas jurídicas, entendido o Direito como ordenamento coercitivo, e entendidas as normas jurídicas como as normas pertencentes a esse tipo de ordenamento.

No sistema conceitual de Weber, Direito e Estado ocupam lugares diferentes. No sistema conceitual de Kelsen, não existe lugar para um conceito de Estado distinto do conceito de Direito. O Estado é, na teoria kelseniana, um tipo de ordenamento jurídico, em especial aquele tipo de ordenamento jurídico que é caracterizado por "um certo grau de centralização".[28] Daí resulta que, enquanto para Weber a teoria do Estado, centrada na teoria do poder e das diferentes formas de poder, é diferente da teoria do Direito, para Kelsen, a teoria do Estado é uma parte da teoria do Direito. Essa identificação de Direito e Estado é favorecida

---

26 H. Kelsen, *Der soziologische und der juritische Staatsbegriff*, op. cit., p.156.

27 Ibidem, p.169.

28 RRL1, p.134.

pela mesma definição de Direito a que Kelsen chega gradualmente (e será exposta e de modo claro e definitivo na *Allgemeine Staatslehre* de 1925), segundo a qual a força não é o meio para a realização do direito, mas é o conteúdo das normas jurídicas, e portanto o Direito é concebido como o conjunto de normas que regulam o uso da força (uso da força que no Estado moderno é monopolizado pelo poder político). Onde a força, sob a forma de poder coercitivo, é considerada meio para a atuação do Direito, ou melhor, de normas de conduta que, enquanto reforçadas pela coação, são habitualmente chamadas de normas jurídicas; o Estado, como detentor do poder de usar, excluindo qualquer outro, a força num território, pode ser apresentado como um ente diverso e distinto do conjunto das normas jurídicas. E diversamente, onde, como na teoria de Kelsen, que depois será seguida também por Ross, e aceita, independentemente da de Kelsen, por Olivecrona, o uso da força, monopólio do poder coercitivo do Estado, é o conteúdo das normas jurídicas, o Estado como ente em si mesmo desaparece e só permanece o ordenamento jurídico como ordenamento da força (*Zwangsordnung*).

6. Para além dos confrontos textuais entre Weber e Kelsen, sobre os quais me ocupei até agora, o problema da relação Weber-Kelsen pode ser enfrentado também de um ponto de vista mais geral, ao qual dediquei algumas páginas em meu escrito precedente.[29] Segundo Weber, a formação do Estado moderno se caracteriza por um processo de racionalização formal, processo que dá lugar àquela forma de poder legítimo que Weber chama legal-racional. A característica do poder legal-racional é ser um poder regulado em todos os níveis, do mais baixo ao mais alto, por leis, isto é, por normas gerais e abstratas impostas por um poder *ad hoc*.

---

29 *Struttura e funzione nella teoria del diritto di Kelsen*, 1973, agora nesta mesma coletânea.

Direito e poder

A mim me parece que a construção em graus do ordenamento jurídico, em que culmina a teoria pura do direito, seja uma representação fiel ou a representação mais adequada do Estado legal-racional, cuja formação constitui, segundo Weber, a linha tendencial do Estado moderno. Em outras palavras, a teoria estrutural de Kelsen (estrutural no sentido que define o direito e, por conseguinte, o Estado a partir da estrutura do ordenamento), se apresenta em conexão estreita com a estrutura do Estado moderno, entendido weberianamente como Estado legal-racional. O que não significa que Kelsen, apesar de sua pretensão de elaborar uma Teoria Geral do Direito, válida para os sistemas jurídicos de todos os tempos, tenha construído uma teoria válida só para um tipo de Estado. Significa que uma teoria acabada do sistema jurídico como sistema normativo complexo – e por sistema normativo complexo entendo um sistema em que são regulados pelo Direito também os atos que produzem Direito – só podia nascer de uma contínua reflexão sobre a formação do Estado moderno, em que a racionalização ou legalização dos processos de produção jurídica torna mais evidente a estrutura piramidal do ordenamento ou permite perceber que o ordenamento normativo que chamamos de ordenamento jurídico é um universo estruturado de certo modo. É fato que, quando Kelsen descreve a progressiva juridificação do Estado moderno, a ponto de reduzir o Estado a Direito, destaca o mesmo processo que Weber capta na formação do poder legal que acompanha o desenvolvimento do Estado no período histórico. Entre Kelsen e Weber, a esse propósito, poder-se-ia estabelecer a seguinte relação: o Estado é o próprio ordenamento jurídico (Kelsen) enquanto o poder se legalizou completamente (Weber). Aquilo que distingue o Estado de outros ordenamentos jurídicos das sociedades pré-estatais ou do ordenamento jurídico internacional é um certo grau de organização ou a existência de órgãos "que trabalham segundo as regras da divisão do trabalho para a produção e a aplicação das normas de que esse se constitui".[30] Quando Kelsen explicita que a presença dessa organização para a produção e aplicação do Direito comporta a consequência de que a relação definida como poder estatal se diferencia das outras relações de poder pelo fato de ser ela própria regulada por normas jurídicas, não parece tão distante da descrição daquele poder legítimo que é o poder legal, cuja principal característica é a de possuir aparelhos especializados como o aparelho judiciário e o administrativo (mas Kelsen acrescentaria aparelho legislativo), que agem nos limites de regras gerais e abstratas constitutivas do ordenamento.

Claro que a representação kelseniana se encontra num nível superior de abstração em relação à weberiana. Porém, conforme observei, Kelsen se propõe elaborar uma Teoria Geral do Estado, ao passo que Weber descreve um tipo ideal de Estado que é historicamente identificado. Tanto é verdade que para Kelsen, a teoria pura do direito enquanto teoria formal deveria valer para toda forma possível de Estado e especificamente, como lhe acontece repetir várias vezes para se defender das acusações provenientes de lugares opostos, tanto para o Estado capitalista quanto para o socialista, enquanto Weber, descrevendo o Estado legal-racional, cujo caráter específico é o fenômeno da burocratização, considerava que o modelo só valesse para os estados capitalistas, de cuja análise o modelo fora extraído. Os estados socialistas do futuro cuja primeira, grandiosa e ao mesmo tempo trágica experiência, vinha se desenvolvendo sob seus olhos nos últimos anos de sua vida, teriam apresentado novas formas de racionalidade material.

---

30 RRL2, p.318.

Capítulo 9
Perelman e Kelsen

Sumário

1 As relações entre os dois
2 Diferença sobre a teoria da justiça
3 A propósito do problema do lugar da razão na ética
4 A respeito da lógica do Direito
5 A propósito da natureza da ciência do Direito
6 Sobre o contraste entre jusnaturalismo e positivismo jurídico

Norberto Bobbio

1. Em junho de 1957, Hans Kelsen e Chaim Perelman se encontraram lado a lado no Colóquio sobre direito natural promovido pelo *Institut International de Philosophie Politique*, do qual era então presidente o decano Georges Davy. Em relação aos outros participantes, eles se distinguiram por terem tratado o tema do direito natural a partir do problema da justiça. Nos anais do Colóquio, publicados no ano seguinte,[1] a contribuição de Kelsen se tornou um verdadeiro minitratado sobre o problema da justiça, *Justice et droit naturel* [Justiça e direito natural], que ele publicou no ano seguinte como anexo da segunda edição da *Reine Rechtslehre* e representa a maior contribuição do autor da doutrina pura do direito ao tema da justiça. O ensaio de Perelman, *L´idée de justice dans ses rapports avec la morale, le droit et la philosophie* [A ideia de justiça em suas relações com a moral, o direito e a filosofia], já publicado na "Revue internationale de philosophie" [Revista internacional de filosofia], em 1957, e incluído sucessivamente na coletânea *Justice et raison* [Justiça e razão], 1963, com título diferente, *Les trois aspects de la justice* [Os três aspectos da justiça], representa a continuação e simultaneamente um desenvolvimento do opúsculo *De la Justice* [Da justiça], publicado em 1945.[2]

---

1 *Le droit naturel* [O direito natural], "Annales de philosophie politique" [Anais de filosofia política], n.3, Paris, PUF, 1959. Os artigos de Kelsen e de Perelman estão, respectivamente, nas p.1-123 e 125-45. No mesmo volume, está também meu texto *Quelques arguments contre le droit naturel* [Alguns argumentos contra o direito natural], p.173-90.

2 Esse ensaio foi publicado por mim em italiano com a tradução *De la justice* [Da justiça], no volume *La giustizia* [A justiça], Turim, Giappichelli, 1959. O próprio Perelman me aconselhou publicá-lo, escrevendo-me, numa carta de 30 de abril de 1958: "En effet cet exposé complete d´une façon que je trouve heureuse les idées contenutes dans le volume." [Com efeito, essa exposição completa de maneira que considero feliz as ideias contidas neste volume.]. Minhas relações pessoais com Perelman remontam ao artigo que escrevi para apresentar *De la justice* ao público italiano, *Sulla nozione di giustizia* [Sobre a noção de justiça], "Archivio giuridico" [Arquivo jurídico] CXLII, 1952, p.16-33.

Direito e poder

Enquanto Kelsen se refere várias vezes à obra de Perelman, este ignora a de Kelsen, que já havia publicado sobre o mesmo tema *Was ist Gerechtigkeit?* em 1953.

No ano seguinte, Perelman convidou Kelsen a participar do primeiro colóquio promovido pela revista "Logique et analyse" [Lógica e análise], fundada então, que teve lugar na Universidade de Louvain, em setembro de 1958, sobre os dois temas da *Definition en droit* [Definição em direito] e do *Système juridique* [Sistema jurídico]. Kelsen aceitou o convite, mas não participou pessoalmente do colóquio: enviou uma contribuição original, *Der Begriff der Rechtsordnung*, que foi publicada junto com outras comunicações no fascículo 3-4 de "Logique et Analyse", editado com data de agosto de 1958.[3]

O ano de 1958 marcou também o aparecimento da obra fundamental de Perelman, *Traité d´argumentation* [Tratado de argumentação], escrito em colaboração com Lucie Olbrechts--Tyteca, no qual, de Kelsen, é citada a primeira edição da *Reine Rechtslehre*, 1934, e criticada, mesmo que de passagem, com puro intuito simplificador, ou seja, para mostrar a ambiguidade da linguagem comum e a necessidade em que se encontra o juiz de motivar a escolha do significado que ele atribui a essa ou àquela palavra do legislador, a tese segundo a qual o sistema jurídico constitui uma ordem fechada (*un ordre fermé*).

Só alguns anos depois, no artigo escrito em homenagem a Kelsen, *Law, State and International Legal Order* [Lei, Estado e ordem legal internacional] (The University of Tennessee Press, Knoxville, 1964) Perelman se empenha num juízo amplo sobre a teoria pura do direito, com o artigo, sucessivamente publicado

---

3   Ausente Kelsen, coube a mim a tarefa de apresentar sua comunicação aos participantes do congresso. Creio que tal encargo me tenha sido confiado porque Perelman me considerava o mais ortodoxo dos kelsenianos presentes. Não é casual que, no *Traité de l´argumentation*, Paris, PUF, 1958, v.I, p.176, Kelsen e eu estejamos associados na crítica.

243

também na França, *La théorie pure du droit et l'argumentation* [A teoria pura do direito e a argumentação].[4] Com certeza, esse artigo constitui a fonte principal para o exame do pensamento de Perelman sobre Kelsen, logo seguido de referências quase sempre críticas em artigos sucessivos, como *Betrachtungen über die praktische Vernunft*, 1966, *Science du droit et jurisprudence* [Ciência do direito e jurisprudência], 1969, *Gesetz und Recht*, 1983. Por ocasião do centenário do nascimento de Kelsen, morto com mais de noventa anos, em 1973, Perelman promoveu a publicação de um fascículo da "Revue internationale de philosophie", dedicado a *Kelsen et le positivisme juridique* [Kelsen e o positivismo jurídico] (n.138, 1981), o qual prefaciou com uma breve reflexão sobre os limites da doutrina pura do direito, os quais faz coincidir com os limites do positivismo jurídico.

No que concerne à atitude de Kelsen em relação a Perelman, depois do ensaio, citado, sobre a justiça, é preciso acrescentar a obra póstuma *Allgemeine Theorie der Normen*, 1979, para ter com certa surpresa a prova de uma leitura atenta, quase sempre em chave crítica, da *Théorie de l'argumentation* [Teoria da argumentação].[5] Kelsen dedicou a esse último trabalho, como se sabe, os últimos anos de vida, atualizando com entusiasmo juvenil seus conhecimentos, em especial nos campos da lógica geral e da lógica jurídica, conforme demonstrado pelas numerosas obras que ele, geralmente tão parco nas referências bibliográficas, cita nas notas. De Perelman, além do *Traité*, cita também *The Idea of Justice*

---

4   No volume *Droit, Morale et Philosophie* [Direito, moral e filosofia], Paris: LGDJ, 1968, p.95-101.

5   Dessa obra existe uma excelente tradução italiana, organizada por M. Losano, *Teoria generale delle norme* [Teoria geral das normas], Turim, Einaudi, 1985, que, diversamente da edição original, tem um índice onomástico, no qual se evidenciam as passagens em que Perelman é citado no texto e criticado nas notas. Uma referência ao interesse de Kelsen por sua teoria da argumentação no artigo de K. Opalek, *Überlegungen zu Hans Kelsens "Allgemeiner Theorie der Normen"*, op. cit., p.17.

Direito e poder

and the Problem of Argument [A ideia de justiça e o problema da argumentação], 1963, e *Logique formel, logique juridique* [Lógica formal, lógica jurídica], 1960.

Apesar da profunda diferença de pontos de vista, jamais diminuíram o respeito e o afeto recíprocos. A propósito da teoria da justiça de Perelman, Kelsen fala de "uma excelente análise das noções mais correntes de justiça".[6] No artigo dedicado a Kelsen, por ocasião da referida homenagem, Perelman chama Kelsen de "ce maître incontesté de la science juridique" [este mestre inconteste da ciência jurídica].[7] Provavelmente as diferenças foram se explicitando e acentuando com o tempo. Caso se considerem os últimos escritos citados de um e do outro, a premissa de Perelman ao fascículo da *Revue internationale de philosophie* e a obra póstuma de Kelsen, a discordância é, ou parece, total. Digo "parece", pois nem sempre o dissenso é real e, às vezes, deriva de incompreensões recíprocas. No final, o fundador da teoria pura do direito e o renovador da teoria da argumentação surgem, na doutrina jurídica contemporânea, como representantes de concepções antitéticas do direito e da ciência do direito, cujo ponto central de divergência cabe ao "lugar da razão" no Direito, e, mais em geral, na esfera da prática.

2. Quanto à questão do lugar da razão no direito, o contraste se manifesta claramente já no escrito de Kelsen sobre a justiça, embora não em polêmica frontal com o autor, sob certos aspectos tomado como modelo, do livro *De la justice*. De Perelman, Kelsen acolhe a impostação geral, ou seja, a tentativa de tratar "cientificamente" (e para Kelsen isso significa "não ideologicamente") o problema da justiça, onde por tratamento científico do problema entende "analisar as diversas normas que os homens, julgando uma coisa justa, pressupõem válidas, e fazer

---

6 H. Kelsen, *Justice et droit naturel*, op. cit., p.12.

7 Ch. Perelman, *La théorie pure du droit et l´argumentation*, op. cit., p.95.

de maneira objetiva",[8] em contraste com todos que, abordando o problema da justiça, fizeram valer seus próprios juízos de valor para ditar normas que estabeleçam o que é justo e injusto e sirvam de critério para distinguir os comportamentos lícitos dos ilícitos. Considera que seja aceitável também o método seguido por Perelman, que consiste em identificar nas diversas normas de justiça um elemento comum, embora o resultado a que chegue seja diferente, enquanto radicalmente cético acerca da possibilidade de encontrar qualquer fórmula de justiça que não seja tautológica ou vazia.

Não é o caso de acompanhar Kelsen na crítica das principais fórmulas da justiça, que, aliás, é bem conhecida. Aqui interessa a conclusão de toda essa análise, porque é justamente na conclusão que se revela o dissenso explícito ante Perelman. A divergência se refere ao que Perelman chamou de "regra de justiça" (sobre a qual voltou em trabalhos sucessivos), ou regra da justiça formal, a única regra universal (universal porque formal) e, exatamente enquanto formal, comum a todas as fórmulas particulares, como "a cada um segundo seu mérito", "a cada um segundo seu trabalho", "a cada um segundo sua função" etc.: é a regra segundo a qual "os seres de uma mesma categoria essencial devem ser tratados da mesma maneira".[9] Se Perelman tivesse razão, isto é, se fosse possível reconhecer na chamada regra de justiça uma norma de conduta extraída exclusivamente por meio de uma análise empírico-racional, "científica" no sentido kelseniano do termo, o lugar da razão na ética, embora um lugar limitado a uma enunciação sem conteúdo concreto, estaria assegurado. Poder-se-ia sustentar que, partindo de uma série de dados empírica e historicamente verificáveis, relativos às diversas fórmulas de justiça, aplicáveis e de fato aplicadas em vários contextos sociais

---

8 "Analyser les diverses normes que les hommes, en jugeant une chose juste, présupposent valables, et de faire de manière objective". Op. cit., p.12.

9 "les êtres d´une même catégorie essentielle doivent être traités de la même façon".

Direito e poder

e segundo as circunstâncias, e descobrindo seu elemento comum, obtém-se uma regra de conduta válida em todos os contextos e em todas as circunstâncias.

A crítica radical a toda norma de racionalismo ético leva Kelsen a uma refutação um tanto singular das regras de justiça. Ele sustenta que o tratamento igual dos iguais e desigual dos desiguais é uma exigência não da justiça, mas da lógica, quer dizer, é consequência de existirem em qualquer ordenamento normativo, jurídico ou moral, normas gerais e abstratas, das quais deriva logicamente ("logicamente", observe-se, sem depender de nenhum juízo de valor) que devem ser tratados no modo previsto pela norma todos os indivíduos ou todas as ações a que essa se refere. "Como *todas* as normas de justiça têm um caráter geral e como todas as normas de justiça prescrevem que os homens, em condições determinadas, devem ser tratados de uma maneira determinada, o princípio pelo qual homens iguais merecem um tratamento igual é uma consequência lógica do caráter geral de *todas* as normas de justiça".[10]

Na crítica de Kelsen, naturalmente, está subentendido que o problema que as várias teorias de justiça procuram em vão resolver é o de definir critérios racionais que permitam distinguir os iguais dos desiguais. Uma vez estabelecido um critério, para cujo encontro Kelsen, não racionalista e voluntarista, acredita que a razão prática, ou seja, a razão em seu uso prático, não possa desempenhar nenhuma função útil, o tratamento igual daqueles que pertencem à mesma categoria é uma consequência lógica. Kelsen estende o mesmo tipo de crítica ao princípio da

---

10 "Comme *toutes* les normes de justice ont un caractere général et comme toutes les normes de justice prescrivent que des hommes, dans des conditions determinées, doivent être traités d´une manière determinée, le principe selon lequel des hommes égaux doivent un traitement égal est une consequence logique du caractere général de *toutes* les normes de justice". Op. cit., p.55.

igualdade perante a lei: na aplicação que o juiz faz da norma geral ao caso singular, ele deve tratar o caso singular conforme aquilo que estabelece a norma, mas essa aplicação conforme "reside no caráter correto do ponto de vista da lógica e nada tem a ver com a justiça, em especial com a justiça da igualdade".[11]

Alguns anos depois, ao retomar o tema da regra de justiça, Perelman não faz nenhuma referência explícita à crítica de Kelsen (mesmo citando algumas obras de Kelsen, mas a propósito de um tema diverso). Não é improvável que o tenha tomado em consideração para especificar seu pensamento, sobretudo onde, partindo de Leibniz, segundo o qual a justiça compreende a "regra da razão", explicita que, ao se afirmar que não existe nenhuma razão que permita justificar o tratamento desigual de dois seres iguais, "o tratamento justo se apresenta como o tratamento fundado na razão, porque de acordo com o princípio da razão suficiente",[12] e logo depois adverte que, se a regra de justiça parece dificilmente discutível, "seu campo de aplicação é extremamente reduzido, se não for nulo".[13]

A regra de justiça é chamada corretamente de regra de justiça puramente formal, pois estabelece que devem ser tratados de modo igual os indivíduos *essencialmente* iguais, mas não diz quando dois indivíduos devem ser considerados iguais nem como devem ser tratados. Uma vez estabelecidas essas duas condições, numa norma jurídica, a justiça se define "nesse caso como a aplicação correta da lei".[14]

3. De qualquer modo, se existem diferenças entre Kelsen e Perelman sobre o problema da justiça, a razão fundamental da disputa não é essa. Para captar o ponto principal do contraste é

---

11 "réside dans le caractère correct au point de vue de la logique et n´a rien à voir avec la justice, en particulier avec la justice de l´égalité", op. cit., p.57.

12 "le traitement juste se presente comme le traitement fondé en raison, car conforme au principe de la raison suffisante". Ch. Perelman, *La règle de justice, Justice et raison*, Presses Universitaires de Bruxelles, 1963, p.225.

13 Op. cit., p.225.

14 "dans ce cas comme l´application correcte de la loi", op. cit., p.227.

Direito e poder

preciso voltar ao problema do lugar da razão na ética. O objeto central do escrito de Kelsen sobre a justiça é a crítica da razão prática em algumas de suas maiores versões históricas, Cícero, São Tomás, Kant, em geral nas formas tradicionais e mais autorizadas do racionalismo ético: "Se se aborda o problema da justiça sob um ponto de vista científico e racional, não metafísico, e se se reconhece que existe uma pluralidade e ideais de justiça diferentes e contraditórios, e que nenhum deles exclui a existência possível dos outros, então não se pode considerar os valores da justiça constituídos por esses ideais senão como valores relativos".[15]

Crítica da razão prática e relativismo ético, no pensamento de Kelsen, estão intimamente associados. Uma vez demonstrada a falácia de toda forma de racionalismo ético ou da pretensão da razão em criar uma ética demonstrativa (*geometrico more demonstrata*), que foi o ideal longamente perseguido pela doutrina do direito natural moderno, segundo Kelsen, só resta admitir a irracionalidade dos valores. *Tertium non datur.*

O sistema kelseniano é rigorosa e apodicticamente dualista: ele é inteiramente construído sobre a contraposição entre fatos e valores, entre *Sein* e *Sollen*, entre esfera da consciência ou obra da razão, e esfera da vontade, na qual não existe nenhum lugar para a razão. "Chamamos de razão a função de inteligência do homem. Mas criar normas, legislar não é uma função do conhecimento... Criar normas é uma função da vontade, não da inteligência".[16] Daí

---

15 "Si l´on aborde le problème de la justice d´un point de vue scientifique et rationnel, non métaphysique, et si l´on reconnaît qu´il existe une pluralité et idéaux de justice, différents et contradictoires, et qu´aucun d´eux n´exclut l´existence possible des autres, alors on ne peut considérer les valeurs de justice constituées par ces idéaux que comme valeurs relatives". H. Kelsen, *Justice et droit naturel*, op. cit., p.14.

16 "Nous appelons raison la fonction de connaissance de l´homme. Mais créer des normes, légiférer n´est pas une fonction de la connaissance... Créer des normes est une fonction de la volonté non de la connaissance", op. cit., p.83.

a conclusão peremptória de que a noção de razão prática é uma noção "contraditória", que tem origem não científica, mas religiosa e teológica: se é razão, não é prática e se é prática, não é razão.

É contra esse dualismo que se aguça a crítica de Perelman. No início do artigo sobre a teoria pura do direito e a teoria da argumentação, escreve: "A teoria pura do direito se caracteriza ... por um intransigente dualismo".[17] Para um dualista, o direito é razão ou vontade: para a teoria do direito natural é razão, para um positivista é vontade. O princípio em que se inspira a teoria kelseniana do direito que se apresenta como a forma extrema do positivismo jurídico é a máxima hobbesiana: "*Auctoritas non veritas facit legem*". A teoria pura do direito, enquanto doutrina do positivismo jurídico, baseia-se numa concepção voluntarista do direito. As normas jurídicas, em todos os níveis, das mais altas às mais baixas, são, para Kelsen, atos de vontade. Elas não derivam logicamente umas das outras, mas de normas que delegam poderes, ou normas de autorização. O sistema jurídico é um sistema dinâmico, não estático. Caso se adote o realismo kelseniano, comenta Perelman, "deve-se renunciar à ilusão da razão prática em todos os domínios e não somente em direito".[18]

Para Perelman, entre uma concepção unilateral racionalista, que sobrepõe ao direito um modelo matematizante incapaz de compreender a realidade mutável, e uma concepção tão unilateralmente voluntarista que desemboca na afirmação do direito como esfera do puro arbítrio, existe uma posição intermediária, representada, como se sabe, pela esfera do racional, ou seja, pelo modo de comportar-se da razão no mundo da prática, que procede não por via demonstrativa mas por via argumentativa.

---

17 "La théorie pure du droit se caractérise ... par un intransigeant dualisme". Ch. Perelman, *La théorie pure et l´argumentation*, op.cit., p.97.

18 "on doit renoncer à l´illusion de la raison pratique dans tous les domaines, et non seulement en droit", op. cit., p.97.

Desse ponto de vista, o destaque da teoria pura do direito nunca poderia ser nítido: o erro de Kelsen derivaria de ter acolhido uma teoria do conhecimento que só dá valor a um saber não controverso e negligencia completamente o papel da argumentação. Para tal teoria do conhecimento, uma vez abandonada a velha estrada do racionalismo ético, não mais sustentável, só resta se lançar nos braços do voluntarismo. Assim, o voluntarismo se apresenta como a consequência necessária de uma teoria do conhecimento que só admite a razão demonstrativa. É um erro prático que deriva de um erro teórico. É um erro prático que não permite compreender aquilo que ocorre de fato na prática dos tribunais, onde o direito desempenha sua função de garantir a ordem social, e o faz também pelo uso da razão, mesmo que da razão não em sentido forte, mas em sentido fraco.

Perelman associa Kelsen e Ross na crítica, em particular com a primeira obra de Ross, *Kritik der sogennanten praktischen Erkenntnis*, 1933, embora sem estabelecer uma relação direta entre eles. E repete nessa ocasião a sua tese central segundo a qual, caso se elimine a razão da prática e se ela for considerada só como meio de justificação *a posteriori* de escolhas irracionais (trata-se da notória teoria das "derivações" sustentada por Pareto no *Trattato di sociologia generale* [Tratado de sociologia geral], 1916,[19] seria preciso tirar a conclusão de que a vida social se rege exclusivamente por relações de força.

4. Para encontrar uma resposta adequada a essa crítica é preciso chegar ao último capítulo da *Allgemeine Theorie der Normen*, ou

---

19 Sobre a relação entre a teoria da argumentação e a teoria das derivações de Pareto, eu havia chamado a atenção num artigo, *Pareto e la teoria dell´argomentazione* [Pareto e a teoria da argumentação], *Revue internationale de philosophie*, LVIII, 1961, p.376-99. O tema foi retomado pelo próprio Perelman em *Pareto et l'argumentation* [Pareto e a argumentação], "Uni Lausanne, n.37, Juin 1983, p.32-3.

seja, às últimas páginas publicadas por Kelsen, intituladas: *Esiste una logica specificamente giuridica* [Existe uma lógica especificamente jurídica]. A "lógica especificamente jurídica" a que essas páginas se referem é exatamente a retórica, segundo Perelman.

Quem já conhecer a teoria kelseniana da interpretação, exposta várias vezes, e, no final, sem maiores mudanças, no último capítulo da segunda edição da *Reine Rechtslehre* não encontrará nada de particularmente novo nesta crítica. Kelsen examina dois argumentos típicos usados pelo juiz na aplicação das normas ao caso concreto, o chamado raciocínio por analogia e aquele *a maiore ad minus*, e nega que sejam formas de raciocínio que tenham algo em comum com a lógica.

Tanto o primeiro quanto o segundo não se desenvolvem por pura e simples dedução, mas implicam, em última instância, um juízo de valor subjetivo e, como em qualquer outra forma de intervenção interpretativa por parte do juiz, têm por efeito uma verdadeira criação de direito. O autor a quem Kelsen se refere de propósito é Ulrich Klug, com o qual tinha mantido uma longa e detalhada correspondência sobre o tema da lógica jurídica, mas, numa nota, toma posição diretamente contrária à teoria de Perelman, do qual cita o artigo *Logique formelle, logique juridique*, dirigido polemicamente sobretudo a Kalinowski, e contrária à redução de toda a lógica, incluindo a lógica dos juristas, a lógica formal. "Querendo reduzir a lógica à lógica formal, tal qual ela se apresenta nos raciocínios demonstrativos dos matemáticos, elabora-se uma disciplina de uma beleza e de uma unidade inegáveis, mas se negligencia completamente a maneira pela qual os homens raciocinam para chegar a uma decisão individual ou coletiva".[20]

---

20 "En voulant réduire la logique à la logique formelle, telle qu´elle se presente dans les raisonnements démonstratifs des mathématiciens, on elabore une disicpline d´une beauté et d´une unité indéniables, mais on néglige entièrement la manière dont les hommes raisonnent pour arriver a une décision individuelle ou collective". Ch. Perelman, *Logique formelle, logique juridique,*n *Justice et raison*, op. cit., p.222.

Direito e poder

Que se possa inserir na noção de "lógica" também formas de argumentação dos juristas, que o próprio Perelman distingue das formas tradicionais do raciocínio lógico, é, segundo Kelsen, uma mera questão terminológica. Mas a eventual denominação igual não elimina a diferença substancial das duas lógicas que o próprio Perelman está bem longe de negar. Desse ponto de vista, ou seja, do ponto de vista do reconhecimento da diferença entre o raciocínio lógico e a argumentação jurídica, Kelsen e Perelman estão muito mais próximos do que as respectivas e recíprocas críticas fazem pensar. Ambos estão alinhados com igual firmeza contra autores como Klug e Kalinowski, que trataram de reinserir com destaque a lógica formal no campo do direito. Na crítica da lógica jurídica, no sentido tradicional do termo, são aliados. Kelsen nunca foi um lógico, nunca considerou um ordenamento jurídico como um sistema lógico, apesar das confusões frequentes feitas por alguns intérpretes entre o formalismo da doutrina pura do direito e o formalismo lógico. Como é notório, em seus últimos estudos sobre a lógica no Direito, levou às últimas consequências seu antilogicismo originário, sustentando a tese da inaplicabilidade da lógica das proposições descritivas às proposições normativas. O que pode explicar o interesse indubitável demonstrado nos últimos anos pela teoria da argumentação, que combate na mesma frente do antilogicismo no direito, contra a validade do silogismo normativo, por uma jurisprudência enfim livre do velho preconceito do juiz-intérprete-passivo do direito estabelecido.

Contudo, as diferenças entre Kelsen e Perelman não são apenas terminológicas, não derivam só do fato de que o primeiro considere inoportuno falar de uma "lógica jurídica" a propósito da argumentação, e o segundo, ao contrário, para evidenciar a distinção entre demonstração e argumentação, fale às vezes de uma lógica "específica" do direito. O contraste, mesmo não explicitado claramente, está no modo diferente de conceber a função e a relevância dessa lógica específica. Para Perelman, a função é essencial e a relevância prática grande. Para Kelsen, a função é marginal e a relevância prática nula. Fiel à concepção filosófica dualista, que procede por grandes dicotomias, já que a interpretação jurídica não pode ser incluída entre as atividades lógicas, é sempre e somente obra de vontade; já que não é dedução de normas jurídicas inferiores por normas jurídicas superiores, é sempre criação de normas novas. Uma das afirmações recorrentes na obra de Kelsen é que a interpretação é criação, não diversamente da legislação, da qual difere unicamente porque as normas por esta criadas não são gerais, mas individuais.

5. A esse contraste relativo ao lugar da razão na ética e de modo particular na obra do juiz, associa-se o contraste, sobre o qual Perelman volta com frequência, relativo à natureza e à função da ciência do direito.

A separação nítida, sustentada por Kelsen, entre a esfera do conhecimento e a esfera da vontade, e a consequente irredutibilidade dos juízos de valor, que determinam a vontade, mas não devem influenciar a ciência, aos juízos de fato, sobre os quais só se pode fundar um conhecimento científico, e que, enquanto tais, não podem determinar um ato de vontade, conduz Kelsen a sustentar uma ideia da ciência do direito, que Perelman justamente considera inadequada e até enganadora. Como toda norma deve ser interpretada para ser aplicada ao caso concreto, e não existe norma que não possa receber diversas interpretações, a tarefa do jurista que, como cientista do direito deve demonstrar conhecer o direito e não dar juízos de valor com o intuito de influenciar a vontade do juiz, seria unicamente o de extrair do texto examinado todos os significados possíveis que ele pode ter e propô-los a quem deve tomar a decisão e dar vida a uma nova norma jurídica, sem propor um de preferência a outro. No mesmo momento em que demonstra uma preferência por um significado em detrimento de outros, ele não faz mais obra de ciência, mas desenvolve uma tarefa diferente (que além do mais não lhe compete), uma tarefa

Direito e poder

de política do direito. Pelas razões vistas no parágrafo precedente, o jurista, segundo Kelsen, faz política do direito mesmo quando preenche uma lacuna ou resolve uma antinomia. Em ambos os casos, exatamente porque a eliminação, seja de uma lacuna ou de uma antinomia, não pode ficar completa com operações lógicas, o jurista falha em sua tarefa de propor soluções alternativas todas igualmente possíveis e se substitui ao juiz.

Essa maneira de entender a ciência jurídica é uma das provas mais evidentes das consequências que podem trazer a rigidez excessiva do dualismo fatos-valores ao qual Kelsen permaneceu fiel até o fim, chegando a acentuá-la nos últimos textos. Disso deriva um paradoxo que já destaquei em outra ocasião: Kelsen nega que a ciência, qualquer ciência, e também a ciência do direito, caso pretenda atingir o nível das ciências mais avançadas, possa ter uma função normativa. Porém, em relação à ciência do direito, ele atribui, inconscientemente, uma função normativa à metaciência do direito, ou seja, à teoria da função da ciência do direito.[21] De fato, se fosse coerente com seu ideal de ciência, ele deveria limitar-se a descrever o que fazem os juristas. Ao contrário, quando se ocupa da ciência do direito, expõe as suas ideias sobre aquilo que os juristas devem fazer, em pleno contraste com aquilo que realmente fazem, já que em geral nenhum jurista se limita a expor as diversas interpretações possíveis, mas depois de as ter exposto, apoia uma em detrimento das outras. Assim, ele parece abandonar o seu ideal de ciência quando se coloca no nível superior da metaciência, que não é descritiva, mas prescritiva e, enquanto prescritiva, faz surgir imediatamente a suspeita de ser a expressão de uma tomada de posição ideológica.

---

21 *Essere e dover essere nella scienza giuridica* [Ser e dever ser na ciência juridical], *Studi per una teoria generale del diritto* [Estudos para uma teoria geral do direito]. Turim, Giappichelli, 1970, p.139-73. Em trad. inglesa, *Sein und Sollen in Legal Science* [Ciência Legal], "Archivs für Rechts und Sozialphilosophie", LVI, 1970, p.7-29, e agora nesta coletânea.

A essa dificuldade se refere o comentário de Perelman, formulado com as mesmas palavras em vários lugares, inspirado numa concepção mais flexível da razão, para a qual não existe só a razão demonstrativa, refutando a separação nítida entre razão e vontade, e, enfim, numa visão mais pragmática e mais realista do trabalho dos juristas. Sobretudo esta última conduz o autor do tratado sobre a argumentação àquela análise não abstratamente teórica, mas por exemplos, que foi sempre uma das características principais das pesquisas feitas por ele e por ele promovidas pelo Centre National de Recherches Logiques de Bruxelas. Por meio dessa análise, ele pôde mostrar que, na prática, os juristas não fazem aquilo que Kelsen gostaria que fizessem, e, assim, a teoria kelseniana da ciência do direito dá uma representação deformada da realidade e, enquanto tal, não é científica; e ainda que, em contraste com aquilo que Kelsen gostaria que fizessem, eles "guiam" por suas interpretações tanto o legislador quanto o juiz, e portanto, contribuem para a criação do direito. Dessa observação ele deriva uma conclusão com maior amplitude teórica em contraste nítido com o dualismo kelseniano: ao invés de ficarem separadas e fechadas cada uma no seu próprio âmbito, doutrina e jurisprudência colaboram entre si numa relação de contínua e recíproca troca para obter o objetivo precípuo do direito, que é o de satisfazer na medida do possível nossas necessidades de segurança e de equidade. O papel do jurista é, para Perelman, não aquele "unicamente científico", conforme atribuído por Kelsen, mas aquele bem mais importante socialmente de preparar e de iluminar o trabalho do juiz e de todos aqueles que têm de tomar decisões, em suma, de atuar como "conselheiro" e não apenas como indiferente e distante "comentador".[22]

---

22 Ch. Perelman, "Diritto, logica ed epistemologia" [Direito, lógica e epistemologia], *Il campo dell´argomentazione. Nuova retorica e scienze umane* [O campo da argumentação. Nova retórica e ciências humanas], Parma, Pratiche Editrice, 1979, p.230.

Direito e poder

6. O contraste entre vontade e razão está na base da contraposição secular entre teoria do direito natural e positivismo jurídico. Como o Direito pertence, segundo Kelsen, ao mundo da vontade, o positivismo jurídico tem razão, a teoria do direito natural errou. A divergência entre os dois autores quanto ao lugar da razão no direito não podia dizer respeito às suas respectivas posições perante o problema do direito natural. Sobre esse tema, Kelsen ignora Perelman, mas Perelman não ignora Kelsen.

Certamente Perelman não é um jusnaturalista no sentido tradicional da palavra, mas não é tampouco um positivista intransigente e radical como Kelsen. Mesmo diante da célebre controvérsia entre jusnaturalistas e juspositivistas, a solução de Perelman é de novo flexível: rechaça o dualismo muito rígido e tenta uma mediação entre as duas teorias extremas. Para quem não aceita o positivismo jurídico levado às últimas consequências, Kelsen não pode deixar de ser o adversário principal: quando Perelman decide dedicar a Kelsen um fascículo da *Revue internationale de philosophie*, não por acaso ele é intitulado *Kelsen et le positivisme juridique*. Na breve introdução, expõe, com uma simplicidade e uma clareza que não poderiam ser maiores, o ponto de vista do mediador: observa que entre as duas concepções extremas do direito como *ars buoni et aequi* e como sistema de normas sancionadas, emanadas de um poder soberano, a teoria pura do direito acatou a segunda. Mas aqui estaria o seu erro, ou melhor, aqui se revelaria o seu pressuposto ideológico não explícito: uma teoria do direito que considera o ordenamento jurídico exclusivamente como expressão do poder soberano e da força com que esse poder logra fazê-lo valer revela implicitamente a própria preferência pelo valor da segurança em relação ao valor da equidade. Mas essa interpretação do direito (pois se trata de uma interpretação) não está em contraste com a prática dos tribunais? Não pertence aos juízes a tarefa de adequar as normas jurídicas à exigência de justiça que parte dos cidadãos, e essa adequação não exige que os juízes busquem as soluções adequadas aos casos novos também para além das normas estabelecidas, desde que motivadas com argumentos persuasivos? "La pratique des juges – afirma Perelman na mesma introdução – est loin d'avoir suivi la conception positiviste de Kelsen".

Não é esse o lugar para discutir se essa interpretação de Kelsen está correta. Creio que não está. Vimos que, segundo Kelsen, os juízes criam Direito e que a diferença entre a sua concepção da jurisprudência e a de Perelman está unicamente na maior ou menor consideração do papel do raciocínio no procedimento que conduz à decisão. Aquilo que faz da teoria pura do direito uma teoria do positivismo jurídico é a tese, partilhada por Perelman, de que em última instância é considerado Direito, numa determinada sociedade organizada, o conjunto das normas que, depois de terem sido impostas, são (*im grossen und ganzen*, diria Kelsen) cumpridas, numa palavra, a aceitação do princípio de efetividade. Não é completamente exato aquilo que o mesmo Perelman escreve a propósito das duas propriedades da regra jurídica, a validade e a eficácia, ambas necessárias para sua existência, onde sustenta que a combinação desses dois aspectos evita os exageros tanto da doutrina pura do direito quanto do realismo americano.[23] Kelsen não desconhece a relevância da efetividade como princípio constitutivo do direito positivo: aquilo que o distingue de Perelman é que para ele a efetividade é o princípio constitutivo do ordenamento inteiro e não das normas singulares consideradas uma por uma. Não sem razão Kelsen afirma que a norma singular pode muito bem continuar a ser válida sem ser efetiva pelo menos até não ser derrogada por uma lei sucessiva ou pelo costume, quando no ordenamento for autorizado o costume derrogatório.

Na mesma premissa ao fascículo kelseniano, Perelman propõe falar de "direito natural positivo" para designar essa sua posição segundo a qual princípios não contidos no conjunto das normas ju-

---

23 Ch. Perelman, "A propos de la règle de droit. Réflexions de méthode" [A propósito da regra do direito. Reflexões de método], *La règle de droit*, Bruxelas, Etablissements Emile Bruylant, 1971, p.316.

Direito e poder

rídicas de um ordenamento positivo são invocados e aplicados para integrar, corrigir, completar as regras autoritariamente estabelecidas (seja essa autoridade do legislador ou do direito consuetudinário).

Ao usar a expressão "direito natural positivo", Perelman retomava evidentemente a teoria do amigo e colaborador Paul Foriers,[24] que a expusera em vários escritos, sustentando que o direito natural tem, comparado ao direito positivo, um papel tríplice: supletivo, de controle e criador. Logo depois de ter invocado o direito natural positivo, Perelman acrescenta que ele "contradiz o positivismo jurídico": nesse contexto, está claro que por positivismo jurídico se deve entender a doutrina de Kelsen. Em que sentido o contradiz? No sentido de que entre as regras que o juiz aplica, embora em casos excepcionais, existem algumas que são impostas pela autoridade e, assim, não pertencem ao direito positivo em sentido estrito. Mas é verdade que esse modo de entender o direito natural como direito natural positivo contradiz o positivismo jurídico como o entende Kelsen? Creio que Kelsen teria respondido que nada, absolutamente nada, impede de imaginar um ordenamento jurídico em que o juiz é autorizado a deduzir as regras a serem aplicadas na solução das controvérsias, na falta de normas jurídicas preestabelecidas, de princípios morais ou religiosos. Trata-se de um caso normal de recepção, em um ordenamento jurídico, de normas pertencentes a outro ordenamento, de uma recepção cuja legitimidade repousa na norma implícita ou explícita que autoriza o juiz a se utilizar dela.

---

24 A primeira menção ao "direito natural positivo" se encontra no artigo *Actualité du droit naturel et libre recherche scientifique* [Atualidade do direito natural e livre pesquisa científica], 1954, agora em *La pensée juridique de Paul Foriers* [O pensamento jurídico de Paul Foriers], Bruxelas, Etablissements Emile Bruylant, 1982, v.I, p.75. Ver sobretudo *Le juriste et le droit naturel. Essai de définition d´un droit naturel positif* [O jurista e o direito natural. Ensaio de definição de um direito natural positivo], 1963, ibidem, p.411-28. Sobre o tema, L. Ingber, *Paul Foriers et le droit naturel* [Paul Foriers e o direito natural], ibidem, v. II, p.891-905.

Independentemente do contraste, verdadeiro ou presumido, com Kelsen, a teoria do direito natural positivo coloca mais problemas do que os que trata de resolver, ao menos por duas razões: não se entende bem qual seja a necessidade de chamar de direito natural princípios de conduta que são manifestações correntes da moral social; e não se entende que necessidade exista de corrigir o positivismo jurídico só pelo fato de reconhecer a validade de regras não escritas, um reconhecimento que nenhuma teoria do direito positivo jamais contestou.

Em relação à escola do direito natural, que é a expressão máxima do racionalismo em ética, Perelman toma uma atitude similar àquela que assumiu perante o racionalismo ético: uma atitude que o aproxima do positivismo, embora corrigida, como a crítica do racionalismo absoluto o aproxima do voluntarismo, embora mitigado pelo reconhecimento da função prática do discurso persuasivo. Porém como o reconhecimento da razão argumentativa não o inclui no grupo dos racionalistas que constituem seu alvo privilegiado, assim o reconhecimento da existência de princípios gerais *extra legem* e às vezes também *contra legem* não o transforma num membro da família dos jusnaturalistas, pela doutrina dos quais, aliás, jamais demonstrou grande interesse.[25] Uma vez mais, o que o distingue de Kelsen é a recusa do radicalismo conceitual, da posição dos problemas filosóficos em termos de *aut aut*. O contraste entre os dois filósofos, que

---

25 Na *Introduction à la philosophie morale* [Introdução à filosofia moral], Editions de l´Université de Bruxelles, 1980, em que Perelman traça uma história sumária da filosofia moral dos gregos aos nossos dias, a escola do direito natural é quase completamente ignorada. Fala do direito natural a propósito da doutrina de São Tomás, contrapondo a tese, segundo a qual existem regras impostas por Deus que precisam ser obedecidas, quando em contraste com o direito positivo, com o direito natural dos antigos estoicos, que admitiam a existência de uma moral com uma função apenas supletiva do direito positivo (p.90). Parece que ele aceita a segunda.

Direito e poder

representam dois momentos essenciais do pensamento jurídico contemporâneo é, em si, um contraste entre duas concepções da filosofia, ou entre duas mentalidades, mas é um contraste que, considerando as posições que ambos combatem, o racionalismo ético, o logicismo jurídico, o jusnaturalismo da tradição, tem mais traços em comum, pelo menos negativos, do que aqueles que a polêmica recíproca deixa supor.[26]

---

26 Referências à relação Kelsen-Perelman, do ponto de vista de Perelman, na monografia de L. Gianformaggio, *Gli argomenti di Perelman: dalla neutralità dello scienzato all´imparzialità del giudice* [Os argumentos de Perelman; da neutralidade do cientista à imparcialidade do juiz], Milão, Edizioni di Comunità, 1973, p.144 e 152. Do ponto de vista de Kelsen, quanto ao problema da justiça, F. Quintana, *El problema de la justicia em Kelsen*, no volume *Hans Kelsen (1881-1973)*, iniciativa da "Revista de ciencias sociales", da Facultad de ciências jurídicas económicas y sociales, Universidad de Valparaiso, 1974, p.104, 129-30, 134, 138.

Capítulo 10
Um teórico do Direito esquecido: Ernest Roguin

Sumário

1 Roguin e Pareto
2 Um retrato de Roguin
3 Roguin e Walras
4 *La science juridique pure*
5 Características da teoria jurídica de Roguin
6 Norma e relação
7 Crítica da teoria de Roguin
8 O formalismo jurídico
9 Pareto e o direito
10 A *Sociologia* de Roguin

Norberto Bobbio

1. Os que conhecem a obra-prima de Ernest Roguin, *La science juridique pure* [A ciência jurídica pura], publicada em três volumes, Lausanne-1923, terão ficado surpresos com a frequência (singular numa obra em que não são muito frequentes as referências bibliográficas) das citações de Vilfredo Pareto, isto é, de um autor cujos livros não eram então e nunca se tornaram familiares aos juristas. Maior ainda é o espanto para quem considerar que um dos poucos juristas citados (citado com honra) por Pareto em suas obras foi Ernest Roguin.

Já se concedeu o destaque merecido a uma longa nota contida nas primeiras páginas do *Cours d'économie politique* [Curso de economia política], em que Pareto faz um elogio, insólito para sua índole de crítico sem tantas considerações, incluindo os autores mais celebrados, da primeira obra de Roguin, *La règle de droit* [A regra do direito], também publicada em Lausanne, em 1899, chamando-a "uma das obras mais notáveis de nossa época sobre esse assunto",[1] e especificando que ela abre novos horizontes e parece dever ser fecunda em brilhantes resultados.[2] A ocasião para esse elogio é a constatação, obtida com a leitura do livro de Roguin, de que "o direito também tende a se tornar uma ciência positiva".[3] Essa constatação tinha até induzido Pareto a formular uma proposição, à qual não permaneceu fiel no restante de sua obra: dentre as ciências que a economia tem de tomar em consideração "há uma, em especial, que nunca se pode negligenciar, é a ciência do direito".[4]

---

1   "...une des oeuvres les plus remarquables de notre époque sur cette matière". *Cours d'économie politique* [Curso de economia política], nova edição, G. H. Bousquet e G. Busino, Genebra, 1964, § 34, p.15, nota 2.

2   "...elle ouvre des nouveaux horizons et paraît devoir être féconde en brillants résultats" *Cours d'économie politique* [Curso de economia política], nova edição, G.H. Bousquet e G. Busino, Genebra, 1964, § 34, p.15, nota 2.

3   "le droit aussi tend à devenir une science positive".

4   "il en est une, en particulier, que l'on ne saurait jamais négliger, c'est la science du droit".

Direito e poder

Talvez tenha sido o próprio interesse suscitado nele pela leitura do livro de Roguin que o fez perceber a importância "particular" da ciência jurídica, mesmo que tal percepção não encontre outra ocasião de traduzir-se num estudo concreto do direito e menos ainda numa análise específica do direito entre os elementos do sistema social. Fato é que no *Trattato di sociologia generale* [Tratado de sociologia geral] bem poucos são os juristas que aparecem no *Índice dos nomes e das obras* (instrumento indispensável para encontrar uma primeira orientação na busca das fontes), caso se excetuem os principais tratadistas do direito natural, que merecem um discurso à parte porque suas obras são um pretexto posterior a uma discussão sobre o conceito do direito: trata-se de crítica metodológica.[5] Contudo, também no *Trattato*, não falta uma referência a Roguin (de quem é citado, no índice referido, além da *Règle de droit*, também o *Traité de droit civil compare* [Tratado de direito civil comparado], que Roguin vinha compondo em cinco tomos entre 1904 e 1912). Nos últimos parágrafos (§§ 834-841) do capítulo V, *As teorias pseudocientíficas*, Pareto comenta com exemplos extraídos do direito a tese segundo a qual, nas teorias concretas (indicadas com a letra *c*), convém distinguir um elemento ou parte substancial (indicada com a letra *a*), e um elemento ou parte contingente, em geral bastante variável (indicada com a letra *b*): "A parte *a* corresponde diretamente a ações não lógicas... A parte (*b*) é a manifestação da necessidade de lógica que tem o homem... a parte (*a*) é o princípio que existe na mente do homem, a parte (*b*) são as explicações, as deduções desse princípio" (§ 798). Após ter afirmado que "os seres jurídicos concretos são constituídos pelas partes (*a*) e (*b*)", refere-se a

---

5   Trabalhei com esse argumento numa comunicação intitulada *Pareto e il diritto naturale* [Pareto e o direito natural], apresentada no Congresso internacional sobre Vilfredo Pareto, Roma, de 25 a 27 de outubro de 1973, iniciativa da Accademia dei Lincei, agora in *Vilfredo Pareto*, Roma Accademia Nazionale dei Lincei, 1975, p.313-25.

Roguin, de quem diz: "O prof. Roguin nos deu tratados de (*b*) e (*c*), com pouquíssimos de (*a*), os quais, pelo menos em parte, pertencem à ciência geral da sociedade". Assim, especifica que, na *Règle de droit*, Roguin se ocupa de (*b*), o que significa que quer dizer que essa obra não se ocupa dos princípios primeiros, mas apenas da estrutura formal, dos "desenvolvimentos lógicos", com os quais os princípios primeiros, que não é tarefa da ciência do direito, mas da ciência geral da sociedade listar, são apresentados numa construção racional; no *Traité de droit civil comparé*, ao contrário, se ocupa de (*c*), ou torna objeto da própria pesquisa construções e soluções do direito positivo, e, tratando-se de direito comparado, relaciona um direito positivo com outro.

Enfim, embora Roguin não seja expressamente citado, tem importância especial para nosso tema o § 2011, intitulado *a economia pura*:

> Do mesmo modo que o direito puro extrai as consequências de certos princípios, a economia pura extrai consequências de certas hipóteses. Tanto uma quanto outra valem pelos fenômenos concretos, enquanto as hipóteses formuladas têm parte predominante em tais fenômenos.

Não obstante tivessem se passado muitos anos da citação do *Cours*, e apesar de o elogio da ciência pura do direito não ter produzido maiores impactos nos estudos jurídicos de Pareto, a ideia fundamental que o elogio havia inspirado, ou seja, o nexo entre certo modo de fazer ciência econômica, à qual ele havia dedicado a parte mais bem sucedida de sua atividade de estudioso, e um certo modo de fazer ciência jurídica, de que lhe parecera encontrar na "ciência pura" do direito de Roguin uma primeira tentativa fascinante, não havia perdido nada de sua atração. Pode ser útil registrar que a obra-prima de Roguin, *La science juridique pure*, publicada em 1923, ano da morte de Pareto,

Direito e poder

foi quase inteiramente escrita, segundo declarações do autor, entre 1912 e 1914, na mesma época em que Pareto ia publicando com lentidão exasperante o seu *Tratado* (edição italiana de 1916).

2. A estranheza aparente desse encontro entre um economista, pelo qual os juristas sempre demonstraram o maior desinteresse, e um jurista tão obstinado e excêntrico em suas teorias a ponto de obter pouco crédito junto a seus próprios confrades, encontra uma explicação no fato de que ambos foram colegas, durante anos, na mesma faculdade de Direito da universidade de Lausanne, onde Roguin ensinava legislação comparada e direito internacional, desde 1884, e Pareto, economia política desde 1893. Portanto, as trocas científicas foram provocadas por uma relação pessoal, que logo se tornou amigável. Roguin é mencionado pela primeira vez numa carta de Pareto, de março de 1896 (três anos depois de sua chegada a Lausanne), de uma forma que deixa transparecer uma relação de estima recíproca.[6] As relações pessoais entre Pareto e Roguin foram suficientemente ilustradas por Giovanni Busino,[7] e de resto são bem testemunhadas, além das cada vez mais frequentes coletâneas de correspondência paretiana (mais recente, *Lettere ad Arturo Linaker* [Cartas a *Arturo Linaker*]),[8] por

---

6 "Também o meu colega Roguin diz que o livro [*Cours*, então publicado] não é fácil de ler, porque não tem uma palavra a mais" in *Lettere a Maffeo Pantaleoni* [Cartas a Maffeo Pantaleoni], Roma, 1960, v.I, p.428.

7 G. Busino, *Contributi alla storia del pensiero politico contemporaneo*. [Contribuições à história do pensamento político contemporâneo] *1. Ernest Roguin e Vilfredo Pareto*, in "Cahiers [Cadernos] Vilfredo Pareto", n.4, 1964, p.189-210.

8 V. Pareto, *Lettere ad Arturo Linaker* [Cartas a Arturo Linaker] (1885-1923), org. M. Luchetti, 1972, em que se informa que Pareto havia se dirigido ao colega Roguin para conseguir um parecer quanto ao processo de separação contra sua esposa (p.60). As cartas já conhecidas de Pareto a Roguin foram reeditadas, sendo seu organizador G. Busino, nos dois volumes do *Epistolario* [Epistolário] (1890-1923) de V. Pareto, Roma, 1973.

uma passagem de um ensaio paretiano de 1906, que começa com essas palavras: "Enquanto preparava meu *Manual*, dialogava com o professor Roguin, meu colega, que é um cultor empenhado e célebre de estudos de direito internacional privado, etc."[9]

Quase coetâneos (Pareto nasceu em 1848 e Roguin em 1851), eram, como diz Busino, "homens parecidos por temperamento, pelos gostos, pela extração social", embora com formação cultural e religiosa "radicalmente diversa".[10] Tinham ainda maiores afinidades pelos humores (em geral bastante ácidos), que transpareciam dos comentários políticos muito frequentes em suas obras de ciência (pura!), contra tudo aquilo que cheirasse a socialismo, mesmo de longe: "Ambos ferozmente individualistas – assim os descreve Busino com eficácia –, orgulhosos e ciumentos de seus haveres; cegamente persuadidos de viver em um mundo enlouquecido e carente de sentido. Politicamente, bem próximos: um cínico ou, se quisermos, sem ilusões à maneira do autor preferido, Maquiavel; o outro, desencantado, mas de maneira calvinista, com um quê, insólito, de credulidade e confiança".[11] De Ernest Roguin, François Guizan, seu aluno, e de quem escreveu o necrológio na *Gazette da Lausanne*, 26 de maio de 1939 (havia morrido em 5 de maio, com a venerável idade de 88 anos), traçou esse retrato incisivo:

Roguin, cavalheiro de Vaud, grande proprietário de vinhas, é muito apegado à terra; ele gosta certamente de pensar, mas não saberia usar nisso todo seu tempo; ele pesca e caça, recebe com prazer. É vigoroso de corpo e espírito. Seu positivismo está repleto de realismo. Ele tem demasiadamente o senso da matéria e o gosto

---

9 *Della difficoltà di fare intendere i concetti che non sono usatissimi* [Da dificuldade de tornar compreensíveis os conceitos que não são usadíssimos] (1906), *Scritti sociologici* [Escritos sociológicos]. (Org.). G. Busino, Turim, 1966, p.372.

10 Busino, op. cit., p.191.

11 Ibidem.

Direito e poder

das complexidades da vida para se contentar com estudos exclusivamente formais; a ciência jurídica pura é para ele somente uma das disciplinas jurídicas... Apesar do que diz e de sua afetação de fria impassibilidade, ele tem uma personalidade extremamente forte para conter seus julgamentos de valor; eles são abundantes em seus livros, assim como enfeitam seus cursos, quase sempre expressos em paradoxos, imagens de anedotas pitorescas, e tiradas originais, que as gravavam para sempre na memória de seus ouvintes.[12]

3. Coube a Roguin, como se sabe, apresentar o *Trattato di sociologia generale*, então publicado, na cerimônia do "Jubile" [Júbilo] em honra de Pareto, com um discurso em que a exposição paciente e inteligente se alterna continuamente com o elogio mais altissonante.[13] Pareto havia passado da Economia para a

---

12 "Roguin, gentleman vaudois, grand propriétaire de vignes, est très attaché à la terre; il aime certes à penser, mais il n´y saurait passer tout son temps; il pêche, il chasse e il fait volontiers bonne chère. Il est très vigoureux de corps et de esprit. Son positivisme est tout pétri de réalisme. Il a trop le sens de la matière et le goût des complexités de la vie pour se contenter d´études toutes formelles; la science juridique pure n´est pour lui qu´une seulement des disicplines juridiques... Quoiqu´il dise et malgé son affectation de froide impassibilité, il a une trop forte personnalité pour retenir ses propres jugements de valeur; ils abondent dans ses livres comme ils émaillent ses cours, presque toujours exprimés en paradoxes, images d´anédoctes pittoresques et de truculentes boutades, qui les gravaient pour toujours dans la mémoire de ses auditeurs" F. Guizan, *La sicience juridique pure: Roguin et Kelsen,* [A ciência juridical pura: Roguin e Kelsen] "Zeitschrift für schweizerisches Recht", LIX, 1940, p.216-7.

13 *Discurso de Ernest Roguin, in Jubilé du Professeur V. Pareto* [Jubileu do professor V. Pareto], Lausanne, 1920, p.18-36; Numa carta para Adrien Naville, professor em Genebra e cunhado de Roguin, o amigo de Pareto, Maffeo Pantaleoni, teve ocasião de exprimir-se sobre esse discurso nos seguintes termos: "J´ai vu Roguin. C´este une tête de première force. Il a su résumer la Sociologie de Pareto. Jamais de la vie je n´aurais su faire cela. Et il a su la résumer sans blesser Pareto. C´est qui est encore plus extraordinaire; car Pareto est difficile" [Eu vi Roguin. É uma grande cabeça. Ele soube resumir

Sociologia; na mesma época, Roguin se preparava para emular na Sociologia o amigo admirado, partindo do Direito. Entre 1928 e 1931, vai aparecer uma sua *Sociologie* em cinco tomos, com um total de páginas que fariam pensar no tratado paretiano como um opúsculo. Pode-se também falar numa relação de parentesco científico entre os dois, uma vez que ambos reconheciam um ascendente comum no mestre da escola de Lausanne, Léon Walras. As relações de Pareto com Walras fazem parte da história do pensamento econômico contemporâneo e são bem conhecidas. É menos divulgado o fato de que Roguin, desde as primeiras páginas da *Règle de droit,* tomava coragem para empreender a construção de uma ciência pura do direito por causa da existência e do sucesso da economia política pura, "disciplina criada em muito grande parte por nosso sábio colega na Academia de Lausanne, o sr. Léon Walras".[14]

Retomando o tema no início da obra magna, após relatar ter sido aluno de Walras, nos anos 1872-1874, e depois de ter reafirmado o mérito da obra do mestre do ponto de vista da ciência rigorosa em que se havia situado, reiterava seu débito de reconhecimento com estas palavras:

> Nenhuma dúvida de que, sem que nos déssemos claramente conta disso, a ideia de construir uma ciência pura do direito deveu-se, em uma parte que nos é naturalmente impossível precisar, à existência da economia política pura, e a nossas relações amigáveis com o principal de seus criadores.[15]

---

a Sociologia de Pareto. Nunca eu teria sabido fazer isso. E ele a resumiu sem ferir Pareto. O que é ainda mais extraordinário, pois Pareto é difícil]. G. Busino & S. Stelling-Michaud, Matériaux pour une histoire des sciences sociales [Matéria para uma história das ciencias sociais], Genebra, 1965, p.230.

14 "Discipline créé em très grande partie par notre savant collègue à l´Académie de Lausanne, M. Léon Walras". *La règle de droit,* Lausanne, 1889, p.12.

15 "Nul doute que, sans que nous nous en rendissions clairement compte, l´idée de construire une science pure du droit ait été due, pour une partie

Direito e poder

Em outro trecho da obra dedicada à análise da natureza e dos procedimentos das ciências jurídicas puras e a uma primeira classificação das mesmas como ciências sincrônicas e não sincrônicas (não creio que Roguin use a expressão "diacrônicas"), associa os nomes de Pareto e Walras, chamando o primeiro de "um dos principais criadores da economia pura"[16] e o segundo "ilustre continuador e depois renovador da obra de Walras".[17]

4. Enquanto a obra de Pareto não deixou de ser estudada, e se tornou um clássico tanto em Economia quanto em Sociologia, a de Roguin submergiu em um silêncio quase sepulcral. Os juristas que a leram e sobre ela meditaram talvez se contem na ponta dos dedos.

Paradoxal e infelizmente para o autor, teve mais fortuna o livro juvenil, *La règle du droit,* do que a obra da maturidade, *La science juridique pure,* que lhe teria assegurado a fama. O primeiro volume desta última obra é dedicado, em boa parte, a um resumo e comentário de *La Règle* bem como a uma resposta detalhada, tão minuciosa quanto prolixa, àqueles que a tinham criticado pública ou privadamente: dentre os quais figura Otto von Gierke. Creio que, se Roguin tivesse tido tempo de escrever uma terceira obra e aí repetir o comentário às críticas da obra precedente, teria nas mãos um material bem mais exíguo. A *Science juridique pure* não só foi pouco ou nada discutida, na altura em que apareceu, como tampouco, de quanto eu saiba, foi recuperada nos debates em torno da teoria do direito que tiveram lugar em quase todos os países, e não só naqueles de língua alemã, nos últimos dez anos (depois da publicação da obra de Hart, 1961). Ainda mais estra-

---

qu´il nous est naturellement impossible de préciser, à l´existence de l´économie politique pure, et à nos relations amicales avec le principal des sés créateurs". *La science juridique pure*, Lausanne, 1923, v.I, p 63.

16 "un des principaux créateurs de l´économie pure". Op. cit., p.499.

17 "L´illustre continuateur, puis rénovateur de l´oeuvre de Walras". Op. cit., p.499.

nho é o destino do autor da ciência jurídica pura, uma vez que, no mesmo ano quando surgiu a obra magna, 1923, foi publicada a segunda edição dos *Hauptproblem der Staatsrechtslehre*, de Hans Kelsen, que pode ser considerada a pedra fundamental da Escola de Viena, ou seja, daquela corrente de pensamento jurídico que passou à história com o nome de "teoria *pura* do direito".

A exigência da qual Roguin partiu era justa (ou pelo menos estava em sintonia com o desenvolvimento da teoria do direito que procedia da *allgemeine Rechtslehre* para a *reine Rechtslehre*), mas os meios dos quais se serve para satisfazê-la foram inadequados, e nunca foram, não obstante o enorme número de páginas dedicadas às premissas metodológicas, esclarecidos até o fundo. Tanto as percepções várias vezes enunciadas parecem atraentes e visionárias quanto igualmente parecem pouco convincentes e pouco originais, conforme observado, ou muito menos originais do que o autor acreditava que fossem os resultados, ou se iludia a esse respeito. Diversamente de Kelsen, que se utilizou de um recurso muito simples (a distinção entre *Sein* e *Sollen* e a distinção correspondente entre ciências causais e ciências normativas) para construir um sistema muito complexo, Roguin construiu uma máquina complicada e mastodôntica, com aquelas cinco funções intelectuais (a imaginação, a história, a ciência pura, a arte e a crítica) que o perseguiram a vida inteira, sem conseguir gerar um sistema completo de teoria jurídica. Tendo limitado a tarefa da ciência jurídica pura à determinação dos elementos simples da relação jurídica, acreditou ter descoberto que uma relação jurídica é sempre uma relação entre sujeitos e nunca uma relação entre um sujeito e um objeto, merecendo por parte dos críticos mais severos a reprovação por ter "descoberto a pólvora". Talvez Roguin tenha sido prejudicado pela pretensão de ser original a todo custo. Por desejar ser um inovador sem antecedentes, acabou passando por extravagante, sendo menos lido e estudado do que merecia.

Não se deu conta ou preferiu ignorar que aquilo que estava fazendo cabia perfeitamente no âmbito dos estudos de Teoria

Geral do Direito que então floresciam na Alemanha. Afastou a noção de ciência pura ou teoremática, que lhe fora sugerida por Adrien Naville (outra das personagens do *entourage* paretiano) no livro *De la classification des sciences* [Da classificação das ciências], 1888, para propor no estudo científico do direito procedimentos não muito diferentes daqueles que já tinham sido ilustrados por Jhering, no último volume de *Der Geist des römischen Rechts*, que havia falado mais afavelmente de aplicação do método da história natural à matéria jurídica: obra fundamental para a história do método da jurisprudência que Roguin, mesmo assíduo leitor de juristas alemães, mostra desconhecer.

Justamente nessa obra, Jhering havia elaborado uma primeira e sumária teoria da "construção jurídica", à qual Roguin se refere como único precedente da própria teoria nas primeiras páginas da *Règle,* embora com a reserva relativa ao desviante nome de "dogmática" com que os alemães, erroneamente, continuavam a chamar a ciência jurídica.[18] Ademais, Jhering tinha-se valido da analogia com a Química para definir a análise jurídica como decomposição da matéria jurídica em elementos simples; dessa mesma analogia também se utiliza Roguin, nas primeiras páginas da *Règle,* quando afirma: "Estudamos o direito, do ponto de vista analítico e sintético, assim como o químico estuda os corpos, que ele decompõe e classifica".[19]

---

18 "Le terme d´abord de *Dogmatik, dogmatique,* est malheureux: il semble indiquer qu´il s´agit de croyances, tandis que la science pure est de sa nature tout à fait denuèe de jugements" [o termo antes de Dogmatik, dogmático, é infeliz: ele parece indicar que se trata de crenças, enquanto a ciencia pura por natureza é totalmente isenta de julgamentos]. *La règle de droit,* cit., p.VI. Roguin exprime a mesma opinião in *La science juridique pure,* cit., v.I, 468, nota 1.

19 "Nous étudions ainsi le droit, au point de vue analytique et synthétique, come le chimiste étudie les corps, qu´il décompose et classifie". *La règle,* cit., p.VI.

Norberto Bobbio

A melhor prova de que Roguin fazia teoria geral do direito sem o saber, ou fingindo não sabê-lo, é dada pelos elogios que faz ao livro de August Thon, *Rechtsnorme und subjektives Recht*, 1878, que é sem dúvida, antes da grande obra de Kelsen, a etapa mais importante na história da formação dos conceitos gerais da teoria do direito. Após exprimir sua admiração, prossegue: "Sem ter lido seu livro, chegamos em muitos pontos importantes às mesmas conclusões que ele; e, desde que conhecemos sua obra, é dela que aproveitamos mais".[20] Só na *Science juridique pure* Roguin percebe a importância que John Austin havia tido e que então lhe fora amplamente reconhecida na história da teoria geral do direito, a ponto de fazer a pergunta: "Somos nós os criadores dessa ciência pura do direito?" e responder com esse ato de insólita modéstia: "Não, pelo fato de que, desde muito tempo, os jurisconsultos agitaram problemas aos quais demos soluções e, especialmente, de que, por volta de 1830, o inglês Austin ensaiou uma síntese dos princípios inalteráveis do direito",[21] embora nem Austin nem seus sucessores tenham conseguido levar a cabo a empresa por não terem entendido que a relação jurídica é uma relação entre dois sujeitos.

Após um exame detalhado e crítico da obra de Austin, Roguin a define "o primeiro esforço verdadeiramente científico e feito por um homem dotado de espírito de análise, com efeito de constituir um conjunto sólido das verdades diante do direito considerado sob o ponto de vista lógico e formal".[22] Também Kelsen reconhecerá como único precedente da teoria pura do direito a jurisprudência

---

20 "Sans avoir lu son livre, nous étions arrivés sur plusieurs points importants aux mêmes conclusions que lui; et, depuis que nous avons connu son ouevre, c´est d´elle que nous avons le plus profité". Op. cit., p.VIII.

21 "Non, pour la raison que, depuis bien longtemps, les jurisconsultes ont agité une partie des problèmes dont nous donnons les solutions et en particulier que, vers 1830, l´anglais Austin a essayé une synthèse des principes inaltérables du droit". *La science,* cit., v.I, p.XIX.

22 "...le premier effort vraiment scientifique, et fait par un homme doué d´un esprit d´analyse, à effet de constituer un ensemble solide des vérités à l´égard du droit considéré au point de vue logique et formel". Op. cit., p.55.

Direito e poder

analítica de Austin, a ponto de dedicar-lhe um novo artigo de confronto e crítica. Como Roguin, Kelsen também se ocupa de Austin só depois de ter elaborado a própria teoria: permanece o fato de que jurisprudência analítica, ciência jurídica pura e teoria do direito pertencem à mesma história, que é a história da teoria geral do direito.

5. A exigência da qual havia nascido a "ciência jurídica pura" era aquela, comum a todos os juristas teóricos, a partir de Jhering, de transformar a ciência jurídica em ciência rigorosa. Dentre as muitas páginas que Roguin dedica a explicar quais seriam os meios para satisfazer tal exigência, e assim, quais devam ser as características de uma "verdadeira" ciência do direito, considero que a definição mais precisa e sintética é aquela que se encontra no início da *Introduction* [Introdução] à *Règle*, onde explica que se entende como "pura" a ciência que se limita "estudar as consequências necessárias de certos dados colocados de antemão, sem nenhuma ligação com um sistema positivo de legislação mais do que com outro, e sem nenhuma apreciação sob o ponto de vista do bem ou da utilidade do conteúdo das regras assim analisadas".[23] Dessa definição resulta que a ciência jurídica pura tem três características fundamentais, uma positiva e duas negativas: essas características, verdadeiras pilastras da construção, são objeto de mil variações e repetições, espalhadas a granel, tanto na obra menor quanto na maior (Pareto e Roguin se pareciam inclusive em ser ordenadamente desordenados). Começando pelas características negativas, a ciência jurídica pura deve:

a) abstrair do direito positivo, ou melhor, da variedade dos direitos positivos (coisa que um estudioso de direito compara-

---

23 "...à étudier les conséquences nécessaires de certaines donnés posés d´abord, sans aucune attaché avec un système positif de législation plutôt qu´avec un autre, et sans aucune appréciation au point de vue du bien ou de l´utile du contenu des règles ainsi analisées". *La règle,* op. cit., p.3.

do como Roguin estava nas melhores condições de conhecer a amplitude e as dificuldades);

b) evitar qualquer avaliação crítica do fragmento de realidade, nesse caso o direito, que ela toma como objeto da própria análise.

Quem tiver presente o curso da jurisprudência teórica, que culmina na teoria pura do direito de Hans Kelsen, não terá nenhuma dificuldade para encontrar na relevância dessas duas características negativas um dos traços específicos dessa teoria. Primeiro, o objetivo principal visado pela jurisprudência teórica é o de atingir a formulação de conceitos gerais, como os de direito subjetivo ou de obrigação, de poder ou de ônus, de relação jurídica ou de norma jurídica, que deveriam permitir deduzir e assim compreender qualquer fenômeno jurídico em qualquer direito positivo, enquanto não existe direito positivo que não seja constituído por situações que se tende a definir com aqueles conceitos. Tanto a nomostática quanto a nomodinâmica de Kelsen, para dar o exemplo mais notável e convincente, são dois capítulos de uma teoria do direito que pretende valer para o estudo e a compreensão de qualquer ordenamento jurídico passado, presente ou futuro. A jurisprudência teórica parte, diversamente do direito natural, do estudo dos direitos positivos, mas trata de descobrir o elemento e os elementos comuns que permitem reconhecer um sistema jurídico enquanto tal e distingui-lo de outros sistemas afins, mas não idênticos.

Em segundo lugar, a jurisprudência teórica tem função intelectiva, não avaliadora: uma vez mais, diversamente do direito natural, propõe-se a oferecer instrumentos conceituais sempre mais refinados para compreender o direito como é e não se preocupa com o direito como deveria ser. A análise que ela efetua dos elementos simples e comuns de todo ordenamento jurídico, embora permita construir uma rede conceitual cada vez mais sólida para apertar em malhas rígidas a realidade multiforme do direito de vários tempos e de vários países, não permite nenhuma tomada de posição perante a realidade estudada. Pensemos de

Direito e poder

novo em Kelsen e na insistência com que ele repetidamente distinguiu a teoria pura do direito de todas as concepções do direito natural que, inclusive quando pretenderam ser teorias fundadas sobre a análise objetiva da "natureza das coisas", sempre exprimiram mais ou menos confessadamente alguns ideais em vez de outros. Enquanto no âmbito das teorias do direito natural se podem distinguir teorias conservadoras e revolucionárias, uma distinção similar, quanto às diferentes teorias gerais do direito, não é (ou não deveria ser) possível.

Na certa é mais importante a característica positiva. Mais importante e também, como se apresentou nas palavras citadas, mais vaga. A ciência jurídica pura consistiria em "estudar as consequências necessárias de certas premissas preliminarmente colocadas". Assim, seria pura porque se constituiria em ciência dedutiva, como a Matemática. Já se disse que Roguin toma emprestado de Adrien Naville o nome de "teoremática", que é aquela forma de conhecimento "que extrai tanto da história quanto da imaginação criadora certos dados que usa como premissas de teoremas; depois disso, busca as consequências forçadas dessas proposições".[24] A relação entre ciência pura do direito e Matemática é contínua, mesmo que não levada ao extremo. Só na obra maior, Roguin tenta aprofundar a questão: distingue duas espécies de ciências puras, aquelas cuja tarefa é estabelecer relações entre entes fora de qualquer localização no espaço e no tempo, segundo a fórmula "Se é A, é B", e aquelas cuja tarefa é estabelecer relações entre entes que se sucedem no tempo (relação de causalidade), segundo a fórmula "Se é A, será B", A ciência jurídica pura, como a Matemática, pertence à primeira espécie.

6. Contudo, essas três características não dizem nada sobre o conteúdo da ciência jurídica pura. Algo mais se pode extrair da

---

24 Op. cit., p.9.

definição que se encontra no final da discussão sobre a natureza de tal ciência, no primeiro volume da obra conclusiva:

> A ciência jurídica pura é, portanto, um conjunto de aplicações da lógica ao direito, uma teoremática de espécie particular, destinada a distinguir pela análise dos elementos do qual o direito se compõe e a perscrutar a natureza íntima das diversas especializações e combinações desses fatores. Ela tem por finalidade trazer a clareza e o rigor ao estudo de todas as manifestações às quais o direito dá lugar.[25]

Nessa definição, além do tema de fundo da estrutura formal da ciência jurídica pura e do seu objetivo principal, que é o de fazer da jurisprudência uma ciência rigorosa, ele sinaliza para seu conteúdo quando diz que a ciência jurídica pura deve coexistir numa "análise" dos "elementos dos quais o direito se compõe".

De fato, a obra inteira de Roguin consiste nessa análise. Seja qual for o nexo entre essa análise e a ideia geral dessa ciência como de uma lógica aplicada ao direito, Roguin não esclarece nem explica. Na realidade, trata-se de duas ideias que mal se associam entre elas: o modelo para uma análise dos elementos simples de um dado campo de experiências não é aquele da Matemática ou da lógica, ciências formais, mas o das ciências empíricas (lembre-se de que o próprio Roguin havia, como Jhering, feito analogia com a Química). Infelizmente, Roguin é tão eloquente, quando deve falar da estrutura lógica da ciência jurídica pura, ou seja, de

---

25 "La science juridique pure est donc un ensemble d´applications de la logique au droit, une théorématique d´une espèce particulière, destinée à distinguer par l´analyse les éléments dont le droit se compose, et à scruter la nature intime des diverses spécialisations et combinaisons de ces facteurs. Elle a pour but d´apporter la clarté et la rigueur dans l´étude de toutes les manifestations aux-quelles le droit donne lieu". *La science,* cit., v.I, p.580.

Direito e poder

um modelo ideal que não corresponde à realidade da pesquisa concreta, quanto reticente, quando deveria fazer-nos entender qual é a metodologia daquele processo de análise dos elementos simples do direito em que consiste efetivamente sua obra de jurista. Talvez Roguin não tivesse muito a dizer sobre esse ponto específico porque, apesar do imponente aparato teórico e metodológico, seu trabalho real se desenvolve à sombra da tradição jurídica mais consolidada, enquanto adota como sua premissa, sem discuti-la, a *comunis opinio* da teoria do direito própria da escola então hegemônica do positivismo jurídico, segundo o qual o direito é um conjunto de imperativos ou de regras impostas pela força e munidas de sanção. Com a diferença, no máximo, de que aquilo que de fato lhe interessa e acaba por constituir o objeto real da longa pesquisa não é a regra jurídica enquanto tal, mas o resultado, como ele o chama (mesmo erroneamente e assim cometendo desde o início um erro que, em minha opinião, invalida toda a obra), da regra, isto é, o tipo de relação jurídica que essa regra institui necessariamente entre dois sujeitos. Desse modo, a ciência jurídica pura se resolve *sic et simpliciter* em uma teoria da relação jurídica. O próprio Roguin observa na obra da maturidade que a maior parte dos mal entendidos provocados por sua primeira obra pode ter sido causada pelo título, e lamenta não a ter intitulado, mais adequadamente, *Le rapport de droit* [A relação de direito]. Contudo, em vários trechos, parece querer convencer o leitor e a si mesmo de que norma e relação são apenas duas faces da mesma moeda: a norma jurídica se resolveria em certo tipo de relação, assim como a relação jurídica pressuporia um certo tipo de norma.

Na verdade, se observarmos o desenvolvimento da teoria geral do direito no último meio século, observa-se que esta, que identifica na relação jurídica o conceito fundamental para uma elaboração racional e sistemática da realidade jurídica, cede pouco a pouco lugar, primeiro à teoria institucional que considera um elemento primordial do direito não a relação interindividual,

279

mas a organização social, e depois à teoria normativa, que parte da consideração da norma jurídica ou do sistema de normas (ordenamento jurídico) e considera relação jurídica qualquer relação que seja regulada por uma norma jurídica.[26] A teoria imperativa do direito já havia sido claramente formulada, para não falar de Austin, pelo próprio Thon, a quem Roguin remete como um antecessor, e devia culminar, excluído o elemento psicológico do comando, no normativismo kelseniano.

A teoria da instituição, que Roguin parece ter ignorado, nascera e se desenvolvera nos anos em que o autor da ciência jurídica pura estava retocando, mas não revendo a fundo, a sua *Régle de droit* (*L'ordinamento giuridico* [O ordenamento jurídico], de Santi Romano, é de 1917). Enquanto a institucionalística nascia no terreno do direito público, a teoria da relação jurídica, que via primeiro no direito o elemento da intersubjetividade e a função da troca, era a expressão da antiga primazia do direito privado. A teoria imperativista e depois normativista, que acabou prevalecendo, nunca foi necessariamente ligada a uma ou outra das grandes esferas em que se divide tradicionalmente o Direito: e talvez por isso mesmo tenha prevalecido. Thon era um privatista, Kelsen era publicista. A teoria normativa vai além das teorias da relação e da instituição, porque descobre que aquilo que caracteriza qualquer relação jurídica é o fato de ser uma relação regulada por uma norma, e aquilo que caracteriza uma instituição jurídica é o fato de ser um ordenamento ou um sistema ou uma cadeia de normas; descobre, em suma, que o elemento unificador daquele fragmento de realidade ao qual damos o nome de direito é a pertinência à esfera do normativo. Não há dúvida de que, se houve um desenvolvimento da teoria geral do

---

26 Sobre essa tripartição das modernas teorias gerais do direito, remeto a meu ensaio, *Teoria generale del diritto e teoria del rapporto giuridico* [Teoria geral do direito e teoria da relação jurídica], 1952, in *Studi sulla teoria generale del diritto* [Estudos sobre a teoria geral do direito], Turim, Giappichelli, 1955, p.53-74.

direito, neste último quarto de século, na era pós-kelseniana, isso abriu caminho por meio da nítida contraposição entre a esfera do ser e a do dever ser, entre discurso descritivo e prescritivo, até a descoberta e à rápida e bem-sucedida elaboração de uma lógica normativa ou deôntica.

7. Se tivesse de fazer uma crítica de fundo à construção de Roguin, diria que lhe faltou completamente a visão da estrutura normativa do direito, não obstante a intuição justa de que se deva partir da "règle de droit".

Infelizmente, tal intuição não teve a possibilidade de ser desenvolvida na direção mais fecunda (que é a direção da teoria do direito como ordenamento normativo), porque foi prejudicada e logo desviada pela ideia recebida acriticamente das teorias precedentes, segundo a qual o elemento simples do direito é a relação intersubjetiva e, portanto, regra de direito e relação jurídica são a mesma coisa:

> Uma regra de direito é uma prescrição, uma disposição, um preceito, ordem ou comando, cuja finalidade é estabelecer uma ligação jurídica, um laço, "ligação ou relação de direito" entre duas pessoas.[27]

Tão acriticamente que ele se limita a identificar e examinar os elementos constitutivos da relação jurídica (análise na qual consiste em grande parte sua obra de teórico do direito), e descobre quatro elementos – o fato, a prestação, o comando e a sanção

---

27 "Une règle de droit" – ele diz – "est une prescription, une disposition, un précepte, ordre ou commandement, dont le but est d´établir une liaison juridique, un lien, 'rapport ou relation de droit' entre deux personnes". *La science*, cit., v.I, p.81.

– cujo nexo é condensado numa fórmula sintética desse tipo: "Se o fato A acontece, a prestação B também ocorrerá; se B não acontece, vai intervir a sanção C",[28] não se dá conta de que esse nexo em nada se refere à relação jurídica no sentido técnico da palavra: é uma relação ou, mais precisamente, um encadeamento de duas relações, entre um fato ou um ato que funciona como condição e o comportamento de um sujeito que funciona como consequência e, portanto, entre um comportamento contrário do mesmo sujeito que funciona por sua vez como condição para a intervenção de outro comportamento (dessa vez dos poderes públicos), que é a sanção, enquanto a relação jurídica no sentido técnico da palavra é uma relação entre dois sujeitos, um dos quais é titular de um direito e o outro é titular de um dever.

Em outras palavras, se uma caracterização do direito pode ser extraída dos quatro elementos da norma jurídica propostos por Roguin é aquela própria da teoria normativa (e em grande parte das teorias imperativas, começando por Austin) para quem o direito é um conjunto de comandos garantidos por sanções; certamente não é aquela própria da teoria que se baseia no conceito de relação jurídica como relação entre sujeito ativo e passivo. Em suma, quando Roguin define, num primeiro momento, a "expressão da vontade de que um certo fato social seja seguido forçosamente de um certo efeito social",[29] em um segundo momento, acrescenta... e, em caso de não execução dessa ordem, de outros efeitos sociais eventuais,[30] dá uma definição normativa, não relacional, do direito. Todavia, após ter assim definido a norma jurídica, passa bruscamente a estudar o papel das pessoas cuja existência seria "implicada" na definição, e sustenta que tais pessoas são, por

---

28 Op. cit., v.I, p.94.

29 "...règle du droit" como "l´expression de la volonté qu´un certain fait social soit suivi forcément d´un certain effet social". *La règle,* cit., p.71.

30 "... et, en cas d´inéxécution de cet ordre, d´autres effets sociaux éventuels". *La science,* cit., v.I, p.2.

Direito e poder

um lado, o legislador e, por outro, os dois sujeitos da relação jurídica, o sujeito ativo e o passivo. Que essa passagem para as pessoas tenha sido necessária para introduzir o discurso sobre a relação jurídica, não se discute; o que é discutível é que o discurso sobre os dois sujeitos da relação jurídica esteja "implicado" na definição da regra jurídica.

Tem-se a impressão de que Roguin adotou, simultaneamente, duas abordagens diferentes do direito, a normativa e a relacional, e não se deu conta de suas diferenças e assim, da dificuldade em aproximar uma da outra, a ponto de fazer da segunda uma "implicação" da primeira. A abordagem normativa vê no direito uma norma reforçada por uma sanção; a abordagem relacional vê no direito uma relação entre sujeitos dos quais se um tem um direito, o outro tem um dever. Não aparece qual o nexo existente entre um e outro modo de ver, embora ambos possam ser aceitos. Trata-se de perspectivas diversas e alternativas, que tiveram de fato defensores alternados, e foram se separando cada vez mais. Não importa que, na obra maior, Roguin dê uma definição de direito mais completa, unido as duas perspectivas na mesma definição:

> o direito é a ordem legítima, dada a um sujeito humano individual ou coletivo, obrigado a executá-la, em benefício de outro sujeito, fundado em reclamar sua execução, de que um fato exterior seja seguido de outro fato exterior, na falta desse de um terceiro, e assim sucessivamente, com a aplicação prescrita da coerção física em certos elos dessa corrente.[31]

---

31   "Le droit est l´ordre legitime, *donné à um sujet humain, individuel ou collectif, tenu de l´éxécuter, au profit d´un autre sujet, fondé à en réclamer l´éxecution,* qu´un fait extérieur soit suivi d´un autre fait extérieur, à defaut de celui-ci d´un troisième, et ainsi de suite, avec application prescrite de la contrainte physique à certains anneaux de cet enchaînement". Op. cit., v.I, p.122.

Nada melhor que essa definição complicada e compósita mostra quanto as duas perspectivas – a normativa (em caracteres redondos) e a relacional (em cursivo) – não se acham integradas, mas apenas justapostas. Que o direito seja um encadeamento de normas (primeira perspectiva) não implica que dessas normas derivem relações intersubjetivas como relações entre direitos subjetivos e obrigue, assim como na consideração do direito como relação intersubjetiva (segunda perspectiva) não deriva de fato a consequência de que o direito seja uma concatenação de normas. Não está excluído que ambas as perspectivas possam ser aceitas, mas permanece o fato de que, para caracterizar o direito, a primeira é suficiente.

Uma prova de fato singular do que venho afirmando é que um ano depois da *Science juridique pure* apareceu um dos primeiros livros de teoria do direito de inspiração kelseniana, *Grundbegriffe und Grundformen des Rechts,* de Friz Schreier,[32] no qual, de um ponto de vista rigorosamente normativista, isto é, do ponto de vista de uma concepção que considera o direito como norma ou como conjunto de normas, vinham identificados quatro elementos da norma jurídica – o fato, a pessoa, a prestação e a sanção – que permitiam ao autor enunciar uma fórmula da norma jurídica, que era surpreendentemente parecida com aquela proposta pelo autor da *Règle:* "Caso se verifique o *fato* previsto pela norma, a *pessoa* deve executar a *prestação* por força da *sanção*".[33] Porém,

---

32 F. Schreier, *Grundbegriffe und Grundformen des Rechts. Entwurf einer phänome-nologisch begründeten formalin Rechts- und Staatslehre,* Leipzig e Viena, 1924. Ocupei-me dessa obra num ensaio de aproximadamente 40 anos: *Aspetti odierni della filosofia giuridica in Germania* [Aspectos hodiernos da filosofia jurídica na Alemanha] (F. Kaufmann & F. Schreier), in "Rivista internazionale di filosofia del diritto", 1934, p.576-95.

33 *Grundbegriffe,* op. cit., p.70. O próprio Schreier se deu conta desda semelhança, ao escrever, alguns anos depois, um artigo sobre Roguin, que foi para os seguidores da Escola de Viena uma verdadeira descoberta (que, aliás, não teve continuidade nos anos seguintes): "Eine französische reine

Direito e poder

aquilo que nessa fórmula vinha eliminado, era, coerentemente com o ponto de vista aceito, toda referência à teoria tradicional da relação jurídica. Tanto é verdade que no concernente ao problema das chamadas situações jurídicas subjetivas, Schreier acolhe a teoria kelseniana que exalta a obrigação, suprimindo o direito subjetivo, e define kelsenianamente a obrigação como o comportamento cuja não observância tem como resultado a sanção, em que o não cumprimento da norma primária, por sua vez, se torna o fato-condição de uma nova obrigação.[34] Essa definição da obrigação mostra suficientemente a diferença entre as duas perspectivas: enquanto para a teoria relacional a obrigação é o correspondente do direito subjetivo, para a teoria normativa a obrigação é o comportamento, a falta que põe em ato a sanção.

Uma vez estabelecido que o direito consiste em uma série de normas encadeadas, o problema fundamental de uma teoria normativa do direito se tornava aquele de determinar o caráter não da relação jurídica (ou relação entre sujeito ativo e sujeito passivo), mas da relação normativa (ou relação entre uma condição e uma consequência). Isso fez Kelsen quando definiu a relação normativa, para distingui-la da relação causal, uma relação de imputação. Mas isso nunca foi feito por Roguin, que, não tendo

---

Rechtslehre", *Ver. intern. De la théorie du droit*, II, 1927-28, p.57-66. Schreier diz textualmente que a semelhança entre a *Reine Rechtslehre*, em especial na versão que ele mesmo lhe deu, e a *sicence juridique pure*, é surpreendente (*"staunenswert"*). O artigo de Schreier sobre Roguin consiste numa rápida exposição das afinidades e das diferenças entre os dois sistemas de teoria do direito, mas estranhamente não capta aquela que é, em minha opinião, a diferença essencial, conforme expus no texto, porque não releva a diferença entre uma teoria normativa e uma teoria relacional do direito, e não percebe que aquilo que distingue a sua própria fórmula da de Roguin, tão similar a ponto de parecerem idênticas, é a presença do conectivo *"sollen"*, que provoca, segundo a grande dicotomia kelseniana, uma proposição normativa, ao passo que a fórmula roguiniana é expressa sob a forma de proposição descritiva.

34 *Grundbegriffe*, op. cit., p.73 e 6.

Norberto Bobbio

destacado a importância da dimensão normativa, na qual deveria ser colocada a "règle de droit", acreditou poder identificar o caráter da relação de que se ocupa a ciência jurídica pura no juízo hipotético "Se é A, será B", ao passo que, corretamente Kelsen o identificaria no juízo hipotético normativo ou de imputação: "Se for A, deve ser B". Observe-se ainda que aquilo que caracteriza a teoria de Schreier como teoria normativa é o conectivo "deve" (*soll*), que une as duas proposições do juízo hipotético em que consiste a fórmula da norma jurídica. Mas era exatamente esse nexo que havia escapado a Roguin, que tinha considerado a norma jurídica em função da relação subjacente, ou seja, de um conceito que, desnaturando a definição de norma jurídica, ofuscava a compreensão do direito como sistema normativo.

8. Independentemente do juízo que se possa fazer dos resultados obtidos por Roguin, certamente inferiores a suas ambições e à convicção reiterada de ser um pioneiro, bem como à quantidade de palavras escritas, a "ciência jurídica pura" pertence de pleno direito à história do formalismo jurídico,[35] que coincidiu por muito tempo, até Kelsen e seus epígonos, com a história geral do direito.

Das origens até quase nossos dias, por teoria geral do direito se entendeu um estudo de conceitos gerais, muito abstratos, tão geral e abstratos a ponto de serem considerados comuns a todos os direitos positivos, quase como formas preenchíveis dos mais diversos conteúdos concretos. No uso linguístico difundido a partir da Escola de Viena, teoria geral e formal do direito acabaram sendo consideradas sinônimos. E uma vez que já o mencionamos, o próprio Schreier fala de sua obra como de uma tentativa para construir uma *formale Rechtslehre*. Bem, inclusive Roguin

---

35 Para os vários significados de "formalismo jurídico", remeto para meu ensaio *Sul formalismo giuridico* [Sobre o formalismo jurídico], 1958, in *Giusnaturalismo e positivismo giuridico* [Jusnaturalismo e positivismo jurídico], Milão, Edizioni di Comunità, 1965, p.79-100.

Direito e poder

demonstra considerar como sinônimos "pura" e "formal", referidos a *"science juridique pure"* (em algumas passagens escreve *"pure ou formelle"*). Entre seus primeiros adversários, não havia faltado quem, como Gierke, o tivesse acusado de formalismo, ou seja, de não ter levado em conta que o direito é um produto histórico, tanto que tivera de se defender.[36]

Sabemos que um dos traços do formalismo jurídico, comum àquela "dramática" da qual partira Roguin, sempre foi uma concepção antiteleológica da ciência jurídica: como se dissesse que o jurista, o jurista positivo ou melhor, positivista, que deixou definitivamente para trás a tradição do direito natural, estuda os institutos jurídicos em seus aspectos formais, em sua estrutura, e se desinteressa pelas finalidades que, através deles o legislador, por um lado, e os usuários do direito, por outro, se propõem alcançar. O reino das finalidades pertence ao filósofo, ao moralista, ao sociólogo, não ao jurista, cujo reino é o das formas puras, em que os homens associados lançam, de tempos em tempos, suas finalidades. Nas páginas de Roguin, a polêmica antiteleológica é constante. Depois de ter repetido pela enésima vez que o direito é uma relação entre um fato social e outro fato social, destaca que os outros cometem frequentemente "graves erros" a propósito: um desses erros é ver na "finalidade" de certo preceito um de seus elementos construtivos. Afirma peremptoriamente que "o fim a que se propõe o legislador, errado ou certo, editando sua regra, não pode fazer parte dela".[37]

Existem vários significados de formalismo jurídico. Porém, existe pelo menos outro, talvez o mais relevante, segundo o qual Roguin pode certamente se declarar, e ele o faz expressamente, "formalista": aquele que se refere não mais ao modo puramente formal ou estrutural de estudar o direito, mas às concepções de

---

36 *La science*, op. cit., v.I, p.255 e 468.

37 "...le but que se propose le législateur, à tort ou à raison, en édictant sa règle, *ne peut pas* faire partie de celle-ci". *La règle*, op. cit., p.90.

direito como forma de relações sociais. A concepção formal de direito tem, como se sabe, ilustres precedentes, podendo remontar a Kant, e, sendo atribuída a Kant, certa ou erroneamente, pela teoria pura do direito que, desse aspecto do formalismo, foi partidária inflexível. Na mesma época, fora sustentada por Rudolf Stammler, que nosso autor não conhece. Considerar o direito como forma da realidade social quer dizer, em poucas palavras, que não existem comportamentos jurídicos por si mesmos, como há comportamentos econômicos ou éticos ou sociais em geral, e que, antes, qualquer comportamento pode se tornar juridicamente relevante desde que submetido a certa disciplina, por exemplo, ser tornado obrigatório por uma norma munida de sanção (por sua vez disciplinada por uma norma de segundo grau). Sobre esse ponto Roguin fala claro. Num capítulo intitulado *Caractère formel du droit* [Caráter formal do direito], define o direito "um revestimento de todas as relações sociais possíveis",[38] e especifica que ele resiste "na cadeia de uma sanção terrestre e forçada a qualquer relação social, seja qual for seu objeto próprio".[39]

Para Roguin, não existe uma "matéria" especificamente jurídica: todas as matérias relevantes para o homem social podem se tornar jurídicas, segundo diversas orientações que inspiram as várias legislações históricas, quando o direito positivo leva-as em consideração e as submete à própria regulamentação. Com a terminologia kelseniana comumente aceita, também para Roguin não existem limites de monta, ao menos em princípio quanto ao âmbito material (ou objetivo) de validade do direito, porque todo comportamento humano pode se tornar objeto ou matéria de uma norma jurídica. Na *Science juridique pure*, Roguin reitera com ênfase o conceito:

---

38 "une enveloppe des toutes les relations sociales possibles". Op. cit., p.112.

39 "dans l´attache d´une sanction terrestre et forcée à l´un quelconque des rapports sociaux, quel qu´un soit l´objet propre". Op. cit., p.112.

Direito e poder

Todas as relações sociais têm uma matéria própria que não tem, ela mesma, nada de jurídico, e todas também se tornam relações jurídicas enquanto são examinadas sob o aspecto externo da organização das liberdades e dos deveres sancionados se necessário pela força.[40]

Por essa razão, conclui, o direito tem um caráter exclusivamente formal.

9. Voltando a Pareto, não ocorre que ele tenha conseguido luzes especiais do colega de Lausanne e, menos ainda, utilizado seus resultados. Das citações feitas por Pareto dos escritos de Roguin, e registradas no início deste artigo, deduz-se que aquilo que o impressionou e o induziu a indicá-las como exemplo foi exclusivamente a separação nítida feita por Roguin e reiterada com coerência perseverante entre "ciência" e "crítica", ou seja, entre compreensão objetiva da realidade e tomada de posição subjetiva, entre "constatação" e "apreciação", em suma, entre juízos de verdade (sintéticos ou analíticos) e juízos de valor. Na nota ao *Cours*, antes mencionada, Pareto transcreve, honrado, a afirmação de Roguin segundo a qual a ciência pura é um estudo "absolutamente neutro" e não conserva "nenhum traço de crítica do ponto de vista da justiça e da moral";[41] no *Trattato*, retoma com um comentário favorável a frase em que Roguin diz que "é necessário distinguir rigorosamente as constatações das apreciações"[42] (§ 840). Na obra de Roguin, Pareto via a sustentação, com férrea convicção, de um dos critérios fundamentais sobre o

---

40 "Tous les rapports sociaux ont une matière propre qui n´a, en elle-même, rien de juridique, et, tous aussi, ils deviennent des rapports juridiques lorsqu´ils sont envisagés sous l´aspect externe de l´organisation des libertés et des devoirs sanctionés au besoin par la force". *La science*, op. cit., v.I. p.146.

41 "aucune trace de critique au point de vue de la justice et de la morale".

42 "il importe de distinguer rigoureusement les *constatations* des *appréciations*".

qual ele próprio, na esteira de uma corrente de pensamento então afirmada, e não mais questionada, no âmbito do positivismo triunfante, distinguia a ciência da não ciência e denunciava todos aqueles que continuavam a misturar a pesquisa científica com a expressão dos próprios sentimentos. Pareto entrou em campo, decidido a desbaratar as teorias não científicas que ocupavam boa parte do território sobre o qual tinham se estendido a Economia e a Sociologia. Não tendo feito muitas leituras no campo do Direito, recebeu uma forte impressão, de resto justificada, de um livro como *La Règle du droit*, que elevava a abstenção de qualquer juízo de valor, e a necessidade dessa contenção para quem quisesse fazer ciência, a ponto pacífico da análise, numa esfera como a do direito que não lhe era familiar e na qual podia ser facilmente induzido a acreditar que a roguiniana "avaliabilidade" fosse novidade absoluta. Na verdade, a distinção entre ciência do direito e crítica do direito era um dos cânones programáticos do positivismo jurídico que, quando Roguin escreveu seu primeiro livro, era sustentado, defendido e então considerado irrefutável pela maioria dos juristas. Sem contestar a distinção benthaminiana (um dos pais, via Austin, do positivismo jurídico) entre jurisprudência expositória e censória, a *communis opinio* dos juristas estava solidamente certificada na linha da divisão entre *ius conditum* e *ius condendum*, e se mantinha firme sobre o primeiro.

Uma das manifestações historicamente mais relevantes da separação entre ciência e crítica do Direito foi a condenação, que então pareceu definitiva, do direito natural, que teve naqueles anos a sua consagração na obra de Bergbohm. Também Roguin não deixou de fazer sua profissão de fé no positivismo jurídico, sustentando contra o jusnaturalismo derrotado que, para o jurista, não existia nem podia existir outro direito além do direito positivo. Num ensaio de 1896, tomando a defesa dos códigos contra a crítica anticodicista da escola histórica, havia acatado um dos princípios cardeais da teoria positivista do direito, o princípio segundo o qual a lei é a única fonte de

Direito e poder

direito, excluindo a jurisprudência e a ciência jurídica. Assim havia declarado com convicção: "não admitimos sob pretexto de direito natural nenhuma exceção ao princípio de que o legislador só faz a lei. Rejeitamos, portanto, toda ideia de um direito natural que prevaleça sobre o direito positivo, autorizando a colocá-lo em cheque".[43] O direito natural é um ideal, a proposta de um direito melhor, só desejável, que não se torna direito verdadeiro até que o legislador não lhe atribua força obrigatória. Na *Science juridique pure* evita toda confusão entre a ciência pura e o direito natural, especificando que "nunca nos colocamos sob o ponto de vista da crítica das leis, não emitimos absolutamente nenhuma apreciação sobre seu mérito ou demérito, e não procuramos nenhum ideal no direito, nem mesmo apenas um melhoramento".[44] Referindo-se aos mais célebres escritores da chamada "escola do direito natural", cuja leitura lhe fora sugerida por Gierke e que o havia deixado inteiramente insatisfeito,[45] dirige-lhes a crítica do perfeito positivista: eles não se dão conta de que não existe direito se uma norma não dispõe de força coercitiva e confundem normas jurídicas com preceitos de moral e de religião.

---

43 "Nous n´admetton sous pretexte de *droit naturel* aucune exception au principe que le législateur seul fait la loi. Nous repoussons donc toute idée d´um droit naturel *primant* le droit positif en autorisant à y faire échec". *Observations sur la codification des lois civiles* [Observações sobre a codificação da lei civil], in *Recueil publié par la Faculté de Droit à l´occasion de l´Exposition nationale Suisse* [Coletânea publicada pela Faculdade de Direito por ocasião da Exposição nacional suíça], Genebra, 1896, p.73-134. A passagem citada se encontra nas p.78-9. Na mesma coletânea se encontram um artigo de Walras e um de Pareto.

44 "nous ne nous plaçons jamais au point de vue de la critique des lois, n´émettons absolument aucune appréciation au sujet de leur mérite ou démérite, et ne recherchons aucun ideal dans le droit, ni même seulement une amélioration". *La science*, op. cit., v.I, p.599.

45 Op. cit., v. I, p.247. Sobre o direito natural ver também *Sociologie*, citada adiante, v.I, p.33.

No *Trattato,* Pareto dedicou alguns parágrafos a uma crítica do direito natural considerado como exemplo iluminador de teoria não científica, apesar de todos os seus apelos em prol da natureza das coisas, da razão e da ciência.[46] Não é improvável ter sido o admirado autor da *Règle de droit* quem o encaminhou a descobrir os escritores de direito natural. Concretamente, a crítica antijusnaturalista do *Trattato,* sobre a qual até hoje a crítica paretiana não se deteve, não havia escapado a Roguin, o qual, exatamente nas mesmas páginas em que toma distância dos jusnaturalistas, elogia a "profunda crítica" paretiana e garante que ali se encontram "muitas coisas bem justas".[47]

10. Quem acreditasse que, em seus últimos anos, Roguin ter escrito uma *Sociologie* em cinco volumes pudesse ter oferecido novos motivos para um confronto com Pareto, deve ser logo desenganado. Essa *Sociologie,* apesar de suas quase quatro mil páginas, não passa de uma longa introdução, que deveria ser seguida de um volume de lógica, a uma verdadeira sociologia, que não viria à luz e talvez nem tivesse sido escrita, e da qual o autor, próximo dos oitenta anos, prenuncia ou promete, dada a idade, somente a parte geral.[48] Desses cinco volumes, os três

---

46 Trata-se dos §§ 401-4, a cuja análise dediquei o ensaio citado na nota 2.

47 "beaucoup des choses fort justes". *La science,* op. cit., v.I, p.600.

48 Os cinco volumes estão divididos em suas grandes seções, sendo que a primeira abrange três volumes e a segunda, dois. Como essa obra se tornou rara, eis os títulos de cada volume: *Sociologie. Partie de philosophie. Tome premier:* I. *Généralités.* II. *Histoire* de la *philosophie jusqu´à Kant.* [Sociologia. Parte de filosofia. Tomo primeiro: I. Generalidades. II. História da Filosofia até Kant] *Tome deuxième:* II. *Histoire de la philosophie depuis le Moyen Age.* III. *La philosophie contemporaine.* [Tomo Segundo: II. História da filosofia desde a Idade Média. III. A filosofia contemporânea.] *Tome troisième:* III. *La philosophie contemporaine.* IV. *Le système des categories.* V. *La question de la réalité du monde sensible.* VI. *La question de la relativité einsteinienne.* VII. *Déterminisme et libre arbitre.* [Tomo terceiro: III. A filosofia contemporânea. IV. O sistema de categorias. V. A questão da realidade do mundo sensível. VI. A questão

Direito e poder

primeiros contêm os prolegômenos filosóficos, constituídos por sua vez de uma história da filosofia da Antiguidade até hoje (em grande parte de segunda mão) e de um tratado teórico de alguns grandes temas da filosofia clássica (como o do determinismo); os dois últimos contêm os prolegômenos psicológicos ou o tratado, revisto, corrigido e ampliado (até inchado em excesso) das cinco atividades intelectuais (imaginação, história, ciência, arte e crítica), de que tinha partido em seu primeiro livro, quarenta anos antes, embora das cinco atividades a parte do leão fosse atribuída à história, que merece mais páginas que todas as demais atividades juntas. Da breve antecipação que Roguin apresenta de sua futura sociologia na introdução ao primeiro volume, é possível obter uma certeza relativa de que ela não havia sido diretamente influenciada pela sociologia de Pareto: de fato, a ideia dominante no sistema que ele tem em mente, porém jamais será construído, é que todas as sociedades humanas são perpassadas por duas tendências opostas, uma de atração entre os membros do grupo e outra de repulsa em relação aos não membros. Caso se pretenda reduzir a dois os resíduos paretianos, essenciais ao equilíbrio social, o instinto das combinações e o da persistência dos agregados, logo se vê que as dicotomias principais de que partem esses autores não coincidem.

Isso não impede que a admiração do jurista pelo grande economista permaneça imutável e dela restem testemunhos em citações frequentes. Bem no momento em que se prepara para redigir a grande obra, Roguin, sociólogo neófito, depois de ter sinalizado brevemente para os antecedentes da ciência nova, afirma:

---

da relatividade einsteniana. VII. Determinismo e livre arbítrio.] Lausanne, 1929. *Sociologie. Partie sur les différentes activités intellectuelles. Tome premier:* I. *Généralités.* II. *L´imagination.* III. *L´histoire.* [Sociologia. Parte sobre as diferentes atividades intelectuais. Tomo primeiro: I. Generalidades. II. A imaginação. III A história.] *Tome deuxième:* III. *L´histoire.* IV. *La science.* V. *L´art.* VI. *La critique* [Tomo segundo: III. A história. IV. A ciência. V. A arte. VI. A crítica], Lausanne, 1931-32.

Mas é preciso chegar até o Tratado de Sociologia de nosso eminente amigo e colega, o marquês Vilfredo Pareto (edição francesa, 1919), para encontrar uma obra sociológica inspirada exclusivamente no espírito científico.[49]

Mesmo que imediatamente depois, como se justificasse a grande empresa em que pôs as mãos, acrescenta que, não obstante as importantes verdades descobertas por seu predecessor, o seu desenvolvimento é "de uma abstração repugnante",[50] chegando assim a um juízo conclusivo que aplaina e prepara o caminho para os eventuais continuadores:

o eminente pensador não construiu verdadeiramente uma sociologia sistemática e sua obra permanece como uma introdução, certamente genial, mas que não poderá ter lugar em corpos de estudo mais concretos, que continuam por se constituir.[51]

---

49 "Mais il faut arriver jusqu'au *Traité de Sociologie* de notre éminent ami et collègue, le marquis Vilfredo Pareto (édition française, 1919), pour rencontrer une oeuvre sociologique inspirée exclusivement de l´esprit scientifique". *Sociologie. Partie de philosophie,* cit., v.I, p.VI.

50 "...d´une abstraction rébutante". Op. cit., p.VII.

51 "L´éminent penseur ne construit pas véritablement une sociologie systématique, et son ouvrage en demeure comme une Introduction, géniale assurément, mais qui ne saurait tenir lieu dans corps d´études plus concrètes, qu´il reste à constituer". Op. cit., p.VII. Outras citações de Pareto encontram-se no mesmo primeiro volume, p.133, nota 44; p. 193, nota 60; p.239-40, nota 72. Nos §§ 111-112, do mesmo volume, Roguin ilustra a teoria paretiana dos resíduos e das derivações, e a esse propósito dirige a Pareto a crítica de ter ignorado por completo a influência das teorias sobre o comportamento social e de não ter compreendido suficientemente a importância do caráter legal de certas ações.

Por outro lado, não creio me enganar se digo que, caso "o eminente pensador"[52] tivesse lido os cinco volumes, não teria podido repetir o elogio sincero e entusiasta que lhe saíra da pena quando havia lido a *Règle*. Enquanto Pareto tinha passado tranquilamente da Economia para a Sociologia, a passagem do autor da *Règle* do Direito para a Sociologia foi uma verdadeira queda, tanto que se, como teórico do direito, é justo que lhe seja atribuído um lugar de honra que até hoje não foi reconhecido, o véu de esquecimento que o recobre como sociólogo não será, acredito eu, jamais erguido.

---

52 "l´éminent penseur".

Índice onomástico

Agostinho Santo, 163,201
Akzin B., 110
Alchourrón C.E., 110
Aristóteles, 206, 208
Austin J., 7, 94, 229
Barone F., 95
Barry B., 194
Bentham J., 7
Bergbohm K., 250
Bierling R. E., 7
Binder., 7
Bodin J., 160, 190, 207
Bousquet G. H., 264
Bracton H., 206
Brioschi G. A., 44
Brutus, 28, 29
Bulygin E., 110
Busino G., 264, 267, 268, 270

Calabró G., 216
Capograssi G., 34, 35,36, 37, 38
Carlyle A., 206
Carlyle R. W., 206
Carnelutti F., 9
Carr E.H., 79
Carrino A., 17, 90, 95, 218, 219
Cattameo C., 10
Cowan Th. A., 41
Cellerier G., 93
Cêsar, 28, 29
Cícero, 249
Cohen H., 94
Croce B., 221
Davy, G., 242
Del Vecchio G., 7

Duguit L., 44, 91, 127, 186
Durkheim E., 223
Ehrlich E., 218, 219, 220
Engel E., 110
Engisch K., 92
Ferrajoli L., 52, 82
Foriers P., 259
Frank L., 48
Freud S., 95
Gavazzi G., 56, 59, 82
Geymonat L., 15
Gianfomaggio L., 56, 77
Gierke O., 200, 271, 287
Giuliano M., 42
Golunskij S. A., 47
Guastini R., 144
Guizan F., 268
Haarscher G., 15
Hariou M., 223
Hart H. I. A., 74, 91, 92, 106, 111, 112, 120, 183, 189, 190, 271
Hauser R., 92
Hitler A., 96
Hobbes T., 35, 198, 207
Hohfeld W. N., 143, 188
Holmes O. W., 48
Ingber L., 259
Jellinek G., 7, 91, 217, 224, 225, 273
Jhering R. von, 7, 91, 92, 278,
João de Salisbury, 208
Justiniano, 198

Kalinowski G., 56
Kant I., 94, 249, 288
Kantorowicz H., 218, 219, 220
Kaufmann F., 8, 284
Klug U., 92, 252
Kohler J., 7
König R., 225
Lasson G., 7
Lazzaro G., 108
Leibniz V., 248
Linaker A., 267
Llewellyn K., 48
Locke J., 73
Lombardi L., 62
Losano M. G., 76
Luhmann N., 137
Lukács G., 114
Marx K., 103, 112
Merkel A., 7, 90, 107
Métall R. A., 111
Michels R., 96
Moritz M., 188
Naville A., 269, 273, 277
Nicolosi R., 38, 40
Olbrechts-Tyteca L, 243
Olivecrona K., 238
Oppenheim F., 194
Pantaleoni M., 167, 269
Parain-Vial J., 55
Pareto V., 15, 96, 98, 99, 100, 104, 107, 251, 263, 264, 267, 268, 269, 270, 271, 275, 289, 292, 294

Pasciukanis E. B., 45, 46,47

Passerin d' Entreves A., 205

Paulson S.L., 15

Perelman Ch., 15, 242, 243, 244, 245, 246, 248, 250, 253, 254, 256, 257, 258, 259

Piaget J., 93

Platão, 206

Popper K., 92

Portinaro P.P., 144

Pound R., 167

Pufendorf S., 73

Pugliatti S., 15, 97

Quintana F., 261

Racinaro R., 216, 217

Radbruch G., 7

Ravà A., 7

Reale M., 167, 171, 194

Rehbinder M., 227

Renner K., 111

Rheinstein M., 231

Riccobono F., 17

Ringhofer K., 22

Roguin E., 15, 96, 263, 264, 266, 267, 268, 269, 270, 271, 272, 273, 274, 275, 278, 279, 280, 281, 282, 283, 285, 286, 289, 290, 293

Ross A., 61, 75, 91, 128, 251

Rossi P., 217

Russell B., 195

São Tommás, 208, 249

Sander F., 8

Saussure F. de, 96

Scarpelli U., 56, 61, 81, 82, 85

Schreier F., 8, 284, 285

Sigwart F., 222

Simmel G., 218

Smend R., 8

Solari G., 7, 8

Sólon, 198

Stammler R., 7, 220, 221, 222, 223, 288

Stelling-Michaud S., 270

Strogovich M. S., 47

Tarello G., 56, 77

Thon A., 7, 91, 105, 274, 280

Tommissen P., 96

Topitsch E., 104

Treves R., 7, 8, 15, 21, 22, 41, 42, 94, 109

Ulpiano, 198

Vischinskij A. J., 44, 45

Walras L., 263, 270, 271

Walter R., 92

Weber M., 14, 97, 98, 99, 100, 104, 112, 113, 114, 172, 196, 210, 215, 216, 218, 220, 221, 222, 223, 225, 226, 227, 228, 229, 230, 231, 232, 233, 235, 236, 237, 238, 239

Wiley J., 194

Winckelmann J., 216, 227

Wróblewski J., 56

Wundt M., 222

SOBRE O LIVRO

Formato: 14 x 21 cm
Mancha: 23 x 39,5 paicas
Tipologia: Iowan Old Style 10/14
Papel: Off-white 80 g/m² (miolo)
Cartão Supremo 250 g/m² (capa)
1ª edição: 2008

EQUIPE DE REALIZAÇÃO

Edição de Texto
Omayr Santos e Antonio Alves (Preparação de original)
Isabel Baeta (Revisão)
Barbara Eleodora Benevides Arruda (Atualização ortográfica)

Editoração Eletrônica
Entreletra Produção Gráfica e
Barbara Eleodora Benevides Arruda (Diagramação)

Rua Xavier Curado, 388 • Ipiranga - SP • 04210 100
Tel.: (11) 2063 7000 • Fax: (11) 2061 8709
rettec@rettec.com.br • www.rettec.com.br